観光人類学の
フィールドワーク

ツーリズム現場の質的調査入門

市野澤潤平・碇 陽子・東賢太朗［編著］

ミネルヴァ書房

は じ め に

―本書のねらいと特長―

　2020年，新型コロナウイルス感染症（COVID-19）の流行が，世界を大混乱に陥れた。人と人との接触を避け，人の移動を阻むことを柱とする予防措置が日本を含む各国で執られたが，それはツーリズム（観光・宿泊・交通など）と飲食店の一時的な死を意味した。人々の国境を越える移動は厳しく制限され，昨年まで日本中にあふれかえっていた外国人観光客は，完全に姿を消した。国内の居酒屋は閑古鳥が鳴き，海外旅行どころか県をまたいだ移動すら憚られる日々が，しばらく続いた。

　観光業は，リスクに脆弱な産業だと言われる。例えば2001年アメリカでの同時多発テロの後には，航空機を利用する旅行者が激減した。災害やテロに襲われて観光客が来なくなった地域は，枚挙にいとまがない。しかし一方で，そのままずっと観光客が戻らなかった地域は，寡聞にして知らない。1986年に史上最悪の原発事故が生じたチェルノブイリさえ，現在は観光客で賑わっているのだ。COVID-19によって世界のツーリズムは苛烈な打撃を受けたが，それでも遠からず観光業は再生するだろう――もしかすると少し進化した形で。

　20世紀の後半，敗戦で焼け野原になった日本の経済復興を支えたのは製造業であった。しかし，飛ぶ鳥を落とす勢いだった日本の製造業は，21世紀に入ると新興国の企業に市場シェアを奪われ始める。加えて，少子高齢化が顕著な日本国内の市場は，今後縮小を続けるのみ。そこで日本の政府や経済界は，観光業に目をつけた。工業製品輸出の伸び悩みを，訪日観光客を増やすことでカバーしようというわけだ（政府統計では，国際観光収入は観光サービスの輸出とみなされる）。市場規模が先細って経済力が衰えるほど，外国から見て日本は〈安い〉国になる。順調な経済成長を続ける諸外国とは対照的に賃金（ひいては物価）が停滞してきた日本は，今や外国人観光客から見てお得な旅行先となった。日本における技術力・経済力の凋落と，世界的な（特にアジアなど新興国におけ

i

る）ツーリズムの拡大とが掛け合わさった結果が，2010年代以降における訪日観光の隆盛なのである。

こうした経済構造の変化を受けて近年，観光系の学部学科がいくつも新設され，多くの大学が観光要素をカリキュラムに取り入れるようになった。衰退が目立つ国内各地の経済を立て直す方策として観光開発が持てはやされているためか，観光学に興味を持つ学生も増えている。そこで本書は，観光をテーマにレポートや卒論／修論を書きたい学生に向けて，①研究テーマ選定，②調査計画の立案，③フィールドワーク（現地調査），④考察の展開，という知的生産の一連の過程にかんするノウハウを提供する。本書の特長は，社会調査の方法論についての説明は概略程度にとどめ（第Ⅰ部），研究者たちによる調査経験の振り返り[1]を通して，観光の現場をフィールドワークするための実践的なヒントを教示する点にある（第Ⅱ部と第Ⅲ部）。一般に，人文社会科学におけるフィールド調査の技法は，人員構成が固定している地域共同体や組織などを対象に積み上げられてきたもので，人の流動が激しい観光／ツーリズムの現場は調査対象として新しい。だからこそ，確固とした調査マニュアルがない中で試行錯誤してきた研究者たちによる，フィールドワークの経験談から得られるものは大きいはずだ。

本書が取り扱うのは「観光人類学」のフィールドワークである。観光人類学とは文化人類学の一分野で，簡単に言えば，文化人類学の考え方と調査法において観光を研究すると，観光人類学になる。文化人類学は，人間の（社会や経済など多彩な要素を含む営み全般としての）文化を質的な方法論において理解しようとする学問である。質的な理解とは，数字ではなく言葉と文章によって描写説明することだ。ゆえに本書では，数量的なデータ収集や統計解析や数理モデル化の話は一切出てこない。それどころか，質問票調査についてすら，ほとんど言及されることはない。代わりに，観光現場への参与的アプローチに特化した解説と事例紹介は，至って充実している。その意味で本書は，社会調査法の解説書としては内容が相当に偏っている。その偏りこそが，人類学的フィールドワークの独自性なのである。

人類学的研究の特質と志向については，以下の四点に整理できる（市野沢2003：33）。

① 包括的（観察事象の雑多な諸要素を外部性として捨象せずに分析の俎上に載せる）
② 微視的（精緻かつ重層的な分析が実行可能な程度に観察規模を限定する）
③ 定性的（数量分析や数式によるモデル化ではなく，質的分析に徹する）
④ 状況志向（事例横断的な一般化を志向せず，観察された特定の現象の説明に徹する）

　現地調査および情報収集における参与的アプローチは，一方ではこれらの特質を持つ研究に適した手段であり，他方では研究をこうした志向に導く条件でもある。参与とは，調査対象を遠くから眺めるのではなく，何か器具を使って測定するのでもなく，自分自身が現場に赴いて，そこにいる人々の中に入りこみ，かかわって人間関係を作り，話を聞き，一緒に活動し，目で見て肌で感じることである。祭りに参与するなら地域住民に混じって神輿を担ぎ，旅行会社に参与するならそのオフィスで働く。人から話を聞くこと（インタビュー）は質的な情報収集の重要な手段だが，それだけに頼るのではなく，自分の五感を駆使して得た経験に立脚しながら調査を進めていく——と言うと，ずいぶん〈非科学的〉に思えるかもしれない。実際のところ人類学は，自然科学の方法論から最も遠いところにいる経験科学のひとつであり，社会科学というよりも人文科学であって，哲学や文学と親和性が高い。人類学者は通常，多数の事例や膨大なサンプルを俯瞰して一般法則を見いだすのではなく，個人が参与し観察し得る範囲の少数の事例を深掘りして何らかの洞察に到達する。すなわち人類学者は，「事例を通じての一般化ではなく事例の中での一般化」（Geertz 1973：26）を求めるのである。
　包括的で微視的で定性的で状況志向——これらの特性はルポルタージュにも通底する。事実，人類学者が物した，ルポルタージュとしても評価が高い著作も散見される。ただし，ルポライターやジャーナリストがいまだ知られざる事実を明るみに出そうとするのに対して，人類学者は事実に対していまだなされぬ新たな説明を提示しようとする。いきおい，人類学の論文や書籍においては，理論的考察や抽象的議論の比重が高めになる。比喩的に言えば人類学的な研究とは，数式できれいに割り切れない問題を取り上げて，さまざまな角度から文

学的に描写し，哲学的な思考を紡いでいく営為である。参与的なフィールドワークによって得られた，重層的で饒舌な質的データと，言語化されずに／できずに沈殿している調査者の経験は，さっと整理してシンプルな結論を出すには無用の長物かもしれないが，時間をかけて考察を深めようと思えば頼もしい味方，よき材料となる。人間の活動には，すんなり割り切れない部分が多すぎる——観光はその典型である。だから観光人類学には，存在価値がある。

　人類学的なフィールドワークはしばしば，探索型の研究に向いていると言われる。探索型とは，問題それ自体を発見していくような研究の進め方を指す。すでに特定されている問題に対する解を考えるのではなく，そもそも何をどう問題にするのかを問うところから，探索型の研究はスタートする。大学入試や資格試験のように与えられた問題を解くのとは異なり，主体的に問題を作り出す面白さが，探索型の研究にはある。本書の至るところで強調されるが，人類学的なフィールドワークでは，調査者が当初持っていた暫定的なテーマや前提が，覆されたり無効化されたりする事態が普通に生じる。というよりも，現場で新たな問いに出くわす僥倖を期待して人類学者はフィールド調査に赴く，と道破しても過言ではない。文献読解から導き出したリサーチ・クエスチョンよりも，自らの経験を通して発見した問題意識のほうが，オリジナルの価値がある場合が少なくないからだ。人類学的フィールドワークは，知識の光がいまだ届かない密林に分け入り，人跡未踏の荒野に道を通していくような，創造的で冒険的な営みなのである。ただし，われわれ凡人が知的冒険に乗り出すにあたっては，手ぶらでは心許なく，進む方向を指し示す羅針盤や考えるための道具を持つのが望ましい。その羅針盤や道具にあたるのが，学術的な理論と概念である。観光人類学の理論については，別の書籍（市野澤編 2022）を読んでみてほしい。

市野澤潤平

注

(1) 本書の各章は，執筆担当者が自身の調査経験を読者に伝えるのに最も適している
と思われるスタイルで，記述されている。したがって各章で図版／注／参考文献の
数などにばらつきがあり，章によっては「ですます」調の文体を採用していたり，
Q&A 形式で記述していたりする。こうした記述形式の非統一性は，執筆者の個性
を尊ぶ編集方針の帰結であり，人類学的フィールドワークの多様さの表れだと受け
止めていただきたい。

文献

Geertz, Clifford, 1973, "Thick description: Toward an interpretive theory of culture,"
The Interpretation of Cultures, Basic Books, 3-30.
市野沢潤平，2003，『ゴーゴーバーの経営人類学──バンコク中心部におけるセック
スツーリズムに関する微視的研究』めこん。
市野澤潤平編，2022，『基本概念から学ぶ観光人類学』ナカニシヤ出版。

観光人類学のフィールドワーク
—ツーリズム現場の質的調査入門—

【目次】

第Ⅱ部　国内における事例集

第 I 部

人類学的フィールドワークの方法論

第1章　フィールドワークの事前準備

碇　陽子・市野澤潤平

1　人類学的フィールドワークとは

　フィールドワークとは，きわめて単純にいうと現地調査のことである。例えば小学校や中学校での社会科見学もフィールドワークのひとつの形だが，文化人類学のフィールドワークでは，データの集め方や報告の仕方が，はるかに高度なものとなる。多くの学問がフィールドワークをしているが，人類学のそれには独特の流儀がある。人類学者は，単に現場を訪れるというだけでなく，現地の人たちの社会関係に入り込んで，観察をしたり聞き取りしたり何かを一緒に行ったりするなど，現場での多様な（ときに個人的で主観的な）行動や経験にもとづいて，調査対象を包括的に理解しようとする。文化人類学のそうした調査研究の方法論は，大まかな基本型はあっても詳細なマニュアルには落とし込みづらく，誰もが等しく効率的に調査を進められる標準的な手順があるわけでもない。本書をひもとくみなさんは，文化人類学的なフィールドワークの考え方を身につける一方で，現実の調査実践の複雑さや多様性についても思いを巡らすことになるはずだ。

　社会学・地理学・考古学など，フィールドに赴いて調査を行う学問は他にもあるが，近年ではそれらと区別するために，特に文化人類学のフィールドワークを「エスノグラフィー」と呼ぶことが増えた。そもそもエスノグラフィーとは，記述したもの（graphy）という接尾語が示す通り，ある特定の人々につい

ての描写記述的な報告書や論文である。人類学者が自らにとっての他民族を主要な調査対象としてきた歴史を反映して,「民族の (ethno)」という名称が今も残っている。それが近年になって,人類学に特有のアウトプットを指すことから転じて,人類学が特徴とする参与観察を中心に聞き取りやドキュメント分析などを組み合わせた調査記述の方法をも指すようになったのである。かつての人類学者は主に他民族の社会構造や伝統文化を調査していたが,今日では自らが所属する社会や,医療／科学／観光といった現代的な営みも研究の俎上に載せるようになった。それに呼応してエスノグラフィーの守備範囲も,「民族についての記述」という原義を超えて多種多様な対象を取り上げる方向へ,拡大してきている。

　文化人類学のフィールドワーク（≒エスノグラフィー）を一言で表現すると,「参与観察を主とする質的調査」である。人類学者は,参与観察／聞き取り／文献資料などの多彩な情報源を組み合わせて,手に入るデータは何でも集めて利用する,ある意味で節操のないアプローチをとる。ただし第2章で述べるように,そのなかでも特に参与観察に重きを置くのが,他分野のフィールドワークとの違いである。そして,調査結果を客観的な数量データに落とし込むのではなく,質的に（文章で表現できる意味内容として）理解しようとする。こうした特徴により人類学のフィールドワークは,一見したところ非科学的かつ非効率的な風合いを帯びることになる。

　一般には現場調査を指すフィールドワークという言葉だが,本書ではそれをもう少し幅のある実践として考えたい。すなわち,自分の問題意識を学術的な文脈に位置付け,それに基づいて調査を実施し,収集したデータを分析／考察して結論を導き,その全体を論文にまとめて公表するという一連の知的営為として,フィールドワークを捉えることとする。第Ⅰ部前半の本章から第3章までは基礎編として,フィールドワークの一般的な過程を,調査現場（フィールド）に入る前／最中／後の三段階に切り分けて説明したい。第Ⅰ部の後半,第4章から第6章までは上級編／応用編となる。

　1．フィールドに入る前の準備（第1章）

　　自らの問題関心を見つけ,その関心に沿った調査対象と考察の方向性を

定める。先行研究を調べ，調査対象についての基礎知識を身につけながら，問いを明確化していく。フィールド調査の計画を立てる（この段階での方向性や問いや計画は，暫定的なとりあえずのものでよい）。フィールドでお世話になる人たちに迷惑をかけず義理を欠かないための心構えと段取りを行う。

２．フィールドで行うこと（第2章）

参与観察と聞き取りを中心とした調査方法によって情報を収集する。得た情報を記録する。現場で考えを広げ，深める。そうした過程においてかかわる（お世話になる）現地の人々と，良好な関係を形成し維持する。

３．フィールドから戻って論文を書く（第3章）

得られたデータを整理し，分析する。単なる事実描写にとどまらない考察を展開し，論文のストーリーを構成する——問いを立て，実証的・論理的な議論を通じて，その問いへの答え（結論）を導く。大前提として，論文を書く上での約束事をきちんと守る。

2　基本的な考え方と「型」を知ろう

フィールドワークや質的調査の方法論を詳しく指南する書籍が，世の中には多数ある。しかしながら，それらをマニュアルとして活用し，そこに書かれた手順と方法をなぞって調査に向かえばよい結果が得られる……とは限らない。また同時に，詳細な調査マニュアルを手にして現場に出かけても，指示されたやり方を現場で一から十まで忠実に実行できることは，おそらくない（作業量が多すぎてほとんどの人間が挫折する）。ゆえに読者のみなさんは，本書をマニュアルと見立てて頼ろうという考えを，捨ててほしい。なぜなら，現場に深く入り込もうとする人類学的な現地調査が，事前に計画した通りの順調な進展を見せることは，期待できないからだ。

そもそも人類学のフィールドワークは他者ありきの調査であり，また状況に左右される活動である。例えば恋愛のように，あるいは太平洋をヨットで横断する冒険のように，自分の思い通りにならない制御不能な要素が多すぎる。だから，楽しいはずのデートがなぜかケンカで終わったり，大嵐に襲われたりし

て，事前に立てていた計画が破綻しても，それは普通なのだ。めまぐるしく移り変わる状況下にあっては，細かな手順をきっちり暗記するよりも，対処法を見いだす指針となる知識と考え方を身につけておく方が，事に当たりやすい。恋人がこう言ったらこう返す，と考えるのではなく，相手に尊敬と思いやりをもって接することを心がける。風速何メートルになったらこうする，ではなく，船の性能と波風の挙動を科学的に理解しておく。重要なのは，マニュアルの暗記ではなく，正しい考え方。ゆえに本書は，調査の仕方を伝えるよりも，フィールドワークについて読者に多方面から考えてもらうことを，重視している。

　マニュアル暗記など必要ない，と言いきったことと矛盾するようだが，正しい考え方を導くためには，フィールドワークの基本的な「型」を心に留めることも必要だ。ここで言うフィールドワークの「型」とは，ある種の慣例であり，スポーツにおける基本動作や戦術理解のようなものだと思ってもらえばよい。実際にフィールドワークを始めてみると，当てが外れることはよくある。事前に準備していた問いとは異なる新たな問いをフィールドで見いだしてしまうこともあるし，念入りに研究計画を立ててもまったくその通りにならないこともよくある。フィールドワークは型通りにはならないものだ。しかしそれでも，フィールドワークの「型」を事前に知っておくことは大切である。「型」を身につけているからこそ，そこからの応用を利かせることができる。仮に思惑が外れて計画が破綻しそうになっても，「型」に立ち返って自分がどういう局面にいるのか俯瞰して知ることができるし，「型」を活用して臨機応変に対応することができる。他者ありきの調査であり，当てが外れることが多いからこそ，手順通りの準備が必要になってくるのだ。

　フィールドワークと聞くと，フィールド（現場）はデータの宝の山なのだから，手順なんかすっ飛ばそう，本なんか読まずに街に出ようと意気込む人がいる。けれど，再三述べるように，フィールドワークは現場の人々とかかわりながらデータを得る調査方法だからこそ，事前にある程度の段取りをつけておく必要がある。フィールドワークを開始する前に，①自身の問題関心を見つけ，研究の問いと調査対象の当たりをつける。②対象への理解の土台を作るために先行研究を調べ，問いを育てる。③研究計画を立てる。④調査依頼書を書いて送付するなど，相手先とのやりとりをする。一般的にはこうした手順を踏みつ

つ，調査準備は進んでいく。とにかく行ってみようという意気込みはよいが，それでは門前払いされるかもしれないし，フィールドの複雑な現実を前に圧倒されて途方に暮れることもあり得る。最もよくないのが，フィールドに深入りできないまま，現場で見聞きしたことに自前の知識を当てはめて偏見に満ちた浅い理解をしてしまうことだ。そうした落とし穴に陥らないためにも，フィールドワークの方法を知り，事前準備をすることが必要なのだ。

3　どこで何を調べるか
―具体と抽象の関係―

　観光をテーマに卒論や修論を書きたいという学生は多い。筆者たちが勤務する大学でも，「観光によるまちおこしに成功している○○町の事例を調査する」といったテーマが定番化している。しかしこうした調査テーマを掲げる学生の話を聞いてみると，どうも調査をする前から「地域振興には観光が必要である」という確信めいた前提を隠し持っている場合が少なくない。こうした決めつけは，いささか危険である。フィールドの現場（にいる当事者たちの理解）と，外部者の常識から見た理解とは，必ずしも一致しないからだ。観光まちおこしが盛んに見える現場に入ってみると，当事者たちにはそうした意識がなかったり（第 8 章），反対派が多数いたり（第14章）するかもしれない。これらの場合であれば，「地域振興には観光が必要である」という前提を疑ったり，別の角度から地域振興と観光のかかわりを考察したりしなければ，現実を見誤ることになるだろう。

　そもそも私たちは，一次データから何か新しいことを見いだすために，わざわざフィールドまで足を運ぶのだ。行く前からわかっていることや，すでにどこかで言われていることを，そのままなぞるのではつまらない。ただし，自分オリジナルの発見がゼロから生まれることはないので，なるべく事前に情報をインプットしておこう。フィールドに行く前に多くの文献にあたり，余裕があれば予備調査で現地に赴いてもいい。そうすることで，自分の中にある素朴な疑問や小さな問題関心を，ゆっくりあせらず，問いとして育てていこう。

　問題関心を見つけ問いを育てていく上で，理解しておいてほしい区別がある。

それは，〈具体的対象〉と〈抽象的思考〉の違いである。「論文って何を書けばいいの？」という初歩の初歩でつまずいている学生は，このふたつを混同している場合が多い。

> 〈具体的対象〉：現に存在する物事。これを調査して得られるのが現場データであり，考察の材料となる。
> 〈抽象的思考〉：物事を解釈し理解するための考えや枠組み。簡単な説明概念から，高度に複雑な理論までを含む。

　フィールドワークの目的は，現場で見聞きした〈具体的対象〉を，〈抽象的思考〉において解釈し，論文という形で描き出すことだ。〈具体的対象〉とは，あえて単純化して言えば，目で見たり手に取ったり匂いを嗅いだりできる，すなわち五感で存在を感じられる物事である。五感で得られる情報量が多いほど具体性の度合いが高く，反対に情報量が減って五感での把握から遠ざかるほど，抽象度が上がる。例えば，筆者が飼っている黒猫のキキは抱きかかえてモフモフできる具体的な対象であるが，猫→哺乳類→生物と理解の抽象度が上がるにつれて五感で捉える対象としてはイメージしづらくなり，具体性は薄れていく。

　文化人類学のようにフィールドワークに立脚する学問は，調査を実際に行う物理的な現場と，その現場をどのような切り口で理解するかにかかわる抽象的な考えという，ふたつの「層」から成り立っている（小田 2010）。ある〈具体的対象〉に興味があってその現場に行く場合もあれば，ある〈抽象的思考〉に関連する現場を探す場合もある。共通するのは，どちらが先であっても，一方が他方と結びつけられることで学術的な考察が展開される点である。ただし，こうした具体と抽象の二分法は理念的なものにすぎない。先ほどの猫の例をみてもわかる通り，一方に具体の極があり，他方に抽象の極がある。それでは「観光」とは，〈具体的対象〉かそれとも〈抽象的思考〉か，どちらだろうか——その両極のあいだにあり両面を兼ね備えている，すなわち考察の対象にも枠組みにもなる，と言うしかないだろう。このように，〈具体的対象〉と〈抽象的思考〉は，現実にはグラデーションをなしているので，その二分法は便宜的なものとして捉えておいてほしい。

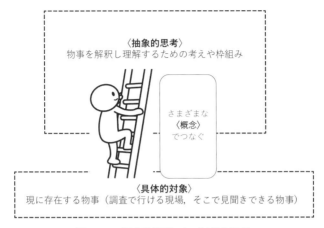

図 1-1　〈具体的対象〉と〈抽象的思考〉
出所：筆者作成（イラストはイラスト AC より）

　具体と抽象のふたつの層をしっかりとつなげていくことが研究の要になるし，うまくつなげられるかどうかで研究の面白さも決まってくる。〈具体的対象〉と〈抽象的思考〉のあいだはグラデーションだと述べたが，〈抽象的思考〉にはレベルがある。「哺乳類」や「観光」などの単純な〈概念〉は直感的に理解しやすいが，人文社会科学における〈理論〉は，多くの〈概念〉が複雑に組み合わされて構成されており，抽象度も高まる。ここにおける〈概念〉とは，〈具体的対象〉と〈理論〉を含む高度な〈抽象的思考〉をつなぐハシゴのような役割を果たす（図 1-1）。具体的な現場や対象について，複数の抽象概念を関係づけながら解釈し説明していく能力が，問いの模索や先行研究の整理，現場における気づき，データ分析や論文執筆など，フィールドワークのすべての過程にわたって必要とされる。

　〈具体的対象〉が面白ければ，それをそのまま描けば十分ではないか，と思う人もいるだろう。たしかに，現場がどうなっているのかを知ることそれ自体が価値を持つタイプの調査はある。例えば，北朝鮮における観光の現状は人の興味をそそるし，知りたいと思う人も多いだろう。仮にジャーナリストのような潜入ルポを書き上げることに成功すれば，その調査には一定の社会的価値があると言える。しかしながら，そのような現場は一介の学生が簡単に訪問でき

る状況にないだろうし，研究調査だとするなら，調査許可を得る必要など倫理
のハードルが立ちはだかる。こういう事情を考えると，フィールドワークで見
た〈具体的対象〉をそのまま記述しても，通常はよい論文とはならない。〈抽
象的思考〉を通して分析し考察することによって初めて，論文の価値が生まれ
るのである。観察対象としてはありふれた出来事であっても，〈抽象的思考〉
による扱い方次第で，いくらでも面白く意義のある論文に仕立てることができ
る。例えば，災害が生じた場所には観光客が来なくなるという事実は，かつて
はあたりまえのこととして見過ごされてきた。しかしそのあたりまえの事実を
「風評被害」という〈概念〉から捉え直すことで，観光業者も被災者であり救
済が必要なのだという問題意識が導かれた。この例からもわかるように，特別
な調査対象を追い求めるよりも，手に入る材料をどんな〈抽象的思考〉を使っ
てどう料理するかを考究する方が，往々にして生産的である。

4　研究計画を立てる

興味関心を見いだす

　研究の第一歩は，とにかく自分の興味関心を見つけることだ。例えばあなた
が，北海道内陸部の平凡な田舎町である，富良野に興味を持ったと仮定しよう。
1981年から2003年にかけて断続的に放映された人気テレビドラマ『北の国か
ら』の舞台となったことをきっかけに，富良野には多くの観光客が訪れるよう
になり，現在では北海道を代表する人気観光地となった。特にその大地に広が
るラベンダー畑は，いかにも北海道らしい風景として，大勢の旅行者が見に来
る観光資源となっている。この事実が，あなたの興味関心の〈具体的対象〉だ。
たんなる畑がドラマに登場したことで観光地となり，そのドラマのファンが多
数押し寄せた——富良野の事例をこう一般化して比喩的に捉えれば「聖地巡
礼」だし，学問的な観光形態の分類から考えれば「コンテンツ・ツーリズム」
となる。ある場所に観光地としての価値を付与する「観光のまなざし」のメカ
ニズムを考えるなかで，富良野のケースに着目するような経過もあるだろう。
このように，学術的な興味のきっかけは〈具体的対象〉に見いだされるだけで
なく，〈抽象的思考〉が導き出す場合もある。重要なのは，具体であれ抽象で

あれ，多くの情報に広く触れることだ。まっさらな空っぽの脳内から学術的な興味が湧いてくることはない。本を読んだり，ニュースやドキュメンタリー番組を見たりして，世の中のさまざまな事実や，多くの先達の思考に触れるよう，心がけてほしい。

　あなたがタイに旅行して，その地についての論文を書こうと思い立ったとする。「タイについて」ではいかにも漠然として論文の問いにはならないので，タイの何についてどういう観点から論じるのかを絞り込まねばならない。そのためにはまず，タイにかかわる書籍を読んでみよう。学術書でなくともよい。タイの文化，政治，食，宗教，何でもかまわない。まずは自身の知識の裾野を広げること。そうしているうちに，「これはどうしてだろう」「こんなことおかしいな」というような，ちょっとした関心や引っ掛かりが出てくるだろう。それが問題関心の萌芽なのだ。

　どうやらタイは，国家経済の大きな部分をインバウンド観光に依存する「観光立国」らしい。たしかに，バンコクの街を歩いていると，外国人観光客の姿や観光客向けの看板が目立った。観光に力を入れ始めた日本が「観光立国」の先輩であるタイに学べることもあるかもしれないし，とりあえず「タイの観光」をテーマにしてみるか……といった具合に，フィールドワークにつながる初期の問題関心は，軽いカジュアルなものでまったく構わない。ただし現地調査をするとなれば，タイのどこで何を調べるのか，もっと絞り込みが必要だ。「タイの観光」といっても幅広いので，南部のビーチリゾート，北部の少数民族観光，日本人女性に人気のリラクゼーション（タイ式マッサージや高級スパ）──といった形で具体性を持たせていくとよい。

問いを立てる

　〈具体的対象〉と〈抽象的思考〉を掛け合わせるのが，どこに面白いポイントがあるのかを明確化するための基本的なアプローチだ。「タイの観光」という対象を，例えば「ジェンダー」という視座から調べると，観光セクターに大規模な性産業が存在し，多くのタイ人女性が外国人男性向けのセックスワークに従事している事実が見えてくる。つまりタイでは「売春」が大きな観光資源となっているわけだが，これは「観光立国」の在り方として問題ではないだろ

うか……。もちろん，この例のようにすんなり考えが進むとは限らない。フィールドに行く前に，〈具体的対象〉と〈抽象的思考〉をことさらに区別して考える必要はないし，それらを掛け合わせることにこだわらなくてもよい。なにしろ行ってみないとわからない予測不可能な部分が大きいのが，人類学的なフィールドワークだ。調査の〈具体的対象〉，切り口となる〈抽象的思考〉，そしてそれらを掛け合わせた問いのすべては，フィールドに行った後からでも柔軟に変更し得る。調査対象について事前に下調べするのは重要だが，そこから強固な先入観を作り上げてしまわないよう，意識しておこう。セックスツーリズムの調査を目的にタイへと赴いて，結果としてタイ料理に詳しくなって帰ってきても，構わないのだ（学部生が行う調査では時間の制約から，大幅なテーマ変更は現実的でないかもしれない）。

　研究には問い（リサーチ・クエスチョン）が必要である。問いとは，自分の興味関心を「○○とは何か」「○○はどうなっているか」といった疑問文に落とし込んだものだ。原理的には，あらゆる問いに基づく研究があり得る。「いま私がほじりだしたハナクソにはなぜ鼻毛が一本ついているのか」といった論文を書くこともできるが，それでは個人の酔狂の域を出ない。大学で行われるような公的な研究では，自分以外の人間に問いの「意義」を理解してもらう必要がある。研究をするには時間も労力もお金もかかる（職業研究者であれば，研究資金を国や企業から支援してもらっている）。さらに人類学的なフィールドワークは，調査地の人たちに多大な協力を求める。そこまでの犠牲を払ってあえて研究を始めるには，それなりの理由がなければならないのだ。

　問いの意義は，大きく二種類に分けられる。学術的な意義と応用的な意義である。

　　問いの意義：①学術的な意義（既存の研究蓄積に付け足す新たな知見）
　　　　　　　　②応用的な意義（問題解決につながる有用性）

　学術的な意義とは，観光人類学（などの学問分野）に対する貢献である。これまでの研究蓄積に何か新しい知見を付け加えることができれば，それが学術的な貢献となる。先人による研究に疑義を見いだしたり，周知の事実について従

来とは異なる解釈をしたりするだけでも，一定の価値はある。応用的な意義とは，現実にある問題を解決する上で，あなたの研究成果にできる貢献である（今まで意識されていなかった課題を明るみに出すような場合も含まれる）。社会問題を解決する道筋や，ビジネスを成功に導くアイディアなどを提案するのが，応用的な意義の典型である。本書は学術的な意義を持つ研究を主として念頭に置くが，第6章では応用志向のフィールドワークについて詳しく解説している。

　自身の生活世界の文脈で見いだされた私的な問題意識を出発点に研究をしたいと思うなら，それを学術的／応用的な意義を持つ問いに変換する必要がある。例えば「なぜ私は痩せられないのだろう」という私的な問いから出発し，「私はなぜ痩せられないことに悩むのだろう」→「私をそう悩ませる社会的／文化的な要因があるのではないか」→「そうした要因を明らかにする（そしてできれば取り除く）ことが，痩せられないと悩む人たちの助けにならないだろうか」……というように変換していく。上述の通り，いかなる〈具体的対象〉であっても，〈抽象的思考〉による扱い次第で興味深い研究テーマになり得る。どれほど私的で些細な気付きであっても，これは研究テーマにはならないと簡単に諦めず，多方向から考え直してみよう。

　問いの意義を定めるために欠かせないのが，先行研究のレビューである。自分の研究テーマに関連して，過去に発表された学術的な研究（論文や学術書など）を，まずはリストアップしてみよう。その際には，論文や書籍の全文を読む必要はない。タイトルや要旨を読み，全体をパラパラめくって内容をザッピングする。何か面白そうな，自らの考察に役立ちそうな気配が感じられたら，「後で読む（かもしれない）リスト」に振り分けておく。リストに挙げた文献を，結果的に読まなくても構わない。そうした作業を続けるなかで，自らの興味関心が，何らかの学術的な概念や理論とかかわることに気付くかもしれない。そうでなくとも，解釈や考察の糸口ぐらいは見えてくるはずだ。できれば，自分の研究テーマに直接関係する文献や人類学の論文に限定せず，隣接他分野も視野に入れて，先行研究レビューはできるだけ幅広く行ってほしい。直接のかかわりが薄く思える文献のなかに，ユニークな発想のヒントが埋もれていることがままあるからだ。

研究計画書

　研究の問い（またはその前段階の問題関心）が明確になってきたら，研究計画書を作成してみよう。繰り返すが，調査は研究計画通りには進まない。しかし，それでもあえて研究計画を立てることで，調査に何が必要で何が足りないかが，あぶり出されてくる。また，自らの研究構想を目に見える形で研究計画に整理すれば，指導教員やゼミ仲間からアドバイスも受けやすいし，現地の人々にも調査目的を説明しやすい。

　以下の項目について一通り考えて，研究計画書を作成してみよう。

　①　研究課題名
　②　研究の目的
　　⑴　特定の〈具体的対象〉を特定の〈抽象的思考〉から考察する体をとる。
　　⑵　文末に「？」をつけられる疑問文として記述する。
　　⑶　問いの意義を明らかにする。
　③　この研究計画が出てきた背景（先行研究や事前調査の経緯について記述）
　④　調査スケジュール
　⑤　財源と支出計画
　⑥　調査のマナーと倫理（対象に固有の留意事項があれば記述）
　⑦　安全上の留意点（もし必要なら）
　⑧　参考文献／参照ウェブページ
　⑨　期待される成果（もし可能なら）

調査依頼書

　計画を立てたらいよいよ現地に入る準備に取り掛かろう。企業やNPOといった組織を対象に調査をするのであれば，正式に調査許可を取らねばならない。最もフォーマルで丁寧な許可の取り方が，調査依頼書の送付である。役所の文書のように定型があるので（図1-2），それに則って書けばよい。作成した依頼書は，郵送かメールで送付する（郵送が丁寧だが，近年ではメールで済ませても許される場合が増えてきた）。まず現場に観光客として入り込み，訪問を繰り返

○○　事務局長○○様

調査へのご協力のお願い

拝啓
いよいよ夏本番を迎え、より一層ご隆盛のこととお喜び申し上げます。

　私は、○○大学○○学部で文化人類学を専攻している○○○○と申します。この度、卒業論文で、○○地域における○○について考察したく、研究を進めております。○○地域で行われる○○につきまして、参加者の方々に、設立までの成り立ち、仕組みや活動、どのようなご苦労や成果があるのかといった点についてお聞きし、また可能であれば、地域で暮らす方々からもお話を伺いたいと考えております。
　つきましては、お忙しいなか恐縮ですが、代表者である○○様に直接お話をお伺いして、調査にご協力をいただけるかご相談したく思っております。1時間程度のお時間をいただければ、大変ありがたいです。（私の研究の目的とお聞きしたいことについては、別紙にまとめております。）
　研究成果は卒業論文として公表する予定ですが、個人のプライバシーを侵害することのないよう十分に配慮いたします。可能であれば関係者のみなさまに内容を事前にご覧いただき、ご迷惑になるところについては削除いたします。
　○○様のご負担にならない範囲でご協力いただけましたら幸いです。

敬具

○年○月○日
○○大学○○学部・○○○○
電話番号○○○-○○○-○○○○
e-mail: ○○○○○○○○

図1-2　調査依頼書の例

すなかで現地の人々や組織と関係を築いていくスタイルの調査なら、正式な依頼書はひとまず必要ないかもしれない。

　図1-2の依頼書に加え、調査目的や方法を別紙にまとめておく（研究計画書をそのまま添付するのは不親切だ）。一般的なフォーマットは、下記の通りである。研究の目的を真摯に説明すると文章が長くなりがちだが、多くてもA4で2枚以内にとどめておこう。

- 調査の目的
- 調査期間の目安とスケジュール
- 情報収集の方法
- 調査で得た情報の守秘について（個人が特定できる情報やプライバシー、被調査者の不利益になる情報は公表しないことを明記する）
- 最終的な調査結果の公表の仕方と時期、および公表される範囲（卒論と

して大学に提出するのか，雑誌や書籍として公刊するのか，ウェブサイトに掲載するのかなど)

考えを深めるために

1）身の回りから任意の〈具体的対象〉を取り上げて，それよりも抽象度を下げた，あるいは上げた概念を5つ考えてみよう。

2）自分の住んでいる街の観光についてフィールドワークをするための研究計画書を作ってみよう。本文で挙げた①〜⑨の9項目について書いてみよう。

3）2で作った自分の研究計画書を他の人と見せ合おう。作成した研究計画書についての疑問点（例えば，問いを明らかにするための調査方法の選定は妥当か，実現可能性はあるか，予算は妥当かなど）をお互い指摘していこう。

文献

小田博志，2010，『エスノグラフィー入門——〈現場〉を質的研究する』春秋社。

第2章　フィールドにて：基礎編
——調査現場で何をどうするか

碇　陽子・市野澤潤平

1　「現場」に入る

　調査先への挨拶を済ませたら，いよいよフィールドに赴こう。辺りを歩き回りながら，フィールドで見るもの聞くもの，感じること，そのときの天候，その場の印象など何でもいいので，フィールドノートにつけてみよう。あなたが最初に感じた現場の印象は，ひょっとすると，データをまとめる際に何かのヒントを与えてくれるかもしれない。調査対象者や情報提供者（インフォーマント）を見つけたいと意気込むのはわかるが，まずは焦らずに，ゆっくりフィールドに浸ることをお勧めする。

　公園などの公共空間や，カフェや役所の待合室など，自分がじっと座っていても目立たない場所を選んで身を置き，定点観察調査をしてみよう。ノートとペン，あるいはノートを取るのがそぐわない場所であれば，スマートフォンのメモ機能を使って，現場観察をしながら記録を取ってみる。時間は30分から長くても1時間程度。最初は，焦点を定めずに何かを観ることが，難しく感じるだろう。何でもいい，些細だと思われることでも，気付いたことをとにかく記録する。そうしているうちに，自分が注意を向ける対象が固定されてくるだろう。例えばカフェであれば，談笑する客たちによる噂話，店員の接客行動，客の出入り状況……といった具合である。記録の仕方としては，かなり時間が経った後からノートを読み返してもそのときの記憶が蘇るように記述できれば，

素晴らしい（決して簡単なことではないが）。人やモノの印象を記述する場合は，目で見たこと，耳で聞いたことの物理的な描写を，印象の根拠として書き込んでおこう。

　心しておいてほしいのは，現場の観察は，映画観賞や観劇とは異なるということだ。映画のスクリーンや演劇の舞台は，制作者が何らかの意図をもって演出した視覚空間である。観客がそれを無為に眺めるだけで，悲しい場面，笑いを呼ぶ場面，重要な謎が示される場面など，特定の意味世界が意識に飛び込むように設計されている。対して，調査の現場には，あらかじめ意味が付与されているわけではない。その場にいる人たちの即興的なふるまいと，それを観るあなたの視点の取り方によって，その都度異なる意味を持って立ち現れるものだ。換言すると，あなたが能動的に意味を読み取ろうとしなければ，調査現場はたんなる模糊とした空間のままである。こうした意識をもって上述の定点観察を試みれば，目の前に広がる空間が意味を持つ「現場」として立ち上がる様が，実感できるだろう。

　あちこち歩き回ったり，観察調査の記録を取ったりしながら，少しずつフィールドに馴染んでいく。そうするうちに，この人は何について教えてくれそうだとか，あの人は現場でどういう役割を持っているとか，ある人は親切で別の人は非協力的だとかが，何となく見えてくるだろう。そうなればいいよ，本格的な調査の開始だ。文化人類学のフィールドワークは，調査者が現場に深く入り込んで，観察をしたり聞き取りしたり，現地の人々と一緒に活動しながら，五感を駆使して現場を内側から理解する調査方法である。

2　参与観察

　文化人類学のフィールドワークでは，観察が方法論のなかに大きな位置を占める。これは，19世紀にさかのぼる文化人類学の起源が，自分の母語が通じない異社会の調査だったことと関係するかもしれない。言葉がわからないから，まるで幼児のように，人々の営みを見ながら現地の世界を学ぶのだ。今でも文化人類学のフィールドワークでは，言葉が通じる通じないにかかわらず，観察が果たす役割は大きい。

　人類学者が行う観察とは，単に対象を目で見ることだけにとどまらない。聴覚，触覚，嗅覚など視覚以外の感覚も総動員して，調査地の人々の動作，発言，態度，表情，その場の雰囲気などを把握し，記録する研究技法である。すべての感覚が，現場で起こる「今」を知ることに寄与する。人類学者は通常，調査対象となる人々や集団／組織に，自身が調査者であることを明かし，同意を得た上で，その生活や活動に参加させてもらい，観察をする。集団の成員として現場に入り込むことで，当事者ではないと知り得ない知識や情報を得るのだ。こうした調査法を参与観察という。

　ひとつの研究テーマについて年単位の時間をかけて参与観察をするのが，文化人類学者の理想とされる（昨今は大学業務の縛りが厳しくなり，長期の参与観察を行える機会は減少する一方だが）。現地に居を構え，住人たちのコミュニティに加わり，彼らと同じように暮らすことによって，その生活世界を体感的に理解することが求められるのだ。とはいえ，一介の学生に長期の住み込み調査をしろというのは，酷な要求だ。また，近年の傾向としては，寝食を共にするような徹底した参与ではなく，調査地の人々のもとに通いながら調査を進めるという選択肢もある。インターネットもスマートフォンもなかった時代に人類学的研究の王道とされていた，人里離れた「未開」の村落で行う調査にあっては，そこに住み込む以外の方法はとれなかった。しかし，交通通信手段が発達した現在，それも都市部において実施する調査なら，通いであっても問題はない。結局のところ，調査対象者と濃密な関係を取り結びながらデータを集めることが参与観察の最重要のポイントなのであって，そのための物理的な方法は何であっても構わない。この点についてティム・インゴルド（Ingold 2018=2020）は，人類学とは「他者とともに学ぶ」学問なのだと的確に指摘している。

　参与的な観察調査については一般に，調査者と被調査者とのかかわりの度合いに応じて，観察のタイプを分けて考えることができる。すなわち，①完全な参加者として観察する，②完全な観察者として観察する，③参与観察者として観察する，という3つの方法である。これはあくまで理念的な分類であるので，あまり深刻に考えなくてもよい。

　まず，完全な参加者として観察すること。これは，調査対象となる社会（集団）に，調査者であることを明かさず，彼らの活動に潜入して観察するやり方

だ。潜入ルポをイメージすればいいだろう。潜入ルポには，当事者のみしか知り得ない秘密情報が暴露され，面白く読める。しかしながら，調査許可を取っていない，プライバシーに配慮しないなど，学術調査としては倫理的に問題が多い。会社組織に潜む不正を暴き出すために，経営陣の許可を得て特定部署へ職員として入り込むようなケースは想定できる。麻薬取締官による犯罪現場への潜入捜査も，これにあたる。しかしながら，学術調査をそのような条件で執り行うことは少ないだろう。

　次に，完全な観察者として観察すること。これは非参与観察とも言う。調査対象に影響を与えないようにするために，被調査者に自分の存在を知らせず，できる限り対象の自然な様子を観察する方式である。親の同意を得て幼い子どもを観察する場合などがこれにあたる。心理学の分野では，実験室に観察対象者を置き，研究者がマジックミラーを通して行動観察をするような手法もかつては見られたが，近年では研究倫理の観点から下火になっている。被調査者に調査者の存在や意図を伝えず，隠れて観察することには倫理上の問題があるが，駅・広場・飲食店・ショッピングモールなどの人が行き交う公共空間で実施する，被調査者の同意を個別に得ることが困難な状況での観察調査なら，社会通念上，問題視されることは少ない。

　3つ目に，参与観察者として観察する場合がある。文化人類学のフィールドワークでは，一般的にこの方法がとられる。調査対象となる人々，集団や組織に調査意図を明かし，同意を得た上で，調査者自身が（長期的に）その場に身を置いて，観察を遂行する。集団の成員として現場に参加しながら，当事者でなければ知ることのできない知識や情報を得るのである。参与観察における「参与」には，観察対象者たちと同じ行動をとり，同じ役割を果たすことが含まれる。多くの人類学者は，会社で調査をするならそこで従業員として働き（第7章），伝統芸能の調査をするなら演者の1人として参加する（第9章）など，調査の場に応じた役割を得るように工夫する。

　調査地の人々との属人的な関わりを通してデータを集める参与観察には，調査上のジレンマが付き纏う。参加しながら観察する，すなわち内部者になろうとしながら外部者であることを捨てない，という矛盾した行動および態度をとらねばならないからだ。客観的な学術調査の手法として参与観察は難しいと言

われる所以はここにある。

　また，人々が活動し交流している現場に人類学者が踏み入って観察をしようとするとき，その行為は，大なり小なり被観察者（調査地の人々）に影響を与える。例えば小学校の授業参観日，父母たちが観察者として教室にやってくると，生徒たちの様子は明らかにいつもと異なるはずだ。社会調査においても同様に，観察者が存在することによって，現場の人々は緊張したり張り切ったり，警戒したり何かを隠そうとしたり，種々の形で影響される。調査者と対象者との距離が近く，会話などの相互作用が密になるほど，その影響は大きくなる。教室の後ろに立っていた父母たちが，もし自分の息子／娘の席まで歩み寄って声かけしたら，生徒たちが興奮して授業は大混乱となるだろう。

　人類学者が実施する参与観察において，実際には「参与」と「観察」というふたつの行為の比重は状況により変動し，それに伴って実施している観察のタイプも変わる。例えば，調査先の問題に巻き込まれて周囲の人々と協力し合う場合には，参与の比重が上がるだろう。逆に，部外者という理由で活動に参加させてもらえない場合などは，観察の比重が上がる。現場における調査者のスタンスは状況に応じて柔軟に変えていくべきであり，参与と観察の比率はどの程度が適切なのか，一概には決められない（そもそも参与だの観察だの，構成比率を測定して数値化できるような性質のものでもない）。調査者と現地の人々とのその時々の関係性のなかで，感覚的にバランスを取っていくしかないのである。

3　フィールドノート

　現地では，フィールドノートをつけることを習慣にしよう。何しろ人間は忘れる生き物だ。観察や聞き取りに勤しんで疲れてしまい，調査結果はあとで記録しようなどと考えていると，次の日にはもう思い出せなかったりする。何か情報や発想を得たら，ラフにでも構わないので書き留めておこう。余裕があるなら，見聞きしたことだけでなく，誰とどう知り合ったか，どういう印象や感想を持ったかなどについて，逐一メモしておきたい。フィールドノートへの記録の積み重ねが，貴重な一次資料（＝現場データ）となる。

　フィールドノートにはいくつかの種類がある。①現場で書いた走り書きのメ

モは，後になって見直すと読めないことがあるので，現場を離れて落ち着いた
タイミングで，②清書版フィールドノートを作る。メモを取ったときのことを
思い出しながら，あとで読んでもわかるストーリー性のある文章で記述しよう。
視覚情報を記録する上で写真や動画が便利なのは当然だが，現場の様子や事物
の形状をスケッチしておくのも，追想のよすがとして大いに有効である。その
他に，③調査の最中につけた日記や，④聞き取り調査の記録なども，フィール
ドノートとみなせる。必ずしもこの 4 種類がすべて必要というわけではないの
で，自分が無理なく継続しやすいスタイルでノートを作ればよい。

　清書版のフィールドノートを作成する際に，留意してほしい点がふたつある。
まず，現場で聞き取った人々の発言や使った言葉については，改変を加えるこ
となく，そのまま清書版のノートに記録しておきたい。発話者がその言葉を選
んだ理由が，語りのどこかに隠れているかもしれないからだ。もうひとつ，清
書版のノートには，物語性を持たせたい。出来事や会話の内容を機械的に記録
するだけでなく，それらについてあなた自身がどう感じたか，どういう意味を
読み取ったのかを考えて，書き留めておく。この意識が大切である。フィール
ドワークの初心者が作りがちな，○○月△△日××時に何が起こったかを羅列
するだけの無味乾燥な箇条書きの記録では，あとから見返しても，当該の出来
事の細部に思い至るのは困難だ。厳しい言い方をすれば，それでは役に立つ
データにならない。良いフィールドノートは，ある程度一貫した筋立てで順序
を追った物語を綴る，読み応えのある文章になっているものだ。そもそも文章
を書く作業とは，脳内に出来上がった思考や発想の，たんなる出力ではない。
私たちは，書くという物理的な動きを通して，手と目で考えているのである。
ゆえに書く過程において，それまでは思いもよらなかった新しい思考や発想が，
文章として形になってくる（佐藤 2002：279-280）。

4　聞き取り

　参与観察の最中，問わず語りの会話から情報を得ることはある程度できるが，
あらためて時間と場所を設定してしっかり話を聞くのも大切だ。すなわち，聞
き取り調査である。世の中には，いくら目を皿にして観察しても見えてこない

事実が多々ある。例えば，人々の考え，価値観や感じ方などは，その典型である。また，自分が居合わせていないときに起きた出来事や，歴史的な過去の話などは，観察しようが無い。現場観察が（十分には）できないことや，対象が複雑すぎていくら見てもよくわからないこと（機械の仕組みや組織の構造など）もある。物理的な構造物なら，いくら複雑でも写真や動画に収めてあとから繰り返し見られるが，そもそも視覚によって捉えられない事柄については，誰かに聞くしかない。

　文化人類学における聞き取りは，広義の参与観察調査（現地の人々との多様なかかわりにもとづいてデータを集める方法）の一部に過ぎない。だから，現地の人に話を聞きさえすれば必要十分な情報が得られる，とは考えないでほしい。誰かに話を聞く（またはアンケートを採る）機会を一度だけ設けて，そこから得られた情報のみに頼って論文を書こうとするのは，論外である。また，聞き取り時には，言語情報だけでなく，対象者の表情や行動から得られる非言語情報についての観察も，心がけよう。しぐさや風貌，声の感じや態度，そして聞き取りを実施した物理的な環境などについてもフィールドノートに記録しておければ，上出来である。

　本章では，聞き取り調査を4種類に分け，そのうち3つを主に取り上げて，説明する。

　　聞き取りの4種
　　　①構造化された聞き取り
　　　②半構造化された聞き取り
　　　③語りの聞き取り
　　　--------------------------------
　　　④構造化されない（非構造化された）聞き取り

①構造化された聞き取り
　質問項目，質問文，質問順，そして回答の選択肢をあらかじめ決めておき，その通りの仕方で相手に質問をしていく聞き取りの方法。ここでの「構造」とは対話の構造を指す。少しわかりづらい用語だが，対話が構造化しているとは，

質問とそれに対する回答ががっちりと固定的に組み立てられているという意味だ。質問内容はピンポイントで答えも拡がりようがない、「はい／いいえ」を問う質問などが典型となる。構造化された聞き取りは、もっぱら量的調査で使われる。質的な調査において構造化された聞き取りを行うのは、ある項目についての基礎情報を、多数の調査対象者から得たい場合である（職業や収入を尋ねるなど）。

②半構造化された聞き取り

　聞き取りのテーマや質問項目はあらかじめ決めておくが、それに対する回答は自由にしてもらう。半構造化とは、対話が半分だけ構造化しているということである。調査者が決められた内容の質問をして、非調査者がそれに答えるという基本構造は堅持されるが、そのやりとりの中身には、相当な柔軟性と展開可能性がある。質問の順番は状況に応じて変えてもよい。相手の回答をふまえてさらに探りを入れる質問を追加したり、予測していなかった回答にアドリブで対応したりすることも許される。聞きたい内容が明確であり、かつ可能な限り多方面から豊富な情報が欲しい場合に、この方法が採用される。

③語りの聞き取り

　あるテーマについての物語や歴史を、調査対象者に自由に語ってもらうタイプの聞き取り。例えば「職場で困っていること」とか「過去の恋愛経験」といったざっくりとしたテーマやキーワードのみを提示して、あとは回答者の語り（ナラティブ）に任せる。詳細な質問を事前には用意せず、対話の流れに応じて臨機応変に繰り出す。人々の生い立ちや暮らしぶり、家族関係、仕事内容など、話し手が興に乗ればいくらでも語りが続くようなテーマは、数多い。逆に言えば、こうしたテーマについて半／構造化された聞き取りを行っても、話し手が潜在的に持つ情報のごく一部しか開示されない。戦争や被災、深刻な社会問題など、調査者の安易な理解を拒むような経験についての語りを聞くこともある。こうして聞き取った語りは、生活史や個人史とも称される。

　①から③は、調査者が現地の人々から情報を聞き出すために設定する人工的

な対話機会であるのに対し，④の「構造化されない聞き取り」とは，質問も応答も計画的に組み立てられていない事実上の雑談である。気の向くままのおしゃべり，噂話や愚痴のこぼし合い，問わず語りなど，調査の現場で人とかかわっていれば意図せずとも自然に生じる類いの会話であるが，そこから結果的に有用な情報が得られることも多々ある。

　聞き取りに成功すれば自分が欲しい情報を効率的に入手できるが，相手がある以上，うまくいくとは限らない。聞き取り調査を首尾良く運ぶためには，聞く側と話す側，双方における理解のギャップをなくすことが大切だ。質問の意図，すなわちこちらが何を知りたいのか，どういう答えを求めているのかを，相手に丁寧に説明しよう。自身に何を期待されているのか，どういう回答が求められているのかについての情報提供者の理解が曖昧なまま聞き取り調査が進むと，対話はチグハグになり，話し手は居心地の悪さを感じてしまう。そうなると，再び協力を得ることも難しくなる。

聞き取り調査の手順
①事前準備

　聞き取り調査の準備として，自分が聞きたい事柄について丹念に下調べをしておこう。ちょっと調べればすぐわかることを聞くのは，失礼にあたる。限られた時間で知りたい情報を得ようと思うなら，質問項目を吟味しておかねばならない。項目リストに漏れや重複がないか，相手が理解しやすい要を得た質問文となっているかを，念入りに確認しよう。

　調査協力者に聞き取りの約束を取り付ける際には，その日の調査にかかる時間や聞きたい内容について，大まかに伝えておくのがよい。グループでの調査実習など，聞き手が複数いる場合には，そのこともあらかじめ伝えておこう。心の準備がないまま大勢に取り囲まれるのは，気分のよいことではないからだ。

②聞き取り調査当日

　約束の時間を厳守するのは当然だが，電車の遅延，道に迷うなどの不可抗力もあり得るので，自分の連絡先を伝えておくようにしよう。筆記用具，ノート，質問項目リスト，IC レコーダー，下調べで集めた資料，カメラなどを，必要

に応じて持って行く。過去の写真など，相手の記憶の呼び水になるような資料を持参するのもよい。お世話になるのだから，礼儀として手土産も用意したい（ただし学生の調査では，手土産にお金をかけるよりも，真摯な態度で調査に臨み，丁寧にお礼を述べれば十分だ）。

　聞き取りを始める直前に，相手にあらためて調査目的を説明し，データの公開方法と範囲についての同意をとろう。また，録音をする場合は，調査対象者の許可を必ず得ること。隠し録りは厳禁だ。録音にあたっては，実施場所や機器の置き場にも注意したい。強風時の野外では音が拾いにくいし，喫茶店などで録音する場合には，カトラリーや食器のガチャガチャした音が邪魔して，肝心の音声が聞き取れないこともある。

　聞き取り調査の最中は，しっかりとメモをとること。録音する場合でも，メモは怠るべきではない。相手の話が脱線したり，回答が質問からずれることはよくあるが，それまでの会話の流れを手元に記録しておけば，軌道修正もしやすくなる。追加の質問をするにも，メモは必要だ。加えて，何時何分頃にこういう会話をした，このときの表情はどうだったなど，雑多な情報を含む現場でのメモは，自分の観察記録としても大いに活躍する。

　私たちはある特定の常識や価値観を持っており，その土台に立って事象を解釈したり，善悪を判断したりしている。フィールドにおいては，現場で見聞きしたことを，自らが持つそうした先入観に立脚して解釈しないよう，意識しておかねばならない。一方で，調査地の環境や人間関係になじむ努力をどれほどしたところで，現地の人たちの視点や価値観を身につけることはできない。結局のところ，他者の認識や価値観を理解するには，自らの常識や価値観を準拠点として，それとの比較のうちに推し量る以外の方法はないのである。だから，自身の常識に照らして非倫理的に思える行為についての語りや，社会問題などにかかわる受け入れ難い意見が開陳されることなどもあり得るが，それを頭から拒否する態度を取るべきではない。仮に政治的立場などについての無茶苦茶な私見を聞かされても，異論の申し立てはせず，黙って傾聴しておこう。その上で，あとから時間をかけて，その語りをどのように解釈し，受け止めればよいかを考えよう。

　聞き取りの途中で相手の語りをさえぎって否定するような発言は，控えよう。

相手は否定されていると思えば話す気が失せるものだし，そもそも聞き取り調査の目的は議論を戦わせることではない。わざわざ時間を割いて調査に協力してくれた相手に感謝し，十分な敬意を払って接しよう。

　聞き取り調査に慣れないうちは，対話の最中にも「きちんと質問項目を聞けているかな」「この答えは，この問いとつなげられるかも」といったたくさんの考えが湧き出て，頭がフル回転になる。それでも，聞き取り調査の根幹は会話であることを忘れずに，リラックスして臨もう。

③聞き取り後

　聞き取りを終えたら，対話中にとったメモを補足する形で，手が追いつかなかったことや印象などをノートに書き込もう。録音をした場合は「文字起こし」が不可欠となる。録音データを再生して逐語録を作るか，時間的にそれが無理なら，必要部分だけでも起こしておこう。喜び勇んで大量に録音をしたものの，文字起こしが面倒で放り出すような愚は避けたいものだ。最後に，聞き取り調査を受けてくれた人へお礼状を書くことも，忘れないように。

　聞き取り調査は，実際にやってみると想像していたよりも難しい，と感じる人が多いようだ。うまくなるためには，場数を踏むしかない。家族や友人を相手に練習してみるとよいだろう。

5　その他の情報収集手段

既存資料やビジュアルデータの収集

　関連する資料を収集することも，フィールドワークの一部である。有用な資料としては，雑誌や新聞の記事，パンフレット，広告，政府／官公庁／自治体関連の公開資料（政策文書，行政文書，議事録，訴訟記録など），日記，手紙，写真，絵画，ホームページ，ブログ，メール等があげられる。こうした既存資料を利用することで視野を拡げ，事象を長い時間の幅で捉えることができる。政策の決定過程は会議の議事録からわかるし，「エコツーリズム」といった概念の意味や使われ方の変遷を，雑誌や新聞から読み取ることもできる。

　既存資料を利用する際に考慮しておきたいのは，それらは事実や現実の単純

な複製ではないということだ。その点をきちんと理解しておけば，事実を知るためだけでなく，事実や見解が「どう語られているか」を分析するためにも資料を利用できる。既存資料を収集する過程で，資料の作成に関わった人々についても調べれば，調査にも厚みが出てくるだろう。

オンラインでの調査

　現在ではオンライン会議ツールやテレビ電話ツール（Zoom や Skype など）を使用しての聞き取りも，情報収集の有力な手法である。2020年の新型コロナウイルス感染症拡大を契機として，オンライン調査のハードルはずいぶんと下がった。

　すでに知己となっている相手ならいざ知らず，ネット経由で初めて知り合った人へのオンライン聞き取りでは，十分な情報を得られない可能性も高い。ネット上のバーチャル空間で出会う相手が現実には「誰」なのかは，重要な懸案事項だ。オンライン上の存在の，オフラインでの（現実の？）属性（性別，年代，居住地域，職業など）を確かめることは，簡単ではない（木村 2018）。既婚であることを隠して婚活サイトで活動する男性は多いし，可愛らしいアバターが印象的な「ヨウコ」さんが現実には中年男性かもしれない。自分を口汚く攻撃してくる A さんと，優しく同調してくれる B さんが，実は同一人物かもしれない。相手が誰かを確定できないのであれば，オンライン調査の信頼性は限定的なものとなる。したがって可能であれば，オンライン上の聞き取りだけでなく，オフラインでの対面調査を組み合わせるのが望ましい。もちろん，多人数参加型オンライン・ゲームのようなバーチャル空間内での活動に限った調査も，目的によってはあり得る。自分がどのような研究をしたいかを考えながら，調査の方法を選択していこう。

6　現地の人々との関係
—調査の心がけと倫理—

　参与観察調査がうまくいくか否かは，情報提供者や調査対象者との関係で決まると言ってもいい。だからこそ，相互の信頼に立脚する友好関係（ラポール）

を，現地の人々と構築する必要がある。ただし，関係を深めるのはよいが，遊び友達を多数作ったり，異性と恋愛関係になったりするばかりでは，調査にならない。また，特定の人々と仲良くなりすぎたために，別の人たちとの関係維持が困難になるような場合も考えられる（第13章，第14章）。偏りのない視座を確保するためには，ある程度の距離を置いた信頼関係を多方面に築いていくのが望ましい。調査者は，自らの生活圏から遠いフィールドに行くほど，そこに同質的な「現地の人たち」という集団を措定してしまいがちだ。しかし観光地は，ホストとゲストという対照的な属性のアクターたちが接触する現場である。観光客と観光事業者，いずれか片方の視点からしか現場を見ることができなければ，その理解は一面的なものになってしまう。自分がフィールドで出会う「現地の人たち」は決して均質ではなく，ホストとゲストの二分法にとどまらない多様な価値観や利害意識を持っていることを，忘れないようにしたい。

　調査される側であるフィールドの人々からみると，調査者とはどういう存在だろうか。端的にいえば，彼らにとって調査者とは招かざる闖入者であり，基本的に邪魔者である。自分の生活空間に見知らぬ学生が入ってきて，あれこれ聞き回ったり，活動に加わってきたりする。うっとうしいこと，この上ない。それでも調査者への厚意や，地域のことを正しく知ってもらいたいという思いなどから，面倒をいとわずに調査に協力してくれる人たちがいるのだ。そうした調査協力者たちの気持ちを踏みにじってはいけない。調査は，彼らの都合と権利を最優先に考えて，実施されねばならない。フィールドを無料のデータバンク・サービスだと勘違いして，知りたいことは何でも見てやれ聞いてやれ，といった傍若無人な態度をとることがないよう，自らを律してほしい。

　フィールドでのあなたは，現場を観察するだけでなく，現場の人々から見られる存在でもある。だから，フィールドでのふるまいには，特に注意を払っておきたい。現場でメモをとったり，写真や動画を撮ったりする行為が，相手からどう見えるかは，つねに意識しておこう。書くという行為がそぐわない場所／場面も少なくない。カメラを向けられて気分を害する人もいるだろう。状況によっては，メモを取るならトイレや物陰に行く，宿舎に戻ってから記録をする，カメラを取り出す際には許可を得るなど，現場の人たちに不快感を与えないよう配慮しよう。

考えを深めるために

1）フィールドノートをつけてみよう：ひとつの空間に身を置き，30分から1時間程度の定点観察調査を行う。その場で起こったことを記述していこう。

2）写真を撮ろう：テーマを決めて，歩き回りながら思いのままにシャッターを切る，あるいは，気になる物や対象の写真を撮る。撮った写真を材料に，そこから小さな問いを見いだす議論をしてみよう。

3）聞き取り調査をしてみよう：自分の親族や友人に対して何らかのテーマ（就職・結婚・出産育児など）を設定して，「半構造化された聞き取り」あるいは「語りの聞き取り」のどちらかを行い，フィールドノートをつけてみよう。

注

⑴　聞き取りのことを英語ではインタビューというが，この語にはマイクを突きつけて質問をする，いわゆる街頭インタビューのようなイメージがつきまとうので，ここでは聞き取りという語に統一する。

文献

Ingold, Tim, 2018, *Anthropology: Why It Matters,* Polity.（奥野克巳・宮崎幸子訳，2020,『人類学とは何か』亜紀書房。）

木村忠正，2018,『ハイブリッド・エスノグラフィー──NC（ネットワークコミュニケーション）研究の質的方法と実践』新曜社。

佐藤郁哉，2002,『組織と経営について知るための実践フィールドワーク入門』有斐閣。

第3章　論文を書く

碇　陽子・市野澤潤平

1　論文で「現場を描き出す」という目標に向かって

　フィールドワークが終盤に差し掛かると，現場に行くまでぼんやりとしていた調査対象の姿は，その輪郭がある程度はっきりしてくる。ただし，現地の人たちの姿や行為をいくら詳しく文章で描写しても，それで論文が出来上がるわけではない。第1章で述べたように，論文執筆のためには，現場で見聞きした〈具体的対象〉を，〈抽象的思考〉を通して分析する必要がある。論文とは，日記ともエッセイとも紀行文とも違うタイプの文章なのである。

　論文とは，自分が立てた問いに対して，集めたデータをもとに筋道立てて論証し，答えを導き出す文章のことをいう。人類学においては，ある事象の原因や理由を明らかにしようとする「なぜ」という問いのみならず，それが「どう」なっているのかを描き出そうとする論文も多い。参与観察や聞き取りをもとに書いたフィールドノート，日々の体験や思いを綴った日記，聞き取りの録音データ，写真や動画，関連する既存資料やビジュアルデータなど，調査を続けるにつれて多彩なデータが蓄積されていく。人類学のフィールドワークでは，現場の状況に応じて試行錯誤しながら調査の段取りを変える。だから，質問票調査のように，情報収集が終了してから山積みのデータの分析にとりかかるのではなく，データの収集と分析（および考察）はある程度並行していこう。

　集めた現場データをもとに，問いを立て，抽象的な考えにもとづいて論証し

て結論を出すという手続きは，どう進めればよいのだろうか。本章では，質的データ分析の基本的な考え方を説明した上で，データを分析／考察して，論文（エスノグラフィー）を完成させるまでのプロセスを教示していく。

2　質的データ分析の方法

基本姿勢──〈具体的対象〉と〈抽象的思考〉の往復

　論文では，見聞きした〈具体的対象〉をたんに描写するのではなく，〈抽象的思考〉において分析する。調査を終えたあとで実際に分析を加えていく〈具体的対象〉，換言すると考察のための材料は，上述したような種々の現場データである。自分で見聞きした事実を記録した現場データは，具体的に生き生きと現場を思い浮かべることができる情報だ。対して〈抽象的思考〉──とりわけ学術的な議論におけるそれは，研究者が個々の事例を一般化して捉えるために構築した理解の枠組み（概念）であり，またそれらの概念を組み合わせて展開する説明の体系（理論）である。〈抽象的思考〉には，事物の名称のような比較的単純な概念から，非常に複雑で抽象度の高い理論までグラデーションがあるのは，第1章で述べた通りである。

　現場の出来事についての理論的によくできた説明においては，現場データと（高度に抽象的な説明の体系である）理論が，乖離せずうまくつなげられている。第1章でも述べたように，具体と抽象のふたつの層のあいだを，さまざまな概念を使ってうまくつなげられるかどうかが，フィールドワークをする学問にとって要となる。

　反対に，理論的な説明がうまくできないのは，現場データと〈抽象的思考〉が乖離していることを意味する。現場データを合理的に説明する適切な枠組みが見いだせず，苦し紛れに的外れな理論を強引に当てはめようとするのは，論文を書き慣れない者にありがちな失敗である。フィールドワークをしたことに満足して抽象度を上げた説明をする努力を放棄したり，時間切れで理論的な考察まで到達できないといったケースもある。そうした事態に陥らないよう，現場データの分析と考察には，しっかりと時間をかけるのが望ましい。

　そもそも，フィールドワークを行う学問においては，現場データと〈抽象的

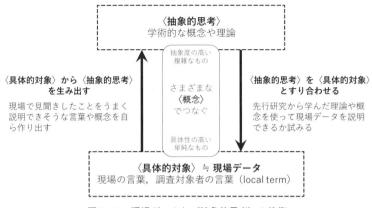

図3-1　現場データと〈抽象的思考〉の往復

出所：筆者作成

思考〉の乖離は起こりやすいものだ。なぜなら，いざ調査を始めてみると，事前に仮説として採用した理論的枠組みが現場の事実に適合しなかったり，元々抱いていた問いに答えるために必要なデータが得られなかったりすることが，ままあるからだ。もしフィールドワークの途中で，事前の想定とフィールドで見た現実との乖離に気づいたら，できるだけ早い段階からその乖離を修正していく必要がある。フィールドワークのどの段階においても，理論やそれをもとに作る問いについて，再調整や再設定の繰り返しをいとわない姿勢でいよう。

　〈具体的対象〉についての情報である現場データと，学問的な理解の枠組みである〈抽象的思考〉をつなぐことが，質的データ分析をするときの基本姿勢である。しかし，現場データを説明するのに適した概念や理論は，簡単には見つからない。観光人類学や隣接分野における研究蓄積は，これまでに多数の概念や理論を作り上げてきた（市野澤編 2022）。それらのどれをどう使うのが，事例を説明する上で適切なのか——それを知るためには，現場で見聞きした事例をどう説明するか，現地の人々の語りをどう解釈すればよいのかを考え続け，〈抽象的思考〉を養う文献と現場データを何度も往復する試行錯誤が必要となる（図3-1）。

　一方では，観察された事実から出発し，その原因や理由を推論していくなかで思考の抽象度を高めていく。他方では，文献から学んだ概念や理論から出発

し，観察された事実をそれらによってうまく説明できるのかを検証しながら，〈抽象的思考〉を現場データに下ろしていく。〈具体的対象〉から〈抽象的思考〉を積み上げ，〈抽象的思考〉を〈具体的対象〉にすり合わせていく双方向の努力を根気よく続ければ，やがて適合的な概念や理論が見いだせる。それどころか，既存の概念を修正したり覆したりする形で，自分オリジナルの説明概念を導き出せるかもしれない。もしそうできたなら，既存の研究蓄積に新たな知見を付け加えたという意味で，あなたの論文はいっそう価値の高いものとなる。

作業手順──現場の言葉と学問の言葉をつなぐ

　〈具体的対象〉すなわち現場データと〈抽象的思考〉とを往復する方法については，確固たる正解や必勝法は存在しない。筆者を含む本職の文化人類学者たちも，それぞれ異なる仕方で思考を紡いでおり，そのプロセスを一から十まで明確に言語化することはできない。しかしここでは，論文執筆の初心者を念頭に置いて，現場の言葉をもとに学問的な議論を構築するための暫定的な「型」を示しておこう。読者のみなさんは，まずは下記に整理する手順に従って，データ分析に取りかかってみてほしい。その上でフィールドワークを繰り返していけば，やがては自分なりの最適なアプローチが見えてくるだろう。

　①　現場データを整理する。音声データなどを必要に応じて文字化する。
　②　現場で見聞きした事実を説明するために有用な概念を見つける。
　　⑴　文字データを何度も読み込み，そこに書かれた内容を簡潔に要約する見出し語をつけていく。
　　⑵　見出し語を説明するさらに抽象度の高い概念を作る。すなわち，〈具体的対象〉から〈抽象的思考〉を積み上げる。
　　⑶　先行研究の文献から，現場データを説明できそうな概念や理論を見つける。すなわち，〈抽象的思考〉を〈具体的対象〉にすり合わせていく。
　③　見いだした複数の説明概念を関連させながら，全体を貫くストーリーを組み立てていく。併せて，ストーリーラインと問いの焦点がかみ合

陸上に打ち上げられた海上警察の巡視艇。だだっぴろい空間に、船が無造作に置かれている。本当に単に置かれている感じ。あまり大きくない。日本の漁港で見る近海用の漁船ぐらいか。全長20m、高さ5mぐらい。全体的にグレー。特に傷がついたりしていることもなく、さびも目立たず、保存状態は比較的良い。近くには1m四方ぐらいの説明板がふたつあるだけ。英語とタイ語で説明文が書かれている。青地に白文字（日本の道路案内標識と同じ色使い）、絵も写真もなく、単に説明文が書いてあるだけ。船の周囲は公園っぽくなってはいるが、コンクリートの隙間から雑草が生えていて、手入れされていない感じ。

観光客らしき人たちが、3名とか5名とかのグループでやってくる。2時間の間に3組。滞在時間は数分。船のまわりを一周して、SNS用の写真をとってすぐに帰る感じ。話しかけて感想を聞いてみたが、「勉強になる」とか、「津波の威力を感じた」とか答えるが、どうも真実味がない。とってつけたような印象。「思っていたのと違う」と言っていた人がいた。詳しく聞きたかったけど、はぐらかされてしまった。

正直言って自分も、なにか感動をしたかというと、ただ船がそこにあるだけで、感覚的には何も感じるものがなかった。これが数キロ離れた海から運ばれてきた、と考えると津波の威力はすごいんだなあと思うが、何か実感はわかない。

（2015年8月某日　フィールドノートの一部）

無造作に置かれた船

保存状態は良好

写真を撮ってすぐ帰る

「勉強になる」と取ってつけたように答える観光客

「思っていたのと違う」

感動しない観光地

津波被害の実感は湧かない

図3-2　フィールドノートの見出しづけ（2004年インド洋大津波の被災地にて）

出所：筆者作成

うよう，相互調整していく。

①の作業は，本格的なデータ分析に入る前の準備である。フィールドノートを清書し，聞き取りの録音データがあるなら，文字に起こしておく[1]。これらに新聞雑誌記事のスクラップなども含めた文字データは，何がどこにあるかすぐに探し出せるよう，日付やテーマごとに整理する。整理の方法はそれぞれだが，集めたデータの量が多ければ，カード化する，データベース・ソフトを使用するなどの手段も考えよう。

②の作業は，質的データ分析の要となる部分だ。②−(1)では，現場の言葉（local term）で記述されたフィールドノートや聞き取りの内容を整理し，抽象度を上げていく作業を行う。現場データを読み返し，意味がありそうだとか，面白そうだとか感じた箇所に，内容を一言で要約する見出しをつけていく（図3-2）。

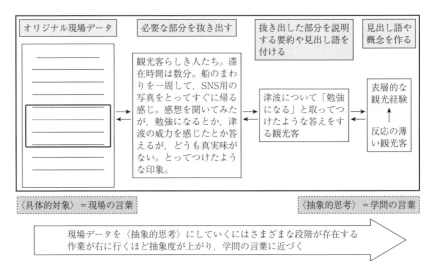

図3-3　〈具体的対象〉から〈抽象的思考〉を生み出す①

出所：佐藤（2008：117）の図を参考に筆者作成

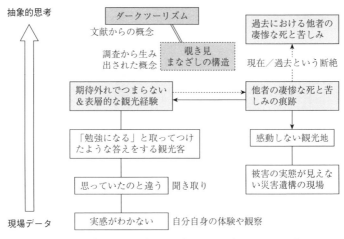

図3-4　〈具体的対象〉から〈抽象的思考〉を生み出す②

出所：筆者作成

　つづく②‐⑵では，見出し語のいくつかにまとめて関連するような，より抽象度の高い説明概念を作り，それらの相互関係を見取り図に整理する（図3‐3，図3‐4）。同じ現場データを扱っても，分析者の視座のとり方次第で，注目箇所やその仕方，見出しの付け方や説明概念の作り方は変わる。聞き取りで得た長い語りを分析するときには，何度も使われる言葉や，繰り返し語られる内容などに注目し，それらを包括的に説明する概念を見いだすことによって，語り手が自覚していなかったような解釈を導くこともできる。

　この段階では，フィールドノートから見出しをつけた部分を抜き出し（コピーして該当部分を切り出したり，別紙に書き出したりする），大きなテーブルの上で並べ替えながら考えるとよい。情報を「ポスト・イット」などのカード大の付箋に移し替えれば，ホワイトボード上で同じ作業ができる（図3‐5）。多数の具体的な情報をグループに整理することから抽象的な概念を導く手法としては，川喜多二郎（1967）による「KJ法」が有名である。

　せっかく作ったフィールドノートは，何度も読み返そう。そうするうちに，別々の日時や場所で観察した，一見関係がなさそうに思える事例間の結びつきが見えてくることがある。観察記録には書かなかった事柄を，読み返すうちに思い出すこともある。フィールドノートは，あなたが観察した事実の完全なるコピーではない。だからこそ，事後的な付け足しや解釈変更の余地がある。フィールドノートを読み，必要なら補足をし，よりよい解釈を求めて試行錯誤するなかで，新たな枠組みや概念が思い浮かんでくるのだ。

　②‐⑶は，第1章で説明した先行研究レビューの延長だ。自身の研究上の興味や調査対象に関連する文献を幅広く読み込むなかで，現場データを説明できそうな概念や理論を見つけ出すのである。自らの研究に独自性を持たせるためにも，この作業は重要だ。学術的な研究においては，先人たちの業績を知識として学ぶだけでなく，自分自身が新たに何かを成し遂げることに，最も高い価値が置かれる。研究の問いには意義が必要だと第1章で強調したが，学術的にも応用的にも，研究の意義とは何らかのオリジナルの知見を提供することにある。とはいえ，真に独創的なアイディアを思いつくのは簡単ではない。多くの場合は，先行研究におけるある特定の領野に自らの研究を位置づけ，その文脈において何かささやかなオリジナリティを主張するにとどまる。先行研究の整

図3-5　付箋を使った抽象化作業
出所：筆者撮影

理をして，これまでに何が明らかにされ，何がされていないかを知ることで，自らの研究の独自性（小さくてもかまわない）を見いだすことが可能となる。先行研究レビューを怠るずぼら者は井の中の蛙にすぎず，皆が認めるオリジナルな成果など到底望めない。

　③のステップでは，②の作業を繰り返すことで，研究の問いを洗練させていく。フィールドワークの初期には具体的な事柄にばかり目がいっていた人も，質的データ分析の段階では，現場データを〈抽象的思考〉と掛け合わせながら考察を展開する必要がある。自分は何をどのように問いたいのか，どういう結論を導きたいのか，逆に自分が持つ現場データから無理なく言えることは何かを繰り返し考え直しながら，問いを洗練させていこう。「なぜ」から「いかに」へ視座を動かすなど，問い方を変えるだけで論文が書きやすくなることもある。自らが提示した問いに対して，根拠を伴った論理的な説明を通じて答えを導き出すのが，論文だ。推理小説の末尾，名探偵による犯人特定と謎解きの場面を想像してもらえばよい。読み応えのある論文は，問いの設定から答え明かしまでが，よどみなく有機的につながったストーリーとなっている。逆に言うと，問いそれ自体がどんなに素晴らしくても，答えに至るストーリーが陳腐であれば，よい論文とは言えない。問いは論文を構成する一要素なのだから，ストーリーライン最適化のために変更するべき場合もある。プロの映画監督は，どんなに美しく撮れたシーンも，全体の構成にそぐわないと思えば撮り直す。同様にみなさんも，論文における問いの焦点や表現などについては，何度でも考え直して微調整をしていこう。

　ところで，与えられた情報から結論を導き出す思考のプロセスとして，一般に，帰納と演繹というふたつの方法がある。(4)大雑把に言うと，複数の事例の共通点を探して一般化するのが帰納で（昨日見たカラスは A も B も C も黒い→カラスは黒い），ある前提から出発して論理的な筋道をたどることで結論に到達するのが演繹である（鳥は卵を産む＋カラスは鳥である＝カラスは卵を産む）。上記の②-(1)から(2)は，数多くの現場データを引き比べて意味のまとまりを見いだすことから説明概念を構築するので，帰納的な思考法である。対して②-(3)は，理論的枠組みから出発してそれを当てはめることで現場データを解釈していくので，演繹的な思考法と言える。

　哲学者のパースは，科学的発見を生み出す思考として，演繹と帰納に並ぶ第三の思考方法であるアブダクション，つまり「ひらめき」を重視した（一般に勘やセンスなどと言われるものに近い）。質的データ分析においては，手持ちの概念では説明できないような現実を目にしたとき，「ひらめき」が一気に思考の扉を開く場合がある。驚くべき事実や不可解な出来事，あるいは他の人なら気づかないような些末な，しかしどうしても気になる出来事を見たときに，「あ，これは何かの発見かもしれない」と思考が飛躍する——それが「ひらめき」であり，創造的な思考に欠かせないものだ。ただし論理的な根拠がないだけに，的外れな珍案に終わる可能性もある。くれぐれも過信しないでおこう。

　演繹的思考や帰納的思考はもちろん，「ひらめき」についても，トレーニングで鍛えることは可能である。多岐にわたる文献をひもとき，古今東西の事例や対象について比較の思考を深めていくことによって，「ひらめき」の思考は養われていくだろう。日頃，大学のゼミなどで議論に積極的に参加すれば，それが「ひらめき」のセンスを磨き，あなたの見方に広がりを与えてくれるはずだ。

Column　「覗き見」としてのダークツーリズム

　2004年のインド洋津波は，30万人とも推定される犠牲者を出した大災害であった。筆者（市野澤）は，インド洋津波によって大きな被害を受けた，タイ南部のビーチリゾートの調査を断続的に行ってきた。図3-2のフィールドノートは，被災から10年経ったタイのカオラックでの，津波で打ち上げられた海上警察の巡

視艇周辺での観察メモである。この巡視艇は，被害の大きさを後世に伝えるための災害遺構／負の遺産として保存されているもので，ガイドブックにも記載される観光地となっている。

　フィールドノートに見出しを付ける作業（図3-2）を通して気づいたのが，巡視艇を見ても「反応の薄い」観光客がほとんどだったということだ。心に響いているような様子がない（つまらなそうにしている）のが目立ち，なかには「思っていたのと違う」と言う人までいた。観光客たちは，津波の災害遺構に何を期待していたのだろうか。

　筆者は，観光学における「ダークツーリズム」という概念に注目し，負の遺産を訪れる観光者の反応の薄い理由を探ろうと考えた（ここは「ひらめき」的思考だ）。ダークツーリズムとは，「人々の死や苦しみにかかわる場所を訪れる観光」をいう。先行研究では，人類が犯した過去の過ちについての学び，あるいは被災地の経済復興への貢献などの「良い」点を強調する論文が多い。しかし，その延長で「良い」点に注目して問いを立てると（例：被災地復興の成功のために震災遺構を観光地としてどう演出すればよいか），筆者がダークツーリズムの現場で覚えた違和感をうまく説明できないと感じた。

　そこで筆者は，観光客や自身が発した「思っていたのと違う」「実感がわかない」という現場の言葉とダークツーリズムの視座をつなぐ，「覗き見」という新たな概念を導入した（図3-4）。ダークツーリズムにおける直接の観光対象，すなわち観光客が見るものは，過去に生じた凄惨な死と苦しみの痕跡であって，それ自体ではない。観光客は，苦しみ死にゆく他者そのものを見るわけではない。もし苦しみ死にゆく他者を前にしたら，「思っていたのと違う」「実感がわかない」といった言葉は発せられないだろう。時間という壁に隔てられた凄惨な過去を，安全な現在から「覗き見」る——ダークツーリズムにおける観光客の「まなざし」は，この構造から抜け出すことができない。

　観光客は，多かれ少なかれ人の苦しみと死への野次馬的な興味を持って，負の遺産を訪れる。ゆえに，死と苦しみをリアルに表象しない遺構を見るだけでは，深い感動を得られない。ダークツーリズムを考えていく上では，「良い」面ばかりでなくこうした暗部があることも忘れてはならないという，暫定的な結論に至った（市野澤 2021）。

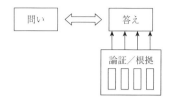

図3-6　論文の基本構造
（問いと答えの往還）
出所：筆者作成

3　論文の作成

論文の3つの要素——問いと結論と論証

　論文は，大きく3つの要素から構成される。まず，論文には問いがある。その問いに対しては，答えすなわち結論がないといけない。そして，問いに対する結論を，根拠を示しながら論理的に導き出していく論証部分が必要である。問いと結論とその論証——このうちのいずれが欠けても，論文としては成立しない。

　文化人類学的フィールドワークをもとにした論文では，まず「序論」や「はじめに」などの見出しをつけた冒頭部で問いが提示される。その後に調査データをもとに論証するパートが答えを導き出し（通常複数の章から成る論文の中核部分である），「結論」や「おわりに」と名付けた最後部で，答えがあらためて整理して示される。ただし，この「問い→論証→結論」という論文構成の順番は，研究が進んだプロセスの直接の反映ではない場合がほとんどだ。人類学の研究では，実際にフィールドに出るまでは現場の詳細を知り得ないため，フィールドワーク初期段階における疑問や引っかかりはあやふやなものだ。それを持ってフィールドに行き，さまざまな現実に触れることで，萌芽的な疑問や違和感が次第に形を成していく。一方では，関連する文献を読み込む中で先行研究の延長に自分の調査が位置付くと，自分が何を主張したいのかが明確になってくる。つまり結論が見えてくるわけだが，その結論部から論文の構成を振り返って初めて，冒頭の問いがきっちりと像を結ぶのはよくあることだ（図3-6）。このように，主張（＝結論）が明確になるに伴って問いの形や内容が

明確になる場合もあるし，その逆の場合もある。鋭い問いやもっともらしい結論が脈絡も無く「ひらめく」こともある。実際の研究プロセスは，問いを見いだす→フィールド調査をもとに論証する→結論を導く，という定型には収まらないものなのだ。論文を執筆する段階になってようやく問いが明確化することも珍しくないので，「自分の研究にはまだ問いがない」と不安に思う人も，まずはフィールドワークに邁進してほしい。

論文の基本構造

　論文の基本構造は，「序論（はじめに）」「本論」「結論（おわりに）」の3つに分かれる。序論と結論には1章ずつを当てるが，本論部分は何章あっても構わない。

> 序論：問いの提示と，問いの背景や意義の説明，論文全体の構成の概観。
> 本論：先行研究の整理，自分の論文の特定の研究領域への位置づけ，使用する概念や理論の定義づけ，調査地域／対象とフィールドワークの概要の説明，事例の描写と再構成，事例の分析／考察およびその帰結の詳説。
> 結論：問いに対する結論の提示。

　序論では，論文全体の問いを提示し，その背景と意義を説明する。加えて，論文の章立て，すなわち全体の見取り図を簡単に示しておけば，読者の理解を助けることになる。問いについては，到達目標として提示するのが論文の作法としては一般的だ。「なぜ○○か？」では文章としてカジュアルすぎるので，「○○の理由を明らかにする（ことを目的とする）」といった少々堅い文体にする（カジュアルな表現も禁止されてはいないが，文章力に自信のない人は，無難に堅くしておこう）。

　つづく本論では，まず先行研究の整理をして，自分の仕事を特定の研究分野に位置づけた上で，問いの正確な意図を確認する。多くの論文はそれに1章（以上）を使う。同時に，議論の鍵となる概念や理論を明確に定義しておこう。もしそれらを読者が異なる仕方で理解していたら，論証が意味をなさなくなる

図3-7　論文の基本構造（文章記述のシークエンス）
出所：筆者作成

からだ。フィールドワークに基づく論文では、さらに1章を使って、調査地域や対象の事実的概要と、自身が実施した現地調査について説明しよう（場所・期間・情報収集手段など）。その上で、論証の本体部分として、事例の分析と考察結果を書いていく。ここは複数の章に分割するのが一般的だ。文化人類学者のクリフォード・ギアツは、本論部分で事例の分析と考察がしっかり丁寧になされていることを指して、記述が「厚い」と表現する（Geertz 1973）。厚い記述とは、現場が詳細に描き出され、出来事の文脈も含めて多面的で重層的な考察／解釈(5)が加えられているということだ。本書の「はじめに」で、人類学は文学や哲学に似ていると書いたが、それは厚い記述を目指すがゆえの特徴なのだ。ただし、くれぐれも「厚さ」と「長さ」を取り違えないでほしい。事実描写や聞き書きを延々と連ねて論文の文字数を増やす人がいるが、それが論証や理解の深化に寄与しない情報であるなら、紙の無駄にしかならない。

　最後の結論では、最初に立てた問いに対して論証部分で導き出された答え、つまり論文が何を明らかにしたのかを整理する。上述した通り、実際に論文の内容を構築していく思考のプロセスは一様ではないが、文章として記述する上では、問いの提示からストーリーが展開していき、結論に収束する体をとる（図3-7）。

　論文の執筆のポイントは、しっかりした問いがあるか、それに対応した結論があるか、先行研究をふまえているか、論証で現場が詳細に描かれ十分な考察がなされているか、主にこの4点である。大学の教員が学生の論文を読む際には、この4点をまずチェックする（後述の通り、引用や参考文献リストなどの形式も重要である）。

　加えて論文のタイトルも軽視すべきで無い。論文のストーリーラインの組み立てがしっかりできたら、その価値や面白さがしっかりと伝わる表題をつけよ

う。人の目を引くキャッチーな主題，または大きな理論的枠組みを提示する主題に，何をどう書いたかを具体的に説明する副題（調査地や対象，議論の切り口など）を取り合わせるのが，一般的だ。

引用と剽窃

　学問は，他人がすでに明らかにした膨大な積み重ねの上に成り立っている。先人の知恵を大きく借りなければ，学術的な議論は存在し得ない。ゆえに，論文には引用が不可欠となる。引用とは，既存の著作から文章／図表／調査データ，および概念や理論などを借りてきて，自分の論文に利用することである。なかでも先行研究を整理する章は，引用をしなければ成立しない。また，自身の考察を展開する上でも，依ってたつ足場，サポート材料，比較の対象，反論や批判の対象などとして，先行研究を引用する必要がある。

　引用は，ルールを守って適切な仕方でなされなければならない（ルールの詳細については，既存の論文の書き方マニュアルなどを参照のこと）。これは，学術研究においてはきわめて重要なことだ。論文を書き慣れていない初学者からすると煩雑に感じるだろうが，それでもルールは厳密に守らねばならない。引用のルールは，以下の簡単な原則に立脚して作られている。すなわち，既存の研究者／成果のオリジナリティと著作権を尊重する（ゆえに直接引用にあたっては，原文を改変してはならない）。他人の考え／記述と，自分のそれとを，明確に区別する。そして，誰の著作のどの部分から引用したのかを明示する。

　ルールに従わず行った引用は，剽窃（芸術の分野でいう盗作）である。剽窃とは，他人の著作の内容や文章を，引用したことを明記せず，また典拠を示さずに使用することで，研究においては絶対に許されない大罪だ。昨今では，インターネット上の記述を適当に集めてきてつぎはぎすれば，それなりに見られる文章を作れてしまう。いわゆる「コピペ」も，引用ルールを守って行っている限り，剽窃にはあたらない。しかし，それを自分の文章として人に提示するのは，紛れもない剽窃だ。たとえ悪気がなくとも，たんなる無知や不注意でも，結果的にルールを破ってしまったら，問答無用で剽窃として断罪されるのが研究の世界である。

調査地の人々への配慮

　現地調査の実施中にとどまらず，論文を執筆する際にも，調査に協力してくれた人々への配慮を忘れてはならない。また論文の執筆時には，守秘義務と匿名性というふたつの配慮が，とりわけ大切である。

　秘密にしてくれと頼まれたことを漏らさないのは当然だが，公表によって調査地の人々に迷惑や不利益をもたらす可能性がある情報については，書くことに禁欲的になろう。調査を通じて知ったプライバシーや噂話，不正など倫理にもとる行為，現場の人々の対立や利害関係などは，たとえ考察を面白くできる有力材料だったとしても，当事者の許可を得ずに論文に記載してはならない。

　匿名性への配慮とは，論文に登場する個人名や団体／組織名，地名などを匿名や仮名にして，情報提供者の身元を隠すことだ。田中さんをＡさんや佐藤さんに変える，組織名を架空の名前にするなどしても，考察の中身に影響することはない。一方で，事実関係の描写記述においていわゆる「フェイクを入れる」のは，やむを得ない限り避けるべきだろう。守秘義務と匿名性の確保を万全にするためには，論文の草稿を提出／出版前に情報提供者にチェックしてもらうのがよい。もし削除や修正の要請があれば，何にも優先して従おう。

　調査を終えてフィールドを後にするときには，自らの調査結果を現地でかかわった人々（さらには動植物や地域環境や景観など）にいかに還元できるか，その方法を考えてほしい。彼らに即物的な利益をもたらす必要はない。謝意を礼状に綴ってもよいし，お世話になった人たちに調査報告書などの研究成果を届けるのもよい。学生の調査であっても，情報発信の仕方によっては，社会にささやかな貢献することは可能なはずだ。人類学のフィールドワークは，現地の人々と関係を取り結んで初めて可能になる調査法であるから，つねに敬意を持って相手に接し，その締めくくりには最大限の感謝を示そう。

4　フィールドワークと書くこと

　論文執筆を通して，自分が立てた問いへの「結論（＝新たな知見）」が導かれる。ただし人類学者たちは，その「結論」とはある時点での暫定的なものに過ぎないと考えている。このことは，人類学という研究ディシプリンの基本姿勢

に深く関わるので，掉尾に説明しておきたい。

　私たちが生きる世界はつねに変化している。文化や制度は短期的には不変だとしても，人々の行為や関係性はたやすく移ろい変わる。人々の言葉や考えが変われば文化や制度もやがては変わるし，文化や制度が変わればそれがまた言葉や考えを新たに形作る。そうした循環の中に私たちは生きている。だから，もし数年後にフィールドに戻って再調査を行えば，あなたがかつて出した「結論」とは違う現実が見えてくるかもしれない。あるいは，同じ現場に別の人間が調査に入れば，その人はあなたとは異なる「結論」を導くかもしれない。それでは学問としての客観性に欠けると考える人もいるだろう。しかし，人類学という学問や参与観察という調査法は，敢えてそれを許容する。人々のかかわりから多様な現場が生成し，関係性が変化するに応じて現場も変わる。これは人間世界の常であり，現場を重視する参与観察という手法はその事実に抗わない。人類学者の小田博志は，それこそがエスノグラフィーの特徴で，欠点ではなくむしろ長所であると述べる。なぜなら，「常に途中であり暫定的であることは人間が生きている現実の性質」であり，「この暫定性ゆえにエスノグラフィーの知は人間的現実に近いものになる」からだ（小田 2010：212）。

　フィールドワークの終わりにあなたがたどり着いた「結論」は，つねに更新される可能性がある。そうだとするなら，論文内容の妥当性は何によって担保されるのだろうか。それは，観察された事実への考察を通じて結論を導き出していく筋道が，どれほど豊穣で説得的か——すなわち記述の「厚さ」によって決まる。概念や理論を適用する妥当性，視野の広さと考察の深さ，描写の緻密さ，論理展開の正確さと美しさ，文章表現の巧みさなど，最終的には「書く」ことの質が，論文の価値を左右するのだ。だから本書を手に取ったみなさんにはぜひ，論文の執筆までを含めて，フィールドワークを楽しんでほしい。

考えを深めるために

　1）観光の調査にもとづく文化人類学の論文をひとつ選んで，問いと結論を書き出そう。

　2）1の論文の論証部分で，いかなる概念や理論が使用され，それらが結論に至るストーリーをどのように構成しているか，図に整理してみよう。

注

⑴　映像，絵画，写真などの非言語情報をどのように文字テキスト化していくかについてはこれといった方法が確立されているとは言い難いが，上野千鶴子（2009）による広告の表象分析などは参考になる。

⑵　先行研究を探しても見つからない場合は，研究テーマが絞り込めていないことを疑おう。もちろん，真の意味で先行研究が少ない，新たな領野を切り拓こうとしている可能性もある。もしそうなら大いにやりがいはあるだろうが，道無き道を行くのは簡単なことではない。可能な限り，研究課題を先行研究に関連づける努力をしよう。

⑶　文献資料の質については注意が必要だ。フィールドで記録された「生」のデータを一次資料といい，「生」のデータに分析や考察が加えられたものを二次資料という。フィールドノートや聞き取りの録音は，基本的には一次資料である。二次資料には，専門雑誌に掲載された論文や学術書が当てはまる。二次資料を整理して書かれた一般書などは，三次資料である。インターネット上に散らばる文責があやふやな情報の多くは四次以上の資料となり，記載内容の信頼性に大きな疑問符がつく。

⑷　ここでは，推論的思考の動きを大まかに整理するために，帰納／演繹という言葉をゆるく使っている。論理学上の厳密な定義としての帰納と演繹について学びたければ，論理学の解説書を参照してほしい。

⑸　人類学者は，さまざまな事象についての当事者たちによる解釈（意味づけ）を，解釈しようとする。さらにその考察を通じて，自身における認識や理解を更新していく。そうした幾重もの考察が，記述を厚くするのである。

文献

Geertz, Clifford, 1973, "Thick description: Toward an interpretive theory of culture," *The Interpretation of Cultures,* Basic Books, 3-30.

市野澤潤平，2021，「ダークツーリズムの複雑さ——メディアが作りだす，メディアを見る観光」藤野陽平・奈良雅史・近藤祉秋編『モノとメディアの人類学』ナカニシヤ出版，95-108。

市野澤潤平編，2022，『基本概念から学ぶ観光人類学』ナカニシヤ出版。

川喜田二郎，1967，『発想法——創造性開発のために』中公新書。

小田博志，2010，『エスノグラフィー入門——〈現場〉を質的研究する』春秋社。

佐藤郁哉，2008，『質的データ分析法——原理・方法・実践』新曜社。

上野千鶴子，2009，『セクシィ・ギャルの大研究——女の読み方・読まれ方・読ませ方』岩波現代文庫。

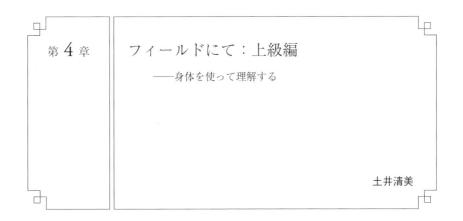

第4章 フィールドにて：上級編
——身体を使って理解する

土井清美

1　自分の人生の一部を賭す方法論として

　前章まで，短期間にある程度の成果を得る調査方法について述べてきた。しかし本格的なフィールドワークには実にさまざまなスタイルがある。そのスタイルと考察の内容，そしてそれらを支える理論的な枠組みが嚙み合ってさえいれば，間違ったフィールドワークというものはないのではないだろうか。しかしこれはひるがえって，フィールドワークというものが，フィールド＝場所との関わり方であったり身の置きようであったりによって，何を論じることができるか，そしてどう論じなくてはいけないかということにまでつきまとうということでもある。フィールドでの身の置き方というのは，調査対象となる人々を「肩越しに読み取」(Geertz 1973：452) ったり，対面する相手の所作に目を凝らし耳を澄ます（例えば菅原 1998）ことを指す。人々のなかに入り込んでいくのではなく肩越しに様子をうかがう調査は，必然的にその人々のあいだで共有される意味や価値を解釈する研究になる。調査対象となる人ととても近い距離で向き合う調査は，身振りや表情，声のリズムなどから醸し出される何かをつかむ研究になる。

　本章ではそうした身体を使ったフィールド理解が，観光関連のトピックにおいて発揮される場面について述べる。以下で繰り返し述べることになるが，人類学的フィールドワークとは，自分がたてた仮説や問題関心に沿った資料や

データばかりを収集することではない。いつのまにか身につけてきた前提や思い込み自体をフィールドワークを通じて覆していく点で，自分の人生の一部を賭す方法論と言っても言い過ぎではない。そうした点をふまえ前半では，全身でフィールド＝場所を受け止める人類学的フィールドワークの基本的姿勢と，現場で参考になりそうなティップスを述べ，後半ではその論理について説明していこう。

2　拡大する観光人類学の射程

　観光人類学では近年，いわゆる（気晴らしとなる）近代観光と（聖地への宗教的な旅行としての）巡礼，（何かを探し求めて苦労する）旅を区別せず，扱う範囲に広がりをみせている（Badone and Roseman eds. 2010, Krause 2012）。その背景には，観光とは何か，旅や日常と何が違うのか，巡礼と観光の違いは何か，といった具合に，「とは何か」の輪郭を明らかにする問い方の限界が指摘されていることがあげられる。それに代わって観光や旅，巡礼という，いわば余暇を利用して自発的に憧れの目的地へ移動する行為を素材として，社会現象や暮らし方，人々の認識の仕方，その思想的背景を理解しようとする方向へと学問的潮流が変わりつつある（Selwyn 2018, Coleman and Crang 2002, Palmer et al. 2012 も参照のこと）。つまり「観光現象の新形態を明らかにする研究」だけでなく，「観光（や旅や巡礼）を通してわかることの研究」にその射程が開かれてきたというわけだ。

　となれば観光を扱う人類学は，研究対象を観光地や観光産業，交通機関やホスト，観光客に絞らなくてもよいわけであり，理論的観点についてもこれまでの観光理論を必ずしもふまえねばならないわけでもない（ふまえなさい，という指導教員もたしかにいるが）。必要に応じて人類学の他領域や自然科学，哲学の知見を手がかりにして研究を進めることもできるはずだし，実際，そのような試みは観光を扱う人類学的研究ですでに始まっている（例えば de la Cadena 2015を参照）。そうなると観光にかんする限り自分の好きな調査をやっていいのか，あるいは自分なりの問題関心を持たねばならないのか，という声が聞こえてきそうだが，実はそういうものでもない。短期間で調査の成果を求められる

場合はともかく，長期的なフィールドワークにおいては「あなた自身が当初もっていた問題関心」など，次第にさほど重要でなくなってくるからだ。どういうことか。本章では，フィールド＝場所の論理に従うという考え方を紹介しながらその真意に迫っていこう。その学問的前提は現象学的観点や「自然／人間」の二元論の克服などと呼ばれるが，ここでは流派や学術用語はあまり重要ではない。大切なのは，フィールドワーカーはつねに起こっていることすべてに意識的になるという姿勢と，その根拠だ。

3　フィールド＝場所を調査する

　観光をテーマとしたフィールドワークというと，すぐさま観光にかかわる有力なインフォーマントを探して，組織，社会関係，歴史的背景を把握せねばならないと考えがちだ。たしかに何らかの問題意識をもってフィールドに入ることは必要だ。だが調査地で生じる出来事を，言語（方言）を学びながら受け止め，語りや所作を観察する息の長いフィールドワークをする場合，その前にまずやるべきことがある。フィールド＝場所にあるささいなカタチ，動き，質感といった諸々の物質的なものへの感受性のアンテナを張り巡らすことだ。私たちは生身（なまみ）の体で経験される場所や環境をすぐさま代表的な印象（表象）や集団や文化のなかで方向づけられたメッセージ（言説），権力関係など抽象的な空間として扱おうとしがちである。しかし旅先という見知らぬ場所に足を踏み入れるというのは，どこに何があり，誰がどんな立場におかれているのか，どちらに行けば何があるのか，記号や意味として容易に把握できないことであるはずだ。まずその現実をそのまま受け止める態度が求められる。じっさい多くの民族誌は，その冒頭で，政治体制や社会構造の概説ではなく，身体で直接経験されるものごとの描写に割いていることにも注目したい。例えば観光を呪術の概念を使って論じたピカード（Picard 2011）は序章で，フランスの地下鉄の「あたりに漂うせっけん，香水，日用品，汗のにおい」「暗い色のコートと灰色のジャケット姿でいっぱいのプラットフォーム」から始まり，第1章では，西インド洋にあるレユニオン島の火山ツアー中に政治の話で興奮する同乗者の涙や顔色，空の色，観光客の姿を活写している。フィールドワークの入門書のな

かには，まずは主要な情報提供者を見つけよという指南があるが，いきなりそれに飛びつくことで調査の突破口が開かれるなら，あえて時間をかけてそのフィールドに居すわる必要はないだろう。あなたはせっかく他所からその場所へ来たのだから，自分の思い込みのなかで重要視していた人やモノ，建物，自然を一度具体の世界にもどして，外から内から行為や情動をせきたてる何かをつかみとるべきだ。

　ではフィールドの範囲とはどこか。経験的に説明するなら，これは実際にフィールドワークをすすめる過程でぼんやりと立ち上がってくるものだ。少なくとも，例えば旅行会社が調査地だからといって，その会社が入っている建物の一区画がそのままフィールドの範囲ということにはならない。旅行会社と取引のある企業や組織，周囲のテナントも場合によってはフィールドの範囲になりうる。ビーチというフィールドは，砂浜と宿泊施設と旅行客と従業員から成立しているわけではなく，道路の敷設状況，海水温，降水量，湿度，エネルギーの供給源，生活排水やごみ処理の仕方，オンライン上の口コミ，地理的形状，訪問者数，漁師の生活，野菜など食材の仕入れ，動植物の生態，環境マネジメントの仕方，季節的変化，周辺住民との関わり方，プランクトンやウイルス……などなど，多様な要素が織り交ざった非常に複雑な場所だ。どのような観点でどこまでの範囲を調査するかは，あなたの意志が決めるのではなく，フィールドが突き付けてくる物理的，社会的制約と実際に立ちまわる自分の身体（感覚・能力）とのせめぎあいのなかでいつの間にか決まってくる。当初は混沌に過ぎなかった周りの世界が，調査を進めるうちに相互の関わり方や秩序，力の働き方などがわかり始め，ひとまとまりの場所として立ち上ってくるだろう。

　最初からデータ集めに奔走するのではなく，まだよくわからないという状況に耐え，混沌とした状況を受け止めるプロセスを経ることにどのような意義があるのだろうか。観光研究に直接役立つ理由を挙げるならふたつある。観光を特徴づける実践には「動く」「模倣する」「鑑賞する」「食べる」「受け入れる」「見せる」などがあるが，これは日常生活の中でも見出されることだ。身振り自体はいつもとさほど変わらないのに，違うように経験されるということは，その環境全体に何らかの作用があるとも考えられる。そうした旅行者やそれに関わる人たちを取り巻く環境について，社会的要因や自然的要因を分類して，

その両面から分析するのではなく，身体を通した知覚（感覚）や生き方の水準
から具体的に焦点化した研究はまだ少ない。見知らぬ場所へと出かけることを，
時代によって変化する典型的な観光現象としてではなく，人々の生という水準
から捉えようとするなら，記号が付されたものや価値の消費という図式に収ま
らない，まだよくわからない状況というものへの感受性が必要なのだ。

　記号や図式をいち早く読解するのではなく，上記のような「手がかりへの待
ち」の時間を経ることには次のような効用もある。観光研究において場所や事
物，文化，そして訪問客はとかく「資源」として扱われがちだ。だが忘れてな
らないのは，そのフィールド＝場所は人間や観光に利用されるためにもっぱら
存在しているわけではない，ということだ。利用者によって意味や価値を与え
られた「観光資源」だけではない側面を発掘するためには，役に立ちそうにな
いものにも耳を傾ける必要がある。これらの理論的根拠については本章の後半
で述べる。

　ここまで，慣れぬ地に入り，その身のまわりに対して敏感になることがフ
ィールドワークの特に初期において大切であることを述べてきた。すると，次
のような問いが起こるかもしれない。社会的作用ではなく自分の感受性を意識
化すると，自分についての記述ばかりになってしまわないか，個人的経験の書
き連ねになってしまわないか。この問いに答えるためには，身体と外界との接
面への視座が必要になる。

4　身体を使う

　「足を使え」という表現は，多くの人に聞き取りしてまわれ，という比喩と
して実地調査や取材でよく用いられるが，人類学的フィールドワークはそれと
は本質的に異なる。踊ってみる，歩いてみる，手伝わせてもらう，やらせても
らう，話を聞かせてもらう。目の前で行われている事態に加わるために，まわ
りの世界を理解するために，まさに字義通りの意味で身体を使う。その基本的
姿勢について，人類学者の箭内は，人類学的フィールドワークの方法を確立し
たマリノフスキのフィールドワークの考えを引きつつ述べている。

　　現地の人々の世界にどっぷりとつかって，あまり簡単には抜け出せないよ
　うな環境に自分自身をあえて投じること。[中略] そのように自分自身を
　フィールドの中に追い込むことで，人類学者は現地の人々を自然に友人と
　みなし，また現地の人々のほうも人類学者に慣れて，人類学者の前でも自
　然な行動をとるようになる。そればかりか，人類学者は，現地の人々が日
　常生活の中で，物事が生起するままに考えたり行動したりする過程をその
　まま追うこともできる。そこではもちろん，現地の人々が日常的に話す言
　語を人類学者自身が習得する努力を重ねることが不可欠である。そうやっ
　てフィールドの現実の中に自分の心と体の全体を浸からせ，いわば自分自
　身を変化させるというのが民族誌的フィールドワークを行う者の基本的な
　姿勢なのである。(箭内 2018：42)

　繰り返すように，人類学的フィールドワークとはたんに自分が欲しいデータ
や情報を集めることでは決してない。知りたいことを知るプロセスではなく，
足を踏み入れた当初は知ろうともしなかったことについて，フィールドの中に
どっぷりと浸かり，浮かび上がってくることから考えることである。フィール
ドの圧倒的な現実に巻き込まれるなかで，研究者が当初重要だとか面白いと感
じていたことが，最終的にはフィールドの現実の後ろに下がってゆくというこ
とはよくある（第 7 章と第10章，第15，16章を参照）。
　フィールドに足を踏み入れたら，嗅覚，触覚，聴覚，視覚，味覚そして直観
といったアンテナを張り，すすんで動揺や思惑違いを経験することだ。観光の
場だからといって誰もがホスピタリティを発揮して歓迎してくれるとは限らな
い（人の厚意とは思いがけないものであって，初めから期待はしないことをお勧めす
る）。時には迷惑がられるかもしれないし，相手にされないかもしれない。傍
観ではなく，まきこまれてみて初めて深く理解できることはたくさんある（第
9 ～13章を参照）。

身体でわかる時間性
　では，面倒ごとにまきこまれる身体を使ってどのようなことが把握できるだ
ろうか。そのひとつは時間性である。私たちは一般に 1 分が60回繰り返される

と1時間が経過したと頭で理解する。しかし私たちはその枠組みの中で生きているわけでは必ずしもない。身体で感じ取る早さ，遅さのほかリズムもある。例えばバスツアーは停車と移動を繰り返し，旅行代理店は申込客を順番に入れ替え，テーマパークでは定期的に植栽を植え替え，ガイドの面々は数年単位で入れ替わり，感染症の流行で航空機は稼働を停止する。短期の調査では数の論理（大多数 vs 少数派）に目がいきがちだが，いろいろな厄介ごとや限界を経験するうちに，反復的なことと一回的な出来事の両面が明らかになり，その時間性や幾重にも重なった複雑なテンポ（ポリリズム）がフィールド＝場所の固有性をつくっていることに気づくだろう。場所によっては反復ばかりでめったに事件が起きないかもしれないし，その反対もあるかもしれない。度量衡では計測できないが確かにある時間性というものは身体を介してこそ把握できるものである。

身体でわかる自分とまわりとの距離感や現在地

　なかにはフィールドワークを「潜入調査」と公言してはばからない人類学者もいるが，それは例外としておこう。情報を聞き出すためなら何をしてもよい，というものではない。自分がどのような環境の中でどんな動きをとるかも重要だ。寝食をともにする場合もあれば，決まった時間だけ関わる場合もある。距離をとって俯瞰するか，対面しながら語りを集めるか，弟子入りして教えてもらうか，肩を並べて歩くか。フィールドがさまざまな制約を押しつけてくるから，たいがいは自分で決めるよりも，「しかたがないので，このようにした」となるだろう。マリノフスキは，研究成果が信頼に足るものであるためにはその結論を導くに至った情報の集め方や観察の仕方を明示すべきであるという。彼自身が1920年代にも批判していたが（Malinowski［1922］2010），現在もなお誠実かつ詳細に「しかたがなかったこと」を公表する人は少なく，今後の課題といえる。フィールド中に逐一メモすることは現実的ではないので，後で思い出せるように，写真などでそのイメージを記録しておこう。気になったときにスナップショット的に撮影しておくと，後に調査対象となる人々に話を聞くときにイメージを想起してもらう際の役に立つし，自分の行為や視野の変化を知り，他者の視点と擦り合わせることで，何らかの気づきを身体から切り離すこ

と（客観主義）とも，自分の心だけを頼りにすること（唯我論）とも違う次元で
考察するための役に立つ。[(2)]

身体でわかる，表象に至る手前

　身体で受け止めるべきことのもうひとつに，目の前にあらわれるもの（現前
presentation）がある。現代社会は，観光にせよ経済にせよ，代表や再現された
もの（表象 representation）によってその骨組みが作られている。私たちが東京，
パリ，ラスベガスといった地名を呼ぶとき，そこにはどこかで見知った代表的
な印象がついてまわる。経済は法定通貨や貨幣によって表象される。表象を無
視してしまえばそもそも「観光地」というものが存在しなくなってしまうので，
表象に焦点をあてて観光行動を分析する研究にも一理ある。だが，それによっ
ては捉えきれないものが常にある。それは具体的な人々の生き方や，生あるも
の／生なきもの，場所などの「現れ」である。たとえそれが共通認識になって
いなくとも，語られなくとも，あなたがとり違えようなく感得する機微などが
ある。さらには，それを遠くから眺めかえすと表象と不可分な関係にあること
にも気づくかもしれない。例えば，八重山列島のエコツアーについて，観光客
と自然環境の仲介役としてのガイドという表象を取り上げるだけでは，そのフ
ィールドを理解したことにはならない。レプトスピラやヤマンギといった有毒
生物が「現れる」のは，ツアー客が水溜りに足を取られたり枝を摑まろうとし
たとき，ガイドが注意喚起したときだけである。ツアーを利用しない旅行客か
らすれば，そうした病原菌や危険生物は存在していないも同然である。ガイド
はツアーに参加しない旅行者にはもちろんのこと，ツアー客に対しても，通常
そうした危険な生きものを含む八重山の生態について語ることはない。隠匿や
戦略といった大仰な話ではなく，「語られない」機微のなかから，八重山の大
自然という表象の水面下にある，広く認知されることのない多様な生の現前が
みえてくるだろう。

5　理論的背景
—「客観的であること」を超えて—

　すでに用意された前提にもとづいて新しい考察を加える際には，客観的な情報や資料を収集する調査方法が有用だ。だが，自分がそれまで持っていた思考の枠組み自体を覆すような発見については，調査対象を俯瞰したり距離をとったりするようなフィールドワークでは不十分である。この理屈を支える現象学的な人類学の観点を紹介しよう。

周囲の世界を内在的に捉える

　人類学では，哲学的に厳密な概念としての「現象学」ではなく，「現象学的」な視座を大事にする。現象学的アプローチとは，歴史的流れや社会現象について，証拠となりそうな客観的な事実を積み重ねていくのではなく，人々が直接経験したり感じたりすることから考えを広げていくというアプローチだ。例えば，——欧米とは違い——日本において駅は輝かしい（騒がしい？）場所として在る，だからそこに無数の盛り場が形成される[3]，という理解の仕方がその一例といえる。飲食店が駅周辺に出店するのは土地計画法がそのように定めているという客観的な見方ではなく，何らかの姿をつくりだす前提となる感性や経験，（風土や雰囲気のような）イメージを探っていくのが現象学的なアプローチだ。とはいえ，人類学の現象学的アプローチにはさまざまな方向性がある[4]。ここでは研究対象となる人たちが周囲の空間や環境のなかでどのように暮らしているか，徹底的に経験に即して内在的に捉える観点に注目したい。

　この内在的に捉えるという思想的背景にハイデガー（Heridegger 1951）の「世界—内—存在」という概念がある。この概念は，世界（生まれてから死ぬまでの身のまわりの環境）と存在（生き方）は不可分に結びついていることを意味する。歴史学者のトインビーはかつて，厳密に地理的な意味でのノマドとは動かないもの，と言った[5]が，これを「世界—内—存在」を経由して説明するなら，遊牧民は環境変化の激しい地上を移動することを通して，変化の少ない安定的な世界（ハイデガー的に言えば，自分をとりまくモノを集め，それらとともに空間）

のなかで暮らしている，というわけだ——反対に定住者は次々と襲いかかる寒暑や風雨，疫病といった季節ごとの激しい環境変化に耐えねばならない。観光を例にとれば，私たちは常日頃，未来に設定した目標のために現在の行為を決め，時間に追われながら暮らしている。しかし日頃のルーチンを中断する旅行中には，あらぬ時間帯での食事や飲酒，映画鑑賞，昔の旅行を思い出すひととき，時差ボケを意識する時間，到達を楽しみに待つ「旅行環境―内―旅行者」ならではの分厚い時空間（Edensor 2008）があるはずだ。

　こうした観点は決して通俗的な意味での「主観」ではなく，フィールドにいる人たちと同じ地理的，気候的，政治的，物理的条件が調査者に対しても突きつける現実そのものなのだ。本節で紹介するように現象学的に考えるなら，観察して記録する人類学者は，主観が絡んだ描写しかできないのではなく，フィールドのさまざまな物理的・社会的制約を受け止める主観，言い換えるなら主観だけでも客観だけでもない観点から描写するともいえる。

　これが 1 節で言及した，あなた自身が持っていた問題関心はさほど重要ではない，の説明である。フィールドワークとは主観や自らの強い意志を貫いてでも情報を得ることではなく，フィールドにどっぷりと浸かり，そこで直接経験される制限や困難，時間の流れ方や衝撃などを全体として（強いられながら）受け止めつつ探究していくことである。だから体を使った本格的で長期に及ぶ人類学的研究の成果は，自己と他者の区別が前提としてあって相互の連関を探るオートエスノグラフィー[6]とも，あるいは社会文化的に認識された自然と「真に自然な」自然を区別する社会科学的な調査報告書とも，根本的に違うものになる。

理論的展望

　最後に，本章で紹介したフィールドワークの今後の展開について述べたい。その目指すところは少なくとも「旅情に光をあてること」ではない。そうではなく，「旅行という地上での存在の仕方のひとつ」を経験に則して捉えなおすことである。たしかに現代の観光を支えるシステムは，国民国家と科学技術と産業資本からなるネットワークが地球規模で拡張する中で生じたものであり，それらをふまえた観光研究では，観光をある種の時代診断として高みから論じ

ることに重きをおいてきた。

　この社会科学的な学問観では，自然を人間という主役から切り離し，その外側から分析・操作する条件制御能力が求められる。しかし奇妙なことに，その姿勢は，人類学者レヴィ＝ストロース（Lévi-Strauss 1955）や哲学者ドゥルーズとパルネ（Deleuze et Parnet 1977=2008）が嫌悪した自国フランスの旅行者の姿に重なる。「あまりにも歴史や文化に偏った，お仕着せの旅がある。［中略］そこでは自らの「自我」を移送するだけで満足が得られる」（Deleuze et Parnet 1977=2008：63）。見たい光景，知りたい情報を得ようと奔走し，それをサービスとして提供する人たちは状況を制御する。それは「ひとつの精神的，社会的現象」であり，「最近になって現れてきた現象」だという（Lévi-Strauss 1955=2001：6）。興味深いことにこれは，強い意志を携えて，知りたいことについての調査を敢行する研究者の姿と重なる。

　ドゥルーズやレヴィ＝ストロースの言葉から半世紀以上が経った。耳慣れた語としての「観光」は，大衆からも嫌われている。「観光では経験できない」や「観光とは違う」がさまざまな場面でのキャッチコピーの枕詞になり，新種の感染症の蔓延時には不謹慎で不要なものという印象を決定づけた。旅行に出かけるということが社会現象に激しく左右される営みであることも明らかになった。だが同時に，旅行に出かけるということは，社会の一員としての自己統御を要求される日々から抜け出す刹那であることも忘れてはならない。「旅行という地上での存在の仕方のひとつ」を高みからではなく現場における生の水準から具体的に捉えなおすこと。それによって，自我を運ぶ装置としての観光現象を分析する各論とは別の側面，例えば旅への衝動や，旅行という行為が在るこの世界についての理解などが深まるにちがいない。

注

(1)　ここでいう聴覚的表現は比喩ではなく，具体的に述べている。人類学者インゴルドは「見ること」は対象を自らと切り離す知覚と特徴づける一方，「聴くこと」は身体に取り込む知覚である（Ingold 2000）と興味深い指摘をしている。

(2)　写真のイメージがさまざまな記憶を湧出させるという効果を利用した調査をフォト・エリシテーション調査という。この調査法の詳細については（Collier and Collier 1986）を参照。フォト・エリシテーションを用いた学生の実習については，

⑶　門田・小西（2018）を参照。また，聞き取りの作業のなかで，調査者の視線と現場で生きる人々の視線の接点やズレを発見する上でもフォト・エリシテーションを用いた調査は効果的である。

⑶　この例は，オギュスタン・ベルクの『都市のコスモロジー』（1993）におけるたとえ話を参照している。

⑷　現象学的な人類学では文化形成や社会変化の土台として身体を捉える方向性と，本章のように，身体に包摂される意味の読解を避け，動きが新たな場所を作りだし，諸々の関係性を集め，非―人間との「住まい方」や「存在の仕方」を捉えようとする方向性がある。前者はメルロ・ポンティ（Merleau-Ponty 1945）の議論を展開させ，客観的な身体や，思考の材料となる世界を分析するのではなく，知覚的な経験と取りまく世界への関わり方に着目する「身体化」研究（cf. Csordas 1994）や，他なる身体との社会関係のなかで経験される世界を明らかにする研究（cf. Jackson 1996）などがある。現象学的人類学の諸アプローチについて比較的広い範囲をカバーしつつ整理されたレビューとして Desjarlais and Throop（2011）が挙げられる。

⑸　この言は，ドゥルーズとパルネ（Deleuze et Parnet 1977=2008：63）からの引用である。

⑹　オートエスノグラフィーとは，調査者が自分の個人的経験を記述して，それを文化や社会的背景と関連付けて分析する民族誌のスタイルのこと。

文献

Badone, Ellen and Roseman, Sharon eds., 2010, *Intersecting Journeys: The Anthropology of Pilgrimage and Tourism*, University of Illinois.

ベルク，オギュスタン，1993，『都市のコスモロジー――日・米・欧都市比較』篠田勝英訳，講談社現代新書。

Coleman, Simon and Crang, Mike, 2002, *Tourism: Between Place and Performance*, Berghahn.

Collier, John and Collier, Malcolm, 1986, *Visual Anthropology: Photography As a Research Method*, University of New Mexico Press.

Csordas, Thomas, 1994, *Embodiment and Experience: The Existential Ground of Culture and Self*, Cambridge University Press.

de la Cadena, Marisol, 2015, *Earth Beings: Ecologies of Practice across Andean Worlds*, Duke University Press.

Deleuze, Gilles, et Parnet, Claire, 1977, *Dialogues*, Flammarion.（江川隆男・増田靖彦訳，2008，『対話』河出書房新社。）

Desjarlais, Robert and C. Jason Throop, 2011, "Phenomenological Approaches in Anthropol-ogy," *Annual Review of Anthropology*, 40: 87–102.

土井清美，2021，「身体──知覚の主体から感覚へ，そして世界とのかかわり方へ」『基本概念から学ぶ観光人類学』ナカニシヤ出版。

Edensor. Tim, 2008, "Walking through Ruins", Tim Ingold and Jo, Vergunst eds., *Ways of Walking: Ethnography and Practice on Foot*, Ashgate, 123-141.

Geertz, Clifford, 1973, *The Interpretation of Cultures*, Basic Books.（吉田禎吾他訳，1987，『文化の解釈学』岩波現代選書。）

Heidegger, Martin [1951], 2020, Bauen *Wohnen Denken: Vortraege und Aufsaetze*, Klett-Cotta Verlag.（中村貴志訳，2008，『ハイデガーの建築論──建てる・住まう・考える』中央公論美術出版。）

Ingold, Tim, 2000, *The Perception of the Environment*, Routledge.

Jackson, Michael, 1996, "Introduction: Phenomenology, Radical Empiricism and Anthropologi-cal Critique," Michael Jackson ed., *Things As They Are: New Directions in Phenomenological Anthropology*, Indiana University Press, 1-50.（竹内芳郎・小木貞孝訳，1967，『知覚の現象学』（1）みすず書房。）

門田岳久・小西公大，2018，「フォト・エリシテーションを用いた教育と社会実践──宮本常一，写真を通じた佐渡の開発／観光史研究から」『立教大学観光学部紀要』20：40-53。

Krause, Stefan, 2012, "Pilgrimage to the playas: Surf tourism in Costa Rica", *Anthropology in Action*, 19(3): 37–48.

Lévi-Strauss, Claude, 1955, *Tristes Tropiques*, Librairie Plon.（川田順造訳，2001，『悲しき熱帯』（Ⅰ）中公クラシックス。）

Malinowski, Bronislaw, [1922] 2014, *Argonauts of the Western Pacific*, Routledge.（増田義郎訳，2010，『西太平洋の遠洋航海者──メラネシアのニュー・ギニア諸島における，住民たちの事業と冒険の報告』講談社学術文庫。）

Merleau-Ponty, Maurice, [1945] 1962. *Phenomenology of Perception*. Colin Simith trans, Routledge & Kegan Paul.（竹内芳郎・小木貞孝訳，1967，『知覚の現象学』（1）みすず書房。）

Palmer, Craig and Begley, Ryan, and Coe, Kathryn, 2012, "In Defence of Differentiating Pilgrimage from Tourism," *International Tourism Anthropology*, 2(1): 71-85.

Picard, David, 2011, *Tourism, Magic and Modernity: Cultivating the Human Garden*, Berghahn.

Sen, Arijit, and Lisa Silverman, eds., 2014. *Making Place: Space and Embodiment in the City*, University of Indiana Press.

Selwyn, Tom, 2018, "Tourism, Travel, and Pilgrimage," *The International Encyclopedia of Anthropology*（https://onlinelibrary.wiley.com/doi/abs/10.1002/9781118924396.wbiea2301）.

菅原和孝，1998，『語る身体の民族誌──ブッシュマンの生活世界』（1）京都大学学術出版会。

箭内匡，2018，『イメージの人類学』せりか書房。

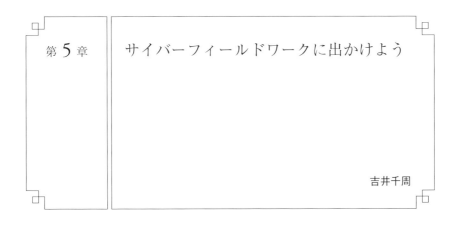

吉井千周

1 サイバーフィールドワークとは

2020年のCOVID-19のパンデミックによって，海外はもちろん，国内での
フィールドワークも難しい状態が続いている。これから数年はかつてのように
自由にフィールドワークを行うことはできないだろう。

かくいう筆者も2020年の夏，本来ならこの時期はスペインのサンティアゴ巡
礼路（Routes of Santiago de Compostela: Camino Francés and Routes of Northern
Spain）を歩きながら参与観察をしていたはずだった。サンティアゴ巡礼路は，
スペイン国内はもとよりフランスを含む複数の地点からスタートする巡礼路で，
1993年にユネスコ世界文化遺産に登録された⁽¹⁾（図5-1）。サンティアゴ巡礼事
務所の発表（Oficina del Peregrino 2019：4）では，2019年だけで日本国籍者
1452人を含む約32万人に巡礼証明書が発行されている。私もまたその巡礼路に
立ち，観光地の雰囲気を肌で感じ，人々の生の声を聞くこととても楽しみにし
ていた。現地の情報提供者（インフォーマント）との信頼関係を築くことからで
しか得られない情報を手に入れることは，フィールドワークの醍醐味のひとつ
だから。

悔やんでばかりいてもしょうがない。幸いにもフィールドに出られずとも使
える情報がサイバー空間（インターネット空間）には大量に存在する。こうした
状況だからこそ，自分の部屋の中でサイバー空間の情報を利用し，できること

図5-1　カミーノ巡礼路地図

標準的な巡礼路である「フランス人の道」でもサン・ジャン・ピエ・ド・ポーからサンティアゴ・デ・コンポステ
ラまで約780kmにも及ぶ。
出所：https://en.wikipedia.org/wiki/File:Ruta_del_Camino_de_Santiago_Frances.svg

を考えよう。そうした作業は，現実のフィールドワークの助けになり，調査地
を読み解く新たな視点をひとつ与えてくれるはずだ。

　以下この章では，どの程度までサイバー空間でのフィールドワーク（以下，
サイバーフィールドワーク）を実施することができるのか，また実際のフィール
ドワークにどう接続するか，サンティアゴ巡礼を事例にして考察してみたい。

2　サイバーフィールドワークへの道しるべ

　サイバーフィールドワークの最もオーソドックスな方法は，「Google」
（http://www.google.com）などの検索エンジンを用いて情報を入手することであ

る。Google で「サンティアゴ巡礼」と入力し検索を行うと，ネット上にある文章，SNS の投稿，ニュース，画像，動画，関連書籍といったサンティアゴ巡礼に関する検索結果を表示してくれる。これらの検索結果の情報をクリックして眺めるだけでも旅の雰囲気を楽しむことはでき，また多くの情報を入手することができるだろう。

　しかし，インターネットの情報には，信憑性の乏しいものも多く，すべてを鵜呑みにすることはできない。そこで信憑性の高い情報を得るためのデータにより情報にフィルタをかけることを薦めたい。なかでも研究者によって書かれた論文は信憑性が高く，ネット上でも無料で読むことができる知識の宝庫だ。

　研究者の論文を手に入れる最も簡単な方法は，国立情報学研究所が運営する「NII 学術情報ナビゲータ CiNii」（https://ci.nii.ac.jp/）を利用することである。Google 同様にキーワードで検索すると関連する研究論文がヒットする。オンラインで読めるものはそのままダウンロードすればよいし，もしダウンロードできない場合でも大学図書館に配架されていれば入手はしやすいはずだ。

　論文を読み進めると「この論文の続きを自分が書いてみたい」「この論文で扱った地域とは別の地域を分析してみたい」といった研究への情熱が生まれるだろう。サイバーフィールドワークには簡単に出かけられるからこそ，道しるべとなる先行研究をしっかり読み込もう。

3　Google Maps を利用した疑似巡礼

　先行研究という研究の地図を手に入れたら，ネット上の地図サービス Google Maps（https://www.google.co.jp/maps/）を使って，現地の様子を自分の目で疑似体験してみよう。Google Maps の HP に接続したら，調査地名で検索すればいい。

　調査地名としては CiNii で見つけた研究者の論文でもよいし，一般に市販されているガイドブックを利用するのも有効だ。例えば，サンティアゴ巡礼に関しては，英語で書かれた巡礼ガイドブックとして著名な John Brierley の巡礼本（Brierley 2020）に加え，日本語のガイドブックも多数出版されている（地球の歩き方編集室 2020，高森編 2016，日本カミーノ・デ・サンティアゴ友の会 2015）。

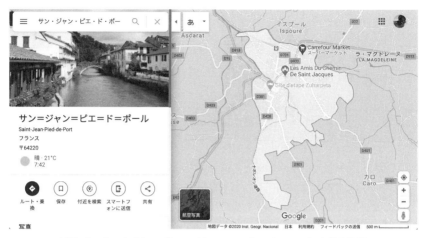

図5-2　Google Maps（https://www.google.co.jp/maps）の検索結果
右下の人型アイコンを地図上にドラッグすることでストリートビュー機能が使えるようになる。

こうしたガイドブックを参考に，サンティアゴ巡礼に関する記述では必ずといってよいほど登場するスタート地点のひとつ「サン・ジャン・ピエ・ド・ポー（Saint Jean Pied de Port）」の地名を日本語でもフランス語でも構わないから入力してみよう。

　検索結果で現れた地図は，人の目線まで拡大することが可能だ（図5-2）。右下に現れる人型アイコンを地図上にドラッグ＆ドロップすると「Google ストリートビュー」が利用できるようになり，町中の風景をより細かく見ることができるようになる（図5-3）。Google のカメラが撮影した人間目線での町の風景が現れ，PC のカーソルキーを押すと実際に町を歩いている雰囲気を疑似体験することができる。自宅にいながらにして，巡礼中に誰もが訪れるさまざまな名所だけでなくサンティアゴ巡礼路の目印となっている黄色の矢印や近年になって巡礼者の目印としてリュックなどに取り付けられるようになったホタテ貝，そしてサンティアゴに向かう巡礼者の姿も見つけることができるだろう[2]。また Google Maps では，Google 社が撮影した写真の他，各ユーザが撮影した写真やコメントも読むことができる。実際のインタビューとはいかないまでも，巡礼者の思いを知る手がかりになるかもしれない。

　ところで，Google Maps でひとつひとつ地名を入力しアクセスする方法は，

66

図5-3　ストリートビューで見たサンティアゴ巡礼路の名所「鉄の十字架」(Cruz de Fierro)
ガイドブックでは必ず言及される巡礼路にある名所。巡礼者はこの鉄の十字架の下に石を置く。手前は巡礼者。

　ピンポイントでその土地の風景を知る際には便利だが，観光地の複数の地点を俯瞰的に眺めるには使いにくい。そこで，学術論文やガイドブックに登場した施設や街といった主要経路を一括管理する Google Maps「マイプレイス機能」の使用を推奨したい。マイプレイス機能を使用すると，例えば図5-4のように比較したい街や施設をルート上にまとめて取り扱うことができるようになる。マイプレイス機能を用いてマッピングされた土地を基準にして Google ストリートビューで各地を訪れれば，疑似巡礼体験が容易にできるようになる。

　　マイプレイス機能を使用するには，Google アカウントを作成した後に Google スプレッドシートを用いて，住所や地名，電話番号などをまとめたリストを作成する。この作業は Excel でリストを作成し，そのデータを Google スプレッドシートにコピー & ペーストしてもかまわない（図5-5）。

　　こうして作成した Google スプレッドシート上のデータを，Google Maps のマイプレイスからマイマップ上で読み込むと地図の上にピンで位置づけされ，ルートが明示される。この機能が便利なのは，作成されたルートを公開し，複数の人間で共有することが可能になる点だ。そして，実際に自分が現地を訪れるとき，マイマップ機能で作成したデータは，スマートフォンの Google Maps アプリを用いることでいつでも利用できるようになる（図5-6）。フィールド

図5-4　Google Maps マイプレイス機能を用いてマッピングされた調査地

に出かける前の準備として気づいたことをたくさん書き込んでおこう。

4　ネットワークコミュニケーション分析とその限界

　Google Maps 上の情報の他にも，インターネットでは，人々から発信された多くの情報を手に入れることができる。実際にマーケティングの分野ではインターネットを介したコミュニケーション（Network Communication 以下，NC）をもとにニーズの掘り起こしを行い，商品開発，トレンド予想などをするのが標準的な主法になっている。人々が観光を通して何を考え，何のために巡礼路を回るのかを理解するのに，NC を分析するのもひとつの方法として使えそうだ。例えば，サンティアゴ巡礼をめぐるインターネット上の発言を分析することで，「巡礼」に強く結びつけて使用されている言葉がわかれば，「ひょっとしたらサンティアゴ巡礼に行こうとしている人は信仰以外のことを目的として歩いているのでは？」というような仮説を自宅にいながらにして検証することができるかもしれない。

　NC の代表例が Twitter, Instagram, Facebook などの SNS（Social Networking Service）だ。SNS 統合サービスを提供する We Are Social の調査によれば，

図 5-5　Google スプレッドシートで編集した地名一覧
注：電話は一部変更。

Hostel Burgu...

住所　Calle San Nicolás, 71, 31640
Burguete, Navarra, スペイン

種類 ホステル

ページ数 16

電話 948-760-005

ソース 『巡礼の道』

メモ ヘミングウェイ宿泊の宿

図 5-6　iPhone 上の Google Maps アプリでのマイプレイス
　　　表示例

2020年 7 月現在地球上で39億人のユーザが SNS を利用しており，地球の人口の半分が何らかの SNS を利用している計算になる（We are Social 2020）。人々の声を聞くためには SNS は最適なツールのひとつだといえるだろう。ただし，SNS にはサービスによって地域的・性別的・年代的特性が存在するため，どの SNS を利用するかによって，投稿内容の傾向に違いが生まれる。例えば日本では Facebook，Twitter，LINE が頻繁に使用されるが，若年層の女性には Instagram のユーザ数が圧倒的に多い。欧米では Snapchat，Whats App などのユーザ数が多いことが知られている。SNS を分析対象とするには，まずその SNS の特性をふまえる必要がある。

　こうした SNS を積極的に利用できればいいのだが，現在ではセキュリティの問題で少々面倒な事態になっている。過去の記事を一括してダウンロードす

るには，Web サイトのプログラミングに関する知識が必要になる。マーケティングリサーチ企業には，SNS 分析専用のサービスを提供している会社もあるほどで，学生が利用するには使用料も高く現実的ではない。さらに SNS のグループ内では，情報の利用／再利用に関して制限がかけられていることも多い。例えば Facebook ではサンティアゴ巡礼に関する日本語のプライベートグループがあり，活発な情報交換がなされているが，記事はグループメンバーにしか閲覧権がなく，その転載は許可されていない。

　そこで本章では，誰でも閲覧することができる状態で開示され，著作権侵害にならず，比較的容易に分析対象にすることのできる NC のひとつ BBS（Bulletin Board System 電子掲示板）を用いた分析を薦めたい。BBS は互いに関連する記事や投稿を「スレッド（thread）」，「トピック（topic）」によってまとめて表示して Web ブラウザで機能する，インターネット黎明期から存在する NC のサービスのひとつである。

　サンティアゴ巡礼に関する BBS としては，日本カミーノ・デ・サンティアゴ友の会が，「カミ・コミュ（カミーノ・コミュニティ：サンティアゴ巡礼関連の掲示板）」（https://8202.teacup.com/rio/bbs）という BBS を開設している。2009年 4 月に開設されたカミ・コミュ BBS には，2020年 7 月末現在で1750件の書き込みがあり，多くの日本人巡礼者が情報交換の場所として利用している（日本カミーノ・デ・サンティアゴ友の会 2020）。このカミ・コミュ BBS を用いて NC の分析を行ってみよう。

5　BB 分析の実際
—計量テキスト分析の手法—

　BBS の分析にあたって，今回は「計量テキスト分析」という手法を用いる。先にこの計量テキスト分析の手法を簡単に説明しておこう。

　計量テキスト分析は，①文章中に登場するひとつひとつの単語の登場頻度を計量し，②他の単語とひとつの文章内での登場組み合わせをカウントしていき，数量的に文章の傾向を探るという調査方法である。計量テキスト分析は観察者の主観をなるだけ排して，客観的にデータを捉えようとする試みであるといえるだろう。[3]

　例えば「カミーノ・デ・サンティアゴに向かう人々は何を目的としているのか」という問いを立て，BBSの文章全体に計量テキスト分析を行うと，登場する単語の頻度からある程度の傾向をつかむことができる。あるいは「信仰」「カトリック」「キリスト教」などの単語が「巡礼」と同じ文章内で多く登場すれば，「巡礼者は信仰をもって巡礼を行っている」ということが言えるかもしれない。

　計量テキスト分析の原理は簡単だ。BBSのすべての発言から単語を抜き出してカウントすればよい。ただし，こうしたやり方では途方もない時間がかかるため，計量テキスト分析では専用のソフトウェアを利用する。本章で取り上げるのは，「KH Coder」というフリーウェアソフトで，入門者から専門家までが利用できる計量テキスト分析ソフトだ。2020年現在，「KH Coder」（https://khcoder.net/）の公式HPからWindows，Mac OS，Linux用の製品が無料でダウンロードできる。[4]

　BBS上の複数の書き手の文章を計量テキスト分析する場合，まず手始めにテキストの修正作業が必要となる。例えばカミ・コミュBBSでは，サンティアゴの表記一つとっても「サンティアゴ・デ・コンポステラ」「Santiago de Compostera」「SDC」「ｻﾝﾃｨｱｺﾞ ｺﾝﾎﾟｽﾃﾗ」とさまざまで，このまま解析をかけるとそれぞれが別の単語としてカウントされてしまい正確に分析できない。また，カタカナ・英数字については，全角／半角文字が統一されていないと別の単語としてカウントされてしまう。そこで，こうした単語は先行研究やガイドブックを用いて表記を統一する必要がある。この作業をクレンジング（cleansing）という。クレンジングには，大きなサイズのテキストデータを扱うことからテキストエディタを使用するのが一般的である。[5]テキストエディタは大量のデータを扱えるだけでなく，正規表現を用いて文章全体の検索・置換が一括で行えるという利点もある。

　クレンジングの後にKH Coderを利用して行うのが前処理の作業である（図5-7）。前処理とは，テキストデータから登場する単語を切り出す作業のことを指す。例えば，日本語の「思う」という動詞には，「思わない」「思った」といった動詞変化がある。だが，そのまま分析にかけてしまうとそれぞれが別の単語として扱われてしまう。そこでKH Coderでは，形態素解析ソフト「茶

図5-7　KH Coder を利用した前処理

笊（ChaSen）」もしくは「MeCab」を用いて日本語における動詞変化を考慮し，これらを一つの動詞「思う」と基本形に変化させカウントする⁽⁶⁾。こういったソフトを用いてカミ・コミュ BBS の書き込みを前処理すると，1万3576の文から成り立っていることがわかり，さらにそれらの文は30万1554の単語から構成されていることがわかる。

　こうして出された分析結果を元に KH Coder を用いた本格的な計量テキスト分析を進める。カミ・コミュ BBS における頻出語上位30は表5-1の通りとなる。

　これらの単語はあくまでも登場回数のみであり，このままでは分析対象とはしにくい。そこで，KH Coder では，このようにして取り出された登場頻度の高い単語を，一文中の同時使用回数別にカウントし，さらに相関関係を二次元の図にプロットすることができる。これを「共起ネットワーク」と呼ぶ。こうして作成された共起ネットワークは，カミ・コミュ BBS の頻出単語の傾向を示す⁽⁷⁾（図5-8）。

　この分析結果からは「巡礼」の言葉には，「思う」「歩く」という言葉が同時に使われがちで，人々が何かを思いながら歩き，巡礼をしている様が確認できる。また，データに表れないこととして，サンティアゴ巡礼の書籍などでは必

表5-1　カミ・コミュ BBS 内頻出語上位30のリスト

1 歩く	1575	11 サン・ジャン・ピエ・ド・ポー	430	21 良い	322
2 思う	1551	12 道	415	22 場合	321
3 巡礼	1451	13 自転車	406	23 考える	317
4 アルベルゲ	767	14 情報	397	24 教える	302
5 返事	766	15 日本	385	25 言う	291
6 サンティアゴ	725	16 出発	381	26 予定	291
7 行く	573	17 バス	368	27 お願い	289
8 スペイン	545	18 カミーノ	347	28 フランス人の道	285
9 ありがとう	498	19 多い	338	29 予約	285
10 人	465	20 持つ	323	30 時間	281

　ずといっていいほど言及される「キリスト教の信仰」や「ホタテの貝殻」についてもカミ・コミュ BBS ではさほど言及されていないということがわかる。サンティアゴ巡礼事務所が行ったアンケート（Oficina del Peregrino 2019：3）では「信仰その他」「信仰」を目的とする巡礼者が全体の約90％を占めることが明らかになっているので，カミ・コミュ BBS 分析の結果を見ると日本人の巡礼者が信仰に基づく情報交換を BBS でやりとりしていないのは特異な現象のように思われる。実際に相当数の人々が信仰のために巡礼しているのか，または BBS に信仰の話題を書くのをためらっているのか，はたまた日本人にとって巡礼路を巡るのは信仰とは関係のない行為なのか，そして「思う」という言葉のつながりが強いことから，何を思いながら巡礼をしているのか，といったさまざまな仮説を立てることができそうだ。

　もちろん，こうして得られた分析結果は，カミ・コミュ BBS の一傾向を示しているにすぎない。例えば，カミ・コミュ BBS では「ありがとう」という単語の使用頻度が高いが，元のデータにあたってみると，これはスレッドでの情報提供者に対する「ありがとう」がほとんどであり，巡礼で出会った方々への感謝を表す「ありがとう」はほとんどない。ヘビーユーザーが何度も書き込みをする場合は，自然とそのユーザの言葉遣いが全体の統計データを左右することになるため，コンピュータにまかせるだけでなく，KH Coder の分析に観察者としての視点を加えて初めて分析が成り立つ。

　「何を」思いながら歩く（または，歩いた／歩きたい）のか，という「何を」の部分，いわば動機にあたる部分にウェイトを置いて詳細な分析を行うには，や

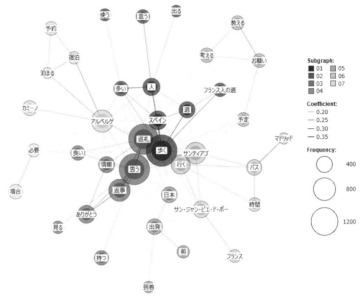

図5-8　カミ・コミュ内の頻出語上位100語の共起ネットワーク
注：各単語の頻出度合いを円（バブル）の大きさで表し，線の太さで関連度を表す。

はり個別にインタビューをしなくてはわからないだろう。とはいえ，定量分析ソフトを使いこなしNCの分析を行うことは，フィールドワーク前に仮説を立て，検証していく手助けになってくれるはずだ。

6　サイバーフィールドワークの可能性

　これまで見てきたサイバーフィールドワークの手法は，「実際にフィールドワークに行けないことの代替」という消極的な理由で薦めているわけではない。だが，インターネットの世界が仮想空間でしかないことも事実で，観光地で人々がどう考えたかを考察するにはこれだけでは不十分であることも認識しておいてほしい。

　SNS等の情報利用については，頭ごなしに否定すべきではなく，それらの情報から新たな気づきを得ることもあるだろう。ただし近年SNSを中心に流通する情報の信憑性が問われることも多く，また悪意のあるフェイクニュース

を意識的に流しているホームページも存在する。サイバーフィールドワークにおける「信頼できる情報」との付き合い方は，なかなか難しいが，そういった時こそ CiNii で調べた論文を参考にしながら，自分で信頼できる情報を見つける基準を決めてほしい。例えば，気になる単語が出てきた場合は，Google 検索を用いずにまず新聞社のサイトで記事検索をかけることを習慣づけてみるのもいいだろう。

　またサイバーフィールドワークでは，一方的に情報を受け取るのではなく，こちらから情報を発信することもできるし，Google フォーム（https://www.google.com/intl/ja/forms/about/）などのウェブアンケート機能などを用いてアンケートをとることもできる（図 5 - 9）。情報の受信者から発信者に変わることも可能である。ただし，アンケートの実施に際しては，これも社会調査法に関する入門書を読み，その基本的な手法を理解しておいたほうがよい。母集団の設定，質問票の作成法など理解しなければ，当然ながら偏ったアンケート結果しかでてこない。とはいえ，SNS 同様にヒントを得たり，議論の補強材料のひとつとして使用できる余地はある。

　今後再びフィールドワークに自由に出かけられるようになったとき，これまで説明したようなさまざまなツールを使うことでより深く調査地を理解することが可能になるはずだ。何よりもサイバー空間のデータは計量的に分析することが可能で，観察者の主観をとりのぞき，客観的に分析することができる。こうしたサイバー空間のデータ分析は，「フィールドワークにもとづき，可能な限り先入見・先験的枠組みを排し，多元的事象を対象として，きめ細かく意味生成の文脈に即して掘り下げ，理解・解釈しようとする，仮説生成・発見的方法論」（木村 2018：3）として認識されるべきものである。サイバーフィールドワークは現実世界と対立するものではなく，実際のフィールドワークと併用することで，同時性・同所性を必然としている参与観察（フィールドワーク）から観察者を解放し，より深く調査地を観察者が理解できるようになる可能性をもたらす。

　2020年の COVID-19の流行に伴う生活の変化は，フィールドワークの手法についても否応なしに考え直す機会となった。だがこの機会が，現実のフィールドワークとサイバー空間でのフィールドワークを使いこなし，ハイブリッド

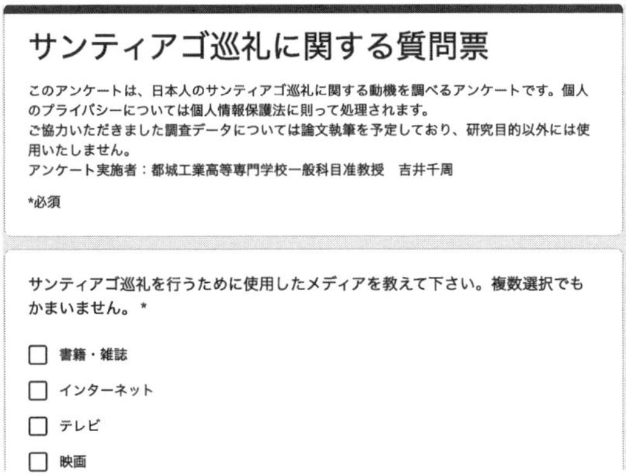

図 5 - 9　Google フォームを利用した質問票の作成例

な研究を進めるきっかけになれば，サイバーフィールドワークはきっと現実の
フィールドワークに向かう際にこれまで以上に自由自在にリアルなフィールド
を飛べるよう手助け⁽⁸⁾してくれるはずだ。迷っている時間はない。まずは Web
ブラウザを開いてサイバーフィールドワークに出かけよう。

考えを深めるために

1）みなさんが研究したい土地に関する論文を CiNii を使って検索し，ダウン
ロードしてみましょう。論文を読んでみて，自分がどういう研究をしたいか考
えてみましょう。

2）みなさんが研究したい土地の地図を Google Maps で表示し，マイプレイス
に自分の調査地を登録してみましょう。調査地が定まっていない方は例えば
「四国八十八ヶ所霊場会 HP」（https://88shikokuhenro.jp/shikoku88/）のお寺
データを使って入力してみましょう。

3）KH Coder とテキストエディタをみなさんのパソコンにインストールして，
テキスト分析を行ってみましょう。調査地が定まっていない方は，例えば「四
国遍路掲示板」（http://bbs6.sekkaku.net/bbs/76dai48819/）を分析してみてく
ださい。

注
（1）　ゴール地点のサンティアゴ・デ・コンポステラでは，徒歩で100km 以上，もし

くは自転車等で200km を走破すると巡礼証明書を得ることができる。サンティア
ゴ巡礼の詳細については，本書の第16章を参照。

⑵　Google Maps の画像を論文などに利用する際は，著作権の使用ガイドラインに
従おう。Google マップ & Google Earth ガイドライン（https://www.google.com/
permissions/geoguidelines/）。

⑶　例えば日本国憲法の改憲案について，使用される単語からそれぞれの改憲案の
データを分析し，比較する試みとして（吉井 2021）などをご覧いただきたい。改
憲案はそれぞれの作成者の政治意識が出やすい文章だが，定量テキスト分析を用い
ると感情を排した客観的な比較分析を行うことができる。

⑷　解説書としては，開発者の樋口自身による書籍（樋口 2020）が網羅的なのでぜ
ひ手元に一冊置いていてほしい。また，コンピュータを使ったデータ分析に自信が
ない方には（末吉 2019）を推薦したい。

⑸　Windows であれば「秀丸」（https://hide.maruo.co.jp/software/hidemaru.html），
Mac OS であれば「Jedit Ω」（http://www.artman21.com/jp/jedit_x/）といった
エディターが使いやすいので，ぜひ試してほしい。

⑹　これらの形態素解析ソフトは KH Coder と同時にインストールされるので使
用者側で意識的にインストールしなくてもよい。なお，日本語同様，英語などの動
詞の変化や各種短縮形を基本形に変化させ（例えば「isn't（= is not）」「I'd（= I
would）」など），分析するソフトウェアも KH Coder には同梱されており，外国語
の解析にも使用できる。ぜひ他言語でも試してみてほしい。

⑺　実際にはこれらの想起ネットワークの作成についてはより細かく設定ができる。
本章では紙数の都合で紹介に留めるが，樋口（2020：187）を参照して調整をして
ほしい。

⑻　本章では，現地に特段の人脈がない状況でのサイバーフィールドワークの手ほど
きを解説してきた。みなさんの中に現地に親しい知人がいる場合，その人に助力を
求めることもあるかもしれない。そうした知人によるオンラインでの聞き取りや，
写真や動画の撮影などは，みなさんの調査を補強してくれるだろう。だが，よほど
親しい関係でなければ，軽々しくこういうことを頼むべきではなく，相応の謝金の
支払いが必要だと心得よう。

文献

Brierley, John, 2020, *Camino de Santiago,* Camino Guides.
地球の歩き方編集室，2020，『地球の歩き方　A20 スペイン 2020-2021』ダイヤモン
ド社。
樋口耕一，2020，『社会調査のための計量テキスト分析——内容分析の継承と発展を

　　目指して』（第2版）ナカニシヤ出版。

木村忠正，2018，『ハイブリッド・エスノグラフィー――NC（ネットワークコミュ
　　ニケーション）研究の質的方法と実践』新曜社。

日本カミーノ・デ・サンティアゴ友の会，2015，『聖地サンティアゴ巡礼』（増補改訂
　　版）ダイヤモンド社。

日本カミーノ・デ・サンティアゴ友の会，2020，「カミ・コミュ（カミーノ・コミュ
　　ニティ：サンティアゴ巡礼関連の掲示板）」（https://8202.teacup.com/rio/bbs）。

Oficina del Peregrino, 2019, "Informe Estadistico Año 2019"（http://oficinadelperegri
　　no.com/wp-content/uploads/2016/02/peregrinaciones2019.pdf）.

末吉美喜，2019，『テキストマイニング入門――Excel と KH Coder でわかるデータ
　　分析』オーム社。

高森玲子編，2016，『スペインサンティアゴ巡礼の道』実業之日本社。

We are Social, 2020, "Digital 2020, Global Digital Overview"（https://wearesocial-
　　net.s3-eu-west-1.amazonaws.com/wp-content/uploads/common/reports/digi
　　tal-2020/digital-2020-global.pdf）.

吉井千周，2021，「日本国憲法及び改憲案の定量テキスト分析による指向分析」『都城
　　工業高等専門学校研究報告』都城工業高等専門学校，55：1 -11。

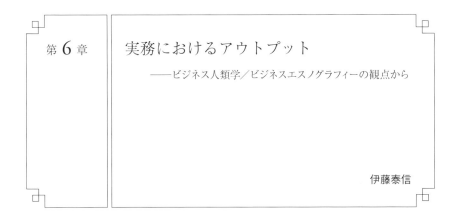

第 6 章

実務におけるアウトプット
──ビジネス人類学／ビジネスエスノグラフィーの観点から

伊藤泰信

1 人類学的調査・研究を用いた実務・実践

　人類学的調査・研究なのか，人類学的調査・研究"を用いた"実務・実践なのかによって，当然のことながらそのアウトプット（成果の出し方）は異なってきます。本章では，人類学的調査・研究"を用いた"広義の実務におけるアウトプット（報告書や提案）について考えていきます。本章では観光そのものの事例は扱っていません。しかし，学術/学問（研究）ではない実務におけるアウトプットの出し方は，人類学的なエスノグラフィー調査を実施して，それを実務に活用する上で，あるいは，実務を前提に地域や組織の課題を調査する社会実践にとって，共通するものが多々あると考えて執筆しています。

　本書の読者には学生（大学生や大学院生）が想定されていますが，実務的な企画や提案を学生が行うことがあるとすれば，それは例えば，自治体や鉄道会社などが主催する学生向けのビジネスコンテスト（ビジコン）などでしょう。仮に，地域を活性化するための，あるいは地域に人を呼び込むための観光旅行ツアー企画の提案といったテーマのビジコンがあったとして，企画書・提案書に書く内容やプレゼンテーションの仕方は，実際のビジネスシーンでのそれと，さほど違うわけではありません。企画書を書き，パワーポイントなどのスライドを用いて提案のためにプレゼンテーションを行うといった企画書・提案書のマニュアル的な書き方については，教科書のような本が何冊も出版されていま

す。書き方の解説本のみならず，インターネット上で検索すれば，「聞き手（読み手）に響くパワーポイント作成法」などといった，企画書やスライドのテンプレートまで公開されています。そのため，本章では，マニュアル的な書き方自体については詳述しないということをあらかじめ付言しておきます。

2　勉強・研究・実務

研究と実務との違いについて簡単に述べておきましょう。ここでは学部の卒業研究や修士論文・博士論文のための研究を念頭に置いています。

まず，述べておきたいことは，「研究」は，精確性とともに，新規性が最も重要だということです（伊藤 2009）。読者のみなさんも，卒業研究や修士論文研究などの研究計画において「この研究の新規性は何？　新しいところはどこ？」などと教員から言われたことがあるかもしれません。新規性とは，要するに先行研究との差分（違い）です。新規性は，研究の「独創性」「オリジナリティ」などと言い換えられることもあります。

ここで，「勉強」と「研究」の違いについても述べておきたいと思います。「勉強」と「研究」は似ているようでまったく意味の違う言葉です。「勉強」というのは知識を内面化する作業です。教科書や理論書の中身（知識）を学んで自分のものにすることだと言い換えたほうがわかりやすいかもしれません。あくまで，知識を自身に“インプット”することが「勉強」です。

それと異なり，「研究」とは，新たなものを産み出す（“アウトプット”する）営為です。ある研究をしようとすれば，同じ研究課題やテーマについて，先達が研究したものが存在します。すでに存在する研究（先行研究群）を前提にして，それらには無いものを新たに産出するのが「研究」です。例えば，iPS 細胞というのがどのようなものかという知識は書籍から「勉強」できます。しかしそれについて「研究」するのであれば，iPS 細胞についてすでに明らかになっていること（知識）を学ぶだけでは新しいものを産み出したことにはなりません。ノーベル賞を受賞した山中伸弥教授が論文等で書いていないこと（まだ明らかになっていないこと）を実験や調査などによって産出する作業が「研究」です。研究においては，まだ言われていない何か，まだ明らかにされていない

何かを産み出さねばならないわけで，それは時間をかけても必ずしも見つからないかもしれません。その意味で研究には不確実性が伴います。

このように，学生のみなさんがときに混同しがちな「勉強」と「研究」という言葉は，対立するといってもいいぐらい異なる言葉なのです。[(1)]

卒業研究であれ，修士論文研究であれ，調査をしたり実験をしたりして，既存の研究にはない，何か新しい知識を産み出す（既存の研究にほんのちょっとでも新しい知識を付け加える）のが「研究」の目的です。

それに対して，実務では考え方が異なります。実務は，観光や地域活性化などに関連することであれ，企業の事業であれ，「研究」とは異なる文脈のなかで行われる営みです。

実務は，何らかの課題を解決すること（問題解決）に主眼があります。研究では（先行研究群との比較において）何らかの新しい点（新規性）があるか否かというのが問題になるのに対して，実務では学術/学問的な新規性というのは問題になりません。これまでにない画期的なアイデアから新規の事業や製品・サービスを産み出すということは大事です。しかし，それは学術/学問上の新しい知見を産み出しているか否かということとは別問題です。人類学的調査・研究"を用いた"実務の文脈で大事なのは，あくまでも，エスノグラフィー調査（フィールドワーク）[(2)] をして得られた発見事項が，例えば，自身が勤務する会社の事業に貢献するか，あるいは，地域の活性化に役立つかどうか，という点です。[(3)]

2　エスノグラフィーを用いたふたつの問題解決のタイプ

以下，エスノグラフィーを用いた問題解決の実践についてふれたいと思います。エスノグラフィーによって組織やコミュニティにおける課題を発見し，それを解決する方途を見出す，というのが大まかな流れになります。リサーチを実施し→ファインディングスを得て→ソリューションを導き出す，という流れです。

ファインディングスとは発見事項のことです。ある組織で〇〇が観察されたという調査データをもとに「その組織には△△のような課題があるようだ」といった気づきを言葉にしたものです。まずはフィールドでの調査データにもとづいてファインディングスをコンパクトにまとめます。（後述の）チームやグ

ループでのエスノグラフィーの場合は，調査の生データからファインディング
スを整理するのに，ワークショップ形式やディスカッション形式がしばしば用
いられますが，その際，付せんなどを用いた親和図法（KJ法など）が多用され
ます。

　その後，ソリューションを考案します。ソリューションというのは，課題を
解決するにはどうしたらよいかを案出することです。そして，そのソリューシ
ョンを，データからどのようなファインディングスを得てソリューションに至
ったか，という一連の説明とともに，クライアントへの提案としてまとめます。
ソリューションの案出・提案に至るまでには，学術/学問的な理論や，他の実
践事例（他の課題に対しても同様のやり方がうまくいった・いかなかった）による裏
付けも必要になります。提案するソリューションが，その場限りのアドホック
な思いつきなどではなく，学術/学問的に見ても理にかなっているのだ，とい
うことを示すために理論や類似の他の事例を援用するわけです。

　エスノグラフィーを用いた問題解決にはふたつのタイプがあると私は考えて
います。（ⅰ）現場の改善・最適化。現場をつぶさに観察し，改善すべき点，
最適化できそうな点を見出すタイプです。いわば現場の課題出しです。現場の
人や物が移動する際の動線（人や物が移動する際の経路）を子細に観察し，改
善・最適化のポイントを洗い出すことがその例です。例えば，小売店において，
従業員が作業のために必要とする経路が短いほど，仕事の効率は上がります。
他方，顧客が移動する経路が長いと，店舗での滞在時間が増えて利益アップに
つなげることができます。それらを検討して動線の改善点を見出すことがその
例になります。

　（ⅱ）消費者（顧客）の実践への密着調査によって，製品・サービス開発のた
めのコンセプトを導出するものです。現場の人たちは何を求めているのか，と
いうコンセプトを探し出し，そこから問題解決のための方途を導き出すやり方
です。リサーチから製品やサービスの開発を経て新製品・新サービスを販売・
開始するまでの一連のプロセスを川の流れとしますと，（ⅱ）はその上流に位
置し，その後の（下流での）製品・サービスの開発のためのコンセプトとして
役立つことになります。ある洗剤メーカーの例を挙げます。ある家庭の主婦が，
外で着た衣類と家でしか着ないもの（パジャマやバスタオル）とを分けて洗濯し

ていることが家庭訪問調査で観察されました。他方で，素手でトイレ掃除をするなど，家の中での衛生については無頓着に見えました。そのような観察データから，〈家の外＝不安〉〈家の内＝安心〉という衛生上の境界線があるということを導き出しました。家の外の衛生上の不安から家族を守りたいということが，なし遂げたいコトとして読み取れたのであり，そこから予防する働きを取り入れた洗剤を開発しました。洗剤という製品（モノ）にのみ注目して改善しようとするのと異なり，主婦を観察することから衛生上のコンセプトを導出しています。外の衛生上の不安を取り除くという成し遂げたいコトがあり，そのためのひとつとして洗濯がある，という視点で製品開発がなされた事例です（伊藤 2020：313- 4）。

4　ある企業での実践事例をめぐって

　ここでは，私自身が関わった中小企業での問題解決の事例を紹介します（対象の組織を匿名のままにするために，細部は改変・単純化しています）。最初に断っておきたいのは，以下に紹介する事例はアウトプットの出し方の「正解」や「お手本」を提示しているものではないということです。しかも，人類学者（私）としてはもどかしいことに，きわめて短期間の調査しかできないという制約のなかで実施しなければならなかったもので，しかも何らかの結果（問題解決のための提案）を出さねばならないというプレッシャーの中で実施されたものです。必ずしもお手本にはならない事例だということをお断りした上で，しかし，実務での問題解決は時間的なプレッシャーの中で実際に行われること，また，文脈を含んだ具体的な事例のほうが無味乾燥な手続きやマニュアル的記述よりも参考になりうること，から，私自身の事例を以下に提示します。

　大学（私の勤務先）と企業の産学連携の取り組みの一環で，実務的なアウトプットを出すことを前提に，ある素材加工メーカーに短期の調査に入りました。派手さはありませんが，職人的な社員を中心に，高度に精密な加工技術で，特殊金属加工においては "知る人ぞ知る"，地方の中小企業であり，産業を下支えする "縁の下の力持ち" 的な企業でした。あわせて，環境素材（植物性プラ

スチックなどのエコ商材）でも新規の商品を世に出していました。

　この会社の社長の考えとしておおよそ事前に伝えられていたのは「とにかくIT化と販路の拡大」ということでした。急務だということで，ITの専門家が雇用されて加工過程におけるIT化が進められようとしていました。また，加工される主要なモノである希少金属の販路・用途拡大という課題もあるということでした。

　事前打ち合わせなどを除くと３ヶ月ほどの期間で，実際に工場での参与観察や社員へのインタビューが可能だったのは数日程度という限られた時間でした。工場は小規模でムダがなく，（ⅰ）で述べたような改善・最適化の余地はないように思われました。また，マーケティング寄りの（ⅱ）のやり方も部分的にしかできないように思われました。

　調査によって明らかになったことは次の諸点でした。高度な加工技術を次世代（若手社員）に継承させたい，という課題があること。他社ではマネできないような，高度な技術を持った職人的な社員の加工技術を，若手社員にも習得して欲しい，若手を育てたいということです。ただし，会社内では，若手社員の間のコミュニケーションが不足しており，帰属意識や将来展望が希薄であることもわかりました。加えて，加工によって産み出される端材（加工で金属を切り出した際に生じる余分な切れ端）の使用用途を探したいというニーズ探索の課題があることもわかりました。

　調査を続ける中で，「人と環境に優しい」というこの企業の理念が社外のみならず，社内でも浸透していないということも見えてきました。ものづくりの企業なのであたりまえと言えばあたりまえではありますが，「希少金属というモノ」のみに視点が固着していること，さらに，「会社のことは自身たちが一番よくわかっている」といった視点があることも看取されました。

　調査を通して私が指摘・提案したもののうち，ここでは主な３つを挙げたいと思います。①企業理念の内外での不浸透という課題の指摘と提案，②若手社員のコミュニケーション改善に関する提案（部活の提案），③コト化の提案です。

　まず②から述べましょう。前述のように，この会社は高度な加工技術を持っていますが，その技術は職人的な一握りの社員に偏っていました。若い従業員たち（別の業種からの中途採用がほとんど）への高い加工技術の移転が急務である，

というのが社長の認識でしたが，それを解決する方途を探るちょっと手前のところで，ベテランのシニア社員が若手従業員とのコミュニケーションにやや苦労をしている様が，調査において見て取れました。職人的な技術や知識をもったシニア社員と積極的にコミュニケーションをはかろうという意識が，若手従業員たちに欠如しているようでした。

　若手従業員が，10年後，20年後にこうでありたいといった将来像を見据えて日々の業務に従事しているようには見えなかったということです。言い換えると，加工技術の習得が若手の従業員にとって将来へのキャリア展望につながっていないようでした。「将来的に，あのような職人的な高度な技術を持った社員になりたい」というモチベーションが強ければ，職人的シニア社員の技を盗んでやろうという気構えで，日々の業務において能動的な態度になるはずです。モチベーションというのは大事なものですが，しかしそうはなっていませんでした。

　私の提案のひとつは，部活動の勧めでした。例えば，新聞部という部活を若手社員にやらせてみてはどうか，あるいは，部活という形でなくとも壁新聞（社内報）作り——紙であれウェブサイトであれ——を，レクリエーション感覚でもよいので，若手にやらせてはどうかというものです。

　「会社で部活？　しかも新聞部？」「壁新聞？」と思われるかもしれません。しかし，そうした活動を楽しみながらやってもらうことによって若手社員のコミュニケーション不足を解消し，若手たちに，この企業の理念を共有してもらう（ひいては，帰属意識や将来展望を持ってもらう）目的も達成できるのではないかという考えからでした。[7]

　これは①の課題解決にもつながっています。この企業では「人と環境に優しい」素材を提供することを企業理念としていました。しかし，その企業理念は，会社の外部のみならず，社内の従業員たちにも必ずしも共有されていませんでした。例えば，ウェブサイトにも，希少金属の用途や加工技術についてのみが記載され，企業理念については明瞭には書かれていません。社内報やウェブサイト作成などの部活動によって，会社の理念をわかりやすく内外に「見える化」する役割を若手社員たちに任せるという発想もある，としました。

　若手社員の会社への帰属意識を高めるには，まず，自分の会社を「自分ごと

化」する（他人ごとではなく，自らが能動的に関わる対象として見る）ことが肝要です。部活動によって，一方で，会社内の若手社員のコミュニケーション量が増え，現場の活性化につながるかもしれない。他方で，企業理念の社内浸透および社員意識の醸成に資する，と考えた上での提案でした。

　ところで，この「会社で部活（新聞部）」というのは，学術/学問的に見て新しいものではありません。冒頭で述べた研究の「新規性」はほぼ皆無だと言えます。これは，ある中小企業コンサルタント（もともと私の指導する，コンサルタント会社を経営する社会人大学院生）が，某中小企業で実施したことのある試みを敷衍したもので，私の完全なオリジナルですらありません。あくまでも，その会社の現状を調査し，それを導入することが上記の課題の解決につながるのではないかという考えからの提案です。

　さらに別の提案として，③コト化の発想を提案しました。販路の拡大に直接的にはつながらないかもしれませんが，それに資するような提案です。

　ものづくり立国といった言葉に象徴されているように，日本の製造業は高度なモノの生産・製造を誇ってきました。この会社も，金属とその加工技術を中心とした発想をしていました。金属の用途・販路はどのように拡大できるのかという発想です。そこでは「この金属に別の販路はないか？」「加工で産み出される端材（廃材）の使い道はないか？」というように，モノに焦点があたっています。試みとして，端材を芸術（芸大）の創作作品につかってもらったり，小物のキーホルダーに使用するなどの案が以前もあったそうです。しかし，アート作品では，金属の端材というモノの用途としては，ほんの微々たる量が使われるにすぎません。

　そこで私は，モノの「コト化」を提案しました。金属・環境材というモノを介しつつ何かしらの価値を提供できないか，という視点です。端材（モノ）をアート作品の素材（モノ）として使ってもらう，のではなく，金属加工の専門家とアートの専門家が協働（コラボ）し，コラボする過程を「見える化」するなどして，希少金属に関する何らかのストーリー（物語）を共創して発信していってはどうかという提案です。モノをモノとして考えるのでなく，コトへと変換することであり，希少金属の加工技術の難しさや環境材を扱い始めた由来をストーリーとして発信することで，高度な加工技術とそれを有する会社の価

値を新たな顧客に伝えることになり，会社のブランドを高めるきっかけにもなりえるのでは，という提案でした。

　コト化（サービス化）の提案には，S-D ロジック（Service Dominant Logic）という学術/学問的な知見が援用されています。簡単に言えば，すべてはサービスだと捉える理論です。「モノ」と「モノ以外（サービス）」とを分ける，モノ中心の発想である G-D ロジック（Goods Dominant Logic）と異なり，S-D ロジックでは経済活動をすべてサービスとして捉え，モノを伴うサービスとモノを伴わないサービスがあると捉えます。製造業も，モノを介したサービスの提供者として捉え直されるということであり，例えばウェアやシューズという製造業が提供するモノは，「都心での楽しい走り」や「仲間と楽しむスポーツ」といったコト（サービス）の一部を担うにすぎないと捉えるわけです。モノを介してはいるが，企業が提供するのはあくまでコト（サービス）であるという考え方です（Lusch and Vargo 2014=2016，伊藤 2020a）。モノをコト化するという提案は，部分的にはこのような理論にもとづいています。

　なお，実際の提案はこれ以外にもあり，もう少しこみ入ったものでしたが，ここでは単純化しています。もちろん，これらの提案を採用して導入するかどうかは，クライアント企業（組織のトップ）の判断になります。提案は，組織の現状・現場の文脈に沿う形で，問題解決をしているか否か，という軸で選ばれます。複数の提案を提示し，その中から選んでもらうということもあるでしょう。場合によっては，提案をプレゼンし，クライアントと一緒にワークショップ等の形式で議論することで，さらに提案をブラッシュアップしていくプロセスを組み込んでもよいでしょう。

5　問題解決の仕方をめぐって

リフレイミング，問いの再定義

　上記の結果だけ書くと，リニアな形で非常にすんなりとソリューションを導きだし，提案を行ったように読めるかもしれません。学術/学問的な知見も，最終的には援用しました（援用しつつ，上層部に説明しました）が，そうしたアウトプットを出す手前では，数ヶ月という短期間にもかかわらず（あるいは，短

期間で何らかのアウトプットを出さねばならないからこそ），紆余曲折がありました。

　人類学の持ち味は，「あたりまえ」を問い直す視点にあります。ソリューションを提示する際に現場の人たちの「あたりまえ」を異化しつつ行うという点で，人類学者は独自の貢献をしうる（人類学の独自性を発揮できる）と考えます。

　ビジネス人類学の教科書の中で，A. ジョーダンは，人類学的視点の価値は，一歩引いて，問題をより大きな文脈の中で見る能力であると言っています⁽⁸⁾（Jordan 2003 : 89-90）。人類学者は，問題の前提（あたりまえ）を問い直し，より全体論的・包括的な視点で物事を捉えようとするのだと言えます⁽⁹⁾。これを，もともと心理学の用語で，今は実務の世界で多用される「リフレイミング（re-framing）」という語彙で呼んでもいいかもしれません。リフレイミングとは，既存の枠（フレイム）を別の枠（フレイム）に変えて捉え直す（リフレイムする）ことです。

　まず，上記のようなモノへの固着した視点のほかに，「会社のことは自分たちが一番よくわかっている」という考えが看て取れました。インタビューでは「希少金属を必要とする人にだけ知ってもらえばよい」（わかる人だけがわかればよい）という社長の発言もありました。「必ずしも会社の内外に企業の理念やビジョンを伝える必要はない」，「必要なのは IT 化と，希少金属のニーズの探索・販路の拡大だ」という視点への固執です。

　それらをいかにリフレイムするか。クライアントの依頼（この場合，IT 化と販路開拓をなし遂げてほしい）を，そのまま聞いて実行するというのは，あまり人類学的ではありません⁽¹⁰⁾。人類学者はたとえ短期間の調査でもリフレイミングを試みます。

　私が問うたのは，「人と環境に優しい」が企業理念であるとすれば，それがどこに現れているか，会社は実際にそのようになっているか，ということを具体的な調査データをもとにまずは解読・説明する，というものでした。さらに，端々に現れてはいるが，そうした理念が社外のみならず社内においても浸透していないとすれば，それを「見える化」するにはどうしたらよいか，という問いかけから始めました。まず，そこから説き起こして，それを若手社員に浸透させる方途は？　そのための仕掛けにはどのようなものがあるか？（そのひとつの仕掛けとしての部活動），というふうに話を進めました。

　私が提案のプレゼン書類を事前に産学連携スタッフに見せたところ，「え，そこですか？」と驚いたような目で私を見ました。希少金属が，例えば精密な医療機器への用途として考えられる，といった販路の提案を想定していたためです。ところが，会社の理念や現状の捉え直しや再定義から始めようとしたため，驚いたわけです。そこから始めるのか，と。このような，クライアントのもつ既存の枠組みを再定義することから始める，というのは人類学的な発想です。[11]

共感，寄り添う姿勢

　せっかくの提案が，そのときに読まれて（聞かれて）おしまい，ではつまらないでしょう。提案を採用・活用してもらうためには，感情を動かすということが必要です。寄り添う，共感すると言い換えてもよいかもしれません。[12] 相手（私の事例では会長や社長）が長きにわたってその経営において努力してきたこと，また，「人に優しい（金属），環境に優しい（エコ素材）」を提供しようと会社が取り組んできたこと，を1つのストーリーとしてなぞりながら，まずは再現するように始めました。提案に先立ち，まずは彼／彼女らの不断の努力・尽力に寄り添うという姿勢，一緒に考えるという態度で望むわけです。

　提案は，納得してもらうことが大事です。私は，「説得する」のではなく「納得してもらう」ことが肝要だと考えています。こういう課題があり，こうすればよい，などとロジックで説き伏せよう（説得しよう）とします。すると，ロジックで言い負かそうとする相手に対しては，「論理的で正しいのかもしれないけれど…」，と頑な反応が返ってくることもあります。「ああ，そういうことだったんだ，そうだとすると，そういう考え方・やり方もあるね」といった，納得してもらうような，寄り添った姿勢が必要になると考えます。

　なお，これらの提案は会社の上層部に対して，スライドを用いたプレゼンテーションという形で実施しました。フィールド調査をしてエスノグラフィー（この場合，学術的な分厚い「民族誌」を指す）を書く，というのが研究としての人類学のアウトプットです。しかし，実務ですから，アウトプットとして"納品"したのはプレゼンテーションのスライドです。[13] スライドを納品することはコンサルティングやリサーチの会社でもまま見られることです。

チームで実施するエスノグラフィー

　学術的／学問的エスノグラフィー調査は，トロブリアンド諸島を調査した B. マリノフスキがそのモデルであるように，単独（1人）でフィールドに長期間入ることが慣例です。しかし，学生が，例えば大学の授業の演習で，あるいはビジコンのために，ある観光地の活性化という企画で入る場合，多くは数名程度の学生のグループで調査に入ることでしょう。また，企業においてエスノグラフィー調査を実践する場合でも，1人で現場に入ることは，ほとんどあり得ないでしょう。チーム（グループ）で実施します。

　学術／学問の場で行われている慣習的な人類学のエスノグラフィー調査は，ひとつのフィールドに，時に数年にもおよぶ長い期間が設定されます。対象となる人々と信頼関係を築きながら，微視的で分厚い記述と分析を行います。他方，実務におけるエスノグラフィーでは，ひとつのフィールドに長期間滞在することはありません。四半期や上期下期などの企業的な時間の区切りがあり，きわめて短い期間（多くの場合は数週間から3ヶ月程度）での調査が求められます（大戸・伊藤 2017）。

　実務では，短期間であっても効率的に調査を進め，より多くの情報を得られるように，複数のプロジェクトメンバーから成るチームを組み，調査や分析，報告書作成を行います。

　チームで実施するということは，分業することであり，現場にメンバー全員が行かないことも多々あります。2～3人の小グループで調査し[14]，その後，それをチーム（プロジェクトのメンバー）全体で共有し，ファインディングスから仮説を生成し，ソリューションを導出するでしょう[15]。

　上記の会社の事例では，私の勤務先の産学連携スタッフ1名が間を取り持つコーディネーター役として調査に同行し，話し相手になってくれました。しかし，実質的には，分業ではなく単独で調査し，ソリューションを提示しました。

　もちろん，私が取り組んでいる他の産学連携の事例などではチームで実施することのほうが多いと言えます。例えば，クライアント企業のメンバー，クライアント企業が調査を委託したマーケティングリサーチ企業のメンバー，調査にも部分的に同行しつつ監修を行う大学の研究者（伊藤）の三つ巴でプロジェクトにあたることもあります。チームの人々の協働によって，実務におけるエ

スノグラフィー調査は成り立っているのです。

6　多様な実務的課題に向けて

　本章で述べているのは，「研究」でなく，「実務」のアウトプットについてです。実務でアウトプットを出そうするとき，当該組織の解決すべき問題の所在がどこにあるか，事前の見通しがあるわけではない中で，文脈に応じてソリューションを模索しつつ考えていくことになるでしょう。その際に，学術/学問的な理論や実践事例の中で，レリバント（妥当）で使えるものがあれば，使う（援用する）ということになります。

　理論ありきで現場（フィールド）に入ると，自身の知識（理論）の引力が強すぎる場合は見えてこないものも出てくると考えています。つまり，理論に引っ張られて，事例に当てはめてしまう懸念もあるということです。しかし，理論や実践事例のレパートリーはないよりはあったほうがよく，その意味では理論の「勉強」は必要でしょう。本章だと，それは，S-Dロジックだったり，中小企業コンサルタントの実践事例だったりします。

　ただし，学術/学問的な理論や裏付けがあるといっても受け入れられるとは限りません。繰り返しますが，ここで述べているのは，研究ではなく実務だということであり，ロジックを超えて，相手にとっての価値を見出し，相手への共感をもとにストーリー（物語）で納得させ，何らかの形にするという創造的な力が必要になるということです。

　冒頭でも述べたように，学術/学問ではない実務におけるアウトプットの出し方についての議論には，実務を前提に観光関連組織や地域コミュニティを調査する実践に通底する諸点が含まれていると考えます。

　本章で取り上げた事例は，例えば，〈社員意識の醸成〉（若手社員の会社への帰属意識を高めることなど）は〈地域やコミュニティへの愛着の醸成〉に，〈会社の理念やビジョンの再定義〉は〈地域・コミュニティのよさの再発見に〉，というように，観光による地域やコミュニティの活性化の議論に"変換"して読むことができるでしょう。

考えを深めるために

1）勉強と研究の違い，また，それらと実務との違いはどのようなものだと著者は言っていますか。

2）組織の再定義やコミュニケーションの活性化など，本章で扱われている事例を観光やまちおこしなどの文脈に"変換"して（当てはめて）みると，例えばどのような事例が想定されますか。いくつか考えてみましょう。

3）実務の現場では，何らかの課題を解決すること（ソリューション）が求められます。文化人類学的な視点が加味されたソリューションとはどのようなものだと考えますか。

注

(1)　もちろん，知識の集積をまずは「勉強」しなければ当該分野で何を研究すべきかすら理解できません。その意味では，「研究」のためには「勉強」がベースになる（勉強は研究の一部をなす）とも言えます。

(2)　文化人類学的なフィールドワークは，実務の世界では，しばしばエスノグラフィーあるいはエスノグラフィックリサーチ（ethnographic research）と呼ばれます。少し説明します。エスノグラフィーには二重の意味があります（伊藤 2015, 2020a）（本章第1章）。書かれたものとしてのエスノグラフィーと，調査の方法としてのエスノグラフィーです。ある年代以上の人類学者は現場調査の方法をフィールドワークと呼び，対象となる人々の営みを現場調査に基づいて記述したもの（報告書や論文）をエスノグラフィー（民族誌）と呼んでいました。しかし，フィールドワークという語彙は，研究室や図書館の外の仕事全般を指す用語であったこと（伊藤 2008），そのため，視察でも考古学の発掘でも何でもフィールドワークと呼びうるという混乱があり，さらに，英語圏での用法の影響もあって，近年は，文化人類学的なフィールドワークとほぼ同義のものとしてエスノグラフィ（ないしエスノグラフィックリサーチ）が用いられるようになりつつあります。

(3)　なお，ここでの研究（新規性があるか否か）と実務（役立つかどうか）という二分法はあくまでも説明のためのものです。もちろん，新規性のある学術/学問上の発見や発明をもとにして新しい事業を開始する，あるいは，既存の事業がそれらの発見や発明をもとに一変するということは大いにあり得ることです。また，分野の個別性もあります。いかに実務に役立つ理論や方法を提示するか，という点で新規性を学術/学問的に追求する経営学や工学などのような分野も多々ありますし，文化人類学においてもその知見を問題解決に役立てようという動きもないわけではありません（伊藤 2009, 2020a）。ここでは説明のために単純化しています。

⑷　これは企業の実践例ですが，きれい／汚いといった線引き（バウンダリーワーク）への注目は，人類学の過去の研究の蓄積にもつながるものです。

⑸　後述のコト化（サービス化）の議論も参照。

⑹　モノ発想でなく，当事者がなし遂げたいコトに注目した（コト発想）という点で，部分的に（ⅱ）に近いものともいえます。

⑺　小規模の企業組織で，若手社員は中途採用ばかりという状況であるため，そのような提案になりましたが，別の組織であれば，その組織や状況に沿った，別の観点による問題解決の提案となることでしょう。

⑻　ビジネス人類学（business anthropology）は，人類学の理論や方法を企業組織やビジネス環境における人間研究に適用するもので，80年を超える長い歴史を持ちます。そうした研究領域は1930年代以降，産業人類学（industrial anthropology）や組織人類学（organizational anthropology），企業人類学（enterprise anthropology）などの名称で呼ばれてきましたが，比較的最近になって，ビジネス人類学という名称が定着しつつあります（Jordan 2018, Ito 2020）。

⑼　馴れきった「あたりまえ」の枠組みを，別のフレッシュな目で捉え直そうとすることを，「馴質異化：making the familiar strange」と言い換えることもできます（伊藤 2020a：325）。

⑽　R. デニーは例を挙げています。既存の洗剤における顧客のニーズを知りたいとクライアント企業が人類学者に依頼するとします。人類学者はそれをそのまま調べる代わりに，「今日のわれわれにとって『きれい』とは何か」という疑問へと，問いをリフレームする（別の枠で捉え直す，再定義する）のだ，と言っています（Denny 2002：156-7, Jordan 2003：89）。クライアント企業が抱いている枠組みを問いなおすことから人類学者は始めるということです。

⑾　実務の世界では効率的で即答的なソリューションが求められます。それに対し，人類学はしばしば問題の再定義から始めようとします。別の定義の可能性などを示唆する学問的意義はもちろんありますが，それによって判断が遅延され，問題解決への答えは先延ばしになります。人類学はそもそも問題解決指向の学ではないのかもしれません。例えば開発の文脈においても，前提を問い直すことが「ちゃぶ台ひっくり返し」になってしまうため，人類学者は開発プロジェクトで煙たがれることも多いようです（佐藤 2008：3, 伊藤 2009）。しかし，答えを誰かが出さねばならない場面で，人類学の強みを活かしつつ，少しでもよりよいソリューションを目指すべき（そのような課題に人類学者も積極的に参画すべき）と考えます。

⑿　共感というのは人類学者が努めるべきことではありますが，言うほど単純ではありません（伊藤 2020b）。

⒀　実務の場合，学術/学問の専門家でない人たちに理解できるような書き方をする

必要があります。「実務家のための定性調査者は，自分の調査の結果を有用にして理解しやすくする責任がある。多くの（もしくはほとんどの）実務家は，調査方法または理論的な言語に精通しておらず，方法や理論などを勉強する時間も興味もなくなりがちである。率直にいえば，彼らは結果のためにお金を払うのである。成功する実務家向けプレゼンテーションの鍵は，簡潔で，適切で配布しやすい形で，有用で適切な結論を示すことである」（Belk et al. 2012=2016：282）。

⑭　調査では写真や動画を撮るだけでなく，フィールドノーツを記述・作成することを推奨します。記述する中で，書き手の「気づき」を誘発するからです。紙のノートであれワープロであれ，書くこと（フィールドノーツの作成）は，対象についての「解釈や理解，納得といった振り返りのプロセスを可能にする」と言えます（Belk et al. 2013=2016：115，伊藤 2021）。なお，ここでは詳述しませんが，データは，調査に行かない他人と共有するわけですので，それなりの粒度（調査に行かない他人にもわかるきめ細やかさ）のフィールドノーツにする必要があります（伊藤 2021）。

⑮　調査結果を，プロジェクトメンバーで共有し，ワークショップ形式ないしディスカッション形式で仮説を構築していくことを「ダウンローディング」と呼ぶこともあります（木村・内藤・伊藤 2019）。

文献

Belk, Russell, Fischer, Eileen and Kozinets, Robert V., 2012, *Qualitative Consumer and Marketing Research.* Sage.（松井剛訳，2016，『消費者理解のための定性的マーケティング・リサーチ』碩学舎。）

Denny, Rita, 2002, "Communicating with Clients," Squires, Susan and Bryan Byrne eds., *Creating Breakthrough Ideas: The collaboration of anthropologists and designers in the product development industry*, Bergin & Garvey, 147-159.

Jordan, Ann, 2003, *Business Anthropology*, Waveland Press.

Jordan, Ann, 2018, "The Significance of Enterprise Anthropology in Asia," *Global Economic Review*, 47(1): 20-27.（伊藤泰信訳，2020，「アジアにおける企業人類学／ビジネス人類学の意義」八巻惠子編『企業実践のエスノグラフィ』東方出版，8-22。）

伊藤泰信，2008，「フィールドワーク──課題発見型・仮説構築型の現地調査」杉山公造ほか編『ナレッジサイエンス──知を再編する81のキーワード』（改訂増補版）近代科学社，110-111。

伊藤泰信，2009，「学という市場，市場のなかの学──人類学とその外部環境をめぐって」織田竜也・深田淳太郎編『経済からの脱出』春風社，25-55。

伊藤泰信，2012，「別様でもありえた学，別様でもありうる学——作動中の人類学を
　めぐる試論」風間計博・中野麻衣子・山口裕子・吉田匡興編『共在の論理と倫理
　——家族・民・まなざしの人類学』はる書房，377-398。

伊藤泰信，2015，「民族誌なしの民族誌的実践——産業界における非人類学的エスノ
　グラフィの事例から」『九州人類学会報』42：17-21。

Ito, Yasunobu, 2020, "Contact Zone of Anthropology of and in Business: Inspiring
　Synergy between Anthropology and Industry in Japan," *Japanese Review of
　Cultural Anthropology,* 20(2): 7-25.

伊藤泰信，2020a，「文化人類学の視角と方法論を実務に活かす——ビジネスエスノグ
　ラフィの可能性と課題」八巻惠子編『企業実践のエスノグラフィ』東方出版，
　311-337。

伊藤泰信，2020b，「調査する側とされる側，観念的同一化と共感——本多勝一」清
　水展・飯嶋秀治編『自前の思想——時代と社会に応答するフィールドワーク』京
　都大学学術出版会，105-144。

伊藤泰信，2021，「エスノグラフィと文化人類学の視点」飯田淳子・錦織宏編『医
　師・医学生のための人類学・社会学——臨床症例／事例で学ぶ』ナカニシヤ出版，
　17-26。

木村周平・内藤直樹・伊藤泰信，2019，「1.5次エスノグラフィから見えるもの——
　『文化人類学する』ことについての協働的考察」『文化人類学研究』20：104-118。

Lusch, R. F., and S. L. Vargo, 2014, *Service-Dominant Logic: Premises, Perspectives,
　Possibilities,* Cambridge University Press.（井上崇通監訳，庄司真人・田口尚史
　訳，2016，『サービス・ドミナント・ロジックの発想と応用』同文舘出版。）

大戸朋子・伊藤泰信，2017，「人類学者と企業研究所との協働をめぐって（2）——
　企業内エスノグラファーの視点から」日本文化人類学会第51回研究大会，2017年
　5月28日，神戸大学。

佐藤寛，2008，「開発と人類学——特集にあたって」『アジ研ワールド・トレンド』
　151：2-3。

第Ⅱ部

国内における事例集

鈴木涼太郎

1 観光関連企業の現場での調査

　観光をテーマにした学生のレポートや卒業論文において，観光関連の企業は定番の研究対象である。ホテルや航空会社，旅行会社やテーマパークはもちろんのこと，近年ではインバウンドや MICE[(1)] と関連して観光関連企業を取り上げる学生も数多い。さらにもう少し広く観光・ホスピタリティ産業全般を視野に入れてみると，レストランやカフェを対象とした研究も珍しくない。

　一方で観光を学ぶ学生が人類学的なフィールドワークをする現場といったら，どのような場所が想定されるだろうか。上記のような企業の現場よりもむしろ，ある特定の観光地を思い浮かべる人が多いかもしれない。企業の現場は，インタビュー調査やいわゆるアンケート調査の対象にはなっても，人類学的なフィールドワークの対象としてイメージすることが難しい。観光ビジネス，企業の現場は，観光学においては身近な研究対象であるものの，人類学的なフィールドワークの場としてはどちらかというとマイナーな存在なのである。

　そこで本章では，観光関連企業の現場を対象とした調査の事例について，筆者が旅行会社で行ったフィールドワークをもとに紹介することとしたい。以下，企業というフィールドの特徴や，大学生が企業を調査するための方法について整理した上で，筆者が博士論文執筆のために東京都内の旅行会社で行った調査時のエピソードをもとに，観光ビジネスの現場でフィールドワークをする可能

性について検討してみたい。

2　マイナーなフィールド？
―企業での調査へのハードル―

　観光ビジネスにかかわる企業の現場がフィールドワークの場としてマイナーであるのにはいくつか理由が考えられる。観光関連産業を対象とする研究は，その企業活動に直接的にかかわる研究，端的にはマネジメントやマーケティングの研究を参照することが多い。そこでは，企業の問題解決，顧客満足や収益の向上を目的に研究が行われる。その場合，基礎とする学問分野は経営学や消費者行動論などが中心となり，調査手法は質的方法よりも量的方法が重視される。これらの現場は，人類学的なフィールドワークとは対照的な調査技法を基本とする学問分野から接近されることが多いのである。また観光人類学の研究成果の多くが特定の観光地を対象としていることも，企業がフィールドワークの対象としてマイナーであることの一因であるといえるだろう。それは，この分野の古典『ホスト・アンド・ゲスト』（Smith ed. 1989＝2018）が，地域に暮らす人々（ホスト）とそこを訪れる観光客（ゲスト）の相互作用に焦点を当てていたことにも表れている。

　だが，企業のマネジメントのために必要なデータがすべて量的な形で存在しているわけではないし，単発型のインタビュー調査で補完するにも限界がある。一方で人類学の研究対象が特定の地域に限られるわけでもない。すでに企業や組織の人類学的研究は数多く行われており，そのなかには観光・ホスピタリティ産業を対象としたものも存在する。[2]また本書第6章で紹介されているビジネスエスノグラフィのような取り組みもある。

　むしろ何らかのきっかけで，観光人類学を専攻する学生が観光・ホスピタリティ産業の現場に興味を持ったのであれば，あるいは観光マネジメントを学ぶなかで必ずしも量的方法では明らかにしえないリサーチ・クエスチョンが設定されたのであれば，人類学的フィールドワークによってそれらの現場を研究することは不可能ではない。だが，実際に大学生が企業の現場をフィールドにしようとすると，通常の観光地で行う調査とは異なるハードルもたしかに存在し

ている。

　例えば，地域外から訪れた大学生が観光地に立ち入ることは他の観光客と同じように誰にでもできるのに対し，企業の内部，つまりオフィスに部外者が入ることは，一般的に難しい。大学生が日本国内の観光地で調査を行う場合，その場所を訪れるだけであれば，調査許可が必要になることはめったにない。自治体の観光課や観光協会に事前にアポイントを取って訪れれば，インタビュー調査に協力してもらえることもあるだろうし，そこから調査対象となる組織や人物を紹介してもらえるかもしれない。

　しかし観光ビジネスにかかわる企業の場合はどうであろうか。一般客が出入りする店舗までは入って行くことができるが，接客カウンターや外来者受付の向こう側，バックヤードのオフィスに部外者が立ち入ることは困難である。実際に筆者が行った調査でも，企業でのフィールドワークにおいては受け入れ許可が出るまでにさまざまな手続きが必要となり，それまで経験していた地域の調査とは異なる諸条件も存在していた。

　まず困難を感じたのは，調査目的の説明である。現場の問題解決と直接かかわる経営学や組織論以外の目的での調査をする場合，調査の目的そのものが理解されにくい。観光人類学の理論を逐一企業の担当者に説明するわけにもいかず，かといって調査目的を偽って調査への協力を求めることもできない。筆者の場合，目先の企業利益につながらなくとも，観光の発展のためになる基礎研究であることをなるべく相手に理解してもらえるよう表現を変えながら粘り強く説明した。

　次に，調査者の活動が必ずしも日常の業務活動に貢献するものとは限らないため，企業や組織にとって調査者を受け入れることが負担となる。観光地であれば，調査目的とはいえ地域外からの来訪者という意味では他の観光客と同等の存在ともいえる。だが企業の経営者にとって調査者は，利益を生まないばかりか，コストを増やすばかりの無駄な人間である。また現場のスタッフは，育った頃には組織を去る「新入社員」を教育しなければならないという負担を抱え込むことになる。

　筆者の旅行会社における調査では，許可取得に最も時間がかかったのは労働組合での審査であった。対象企業への依頼は，所属大学院から調査許可を得る

ための正式なレターを提出し，各企業の担当者から内諾を受けるまで順調に進んだ。しかし直前になって労働組合の許可を得る必要が発生し，調査開始が延期された。労働組合が懸念したのは，調査者の存在が現場に追加の負担を生じさせ職場の労働環境を悪化させるからだけではない。仮に調査者が企業での業務を一人前にこなすようになったとしたら，代わりに現在雇用されている契約社員やアルバイトが解雇される事態が発生することまでも懸念されていたのである。

　さらに，企業情報漏洩の不安もあげられる。調査者は，意図的に企業機密を得ようとせずとも，企業内部で調査を行えば，社外秘の資料などにも容易にアクセス可能となる。そのため情報漏洩に関する誓約書を提出し，調査結果を公表する際には対象となった企業や人物が特定されないよう配慮することを求められた。また現場の社員からは，「社内スパイ」のような疑いをかけられるかもしれない。調査中には，本社や人事部が「日常の業務が円滑に行われているのかをチェックするために筆者を送り込んだのではないか」というような警戒感がスタッフから伝わってくることもあった。

　いずれにせよ観光ビジネスにかかわる企業の現場は，マイナーなだけでなくハードルが高いフィールドともいえるのである。

3　身近で気軽なフィールド？
—「お客様」，アルバイト，インターンシップ—

　だが，ここまで読み進めてきて疑問に思う方もいるのではないだろうか。たしかに正式な調査許可を取って企業の内部に入ることには困難を伴う。しかし別の方法で大学生が企業の現場を調査することはいくらでもできるのではないかと。

　例えば観光地に「観光客」として滞在することが可能なのであれば，接客の現場である店舗であればある程度までは「お客様」として滞在できるし，ホテルやレストランでお金さえ払えば，とりあえず居場所は一定時間保証される。もちろん多額の費用がかかる店舗なら難しいかもしれないが，それほど高額ではないカフェなどの飲食店であれば，学生であっても継続して通うことは不可

能ではない。常連となって店員と信頼関係ができれば聞くことのできる情報も広がるだろうし，他の常連たちの人間関係を探ることもできる。(3) もちろん，店舗の迷惑になるような長居や，他の客に不審がられるような形で滞在することは厳に慎む必要があり，長期に渡ってたびたび訪問する場合は，調査目的を話して店の許可を得る必要もあるだろう。第2章でもふれられている調査倫理について，常に心に留めておく必要がある。だが考え方によっては，「お客様」としてフィールドに参与することは業種によっては不可能ではないのである。

　そして何よりも，「オフィスの内部に入る方法」として大学生におなじみなのは，アルバイトとインターンシップである。観光・ホスピタリティ産業は，接客の現場などに多数の人員が必要とされる一方で，求められる技能は単純であることも少なくない。高級ホテルでも接客補助でアルバイトを雇用していることがあり，一般的な飲食店，駅や空港では数多くの学生がアルバイトをしている。インターンシップにも，毎年多くの大学生が参加している。採用活動の一環として行われる会社説明会代わりの「1日インターンシップ」ではなく，1週間から数ヶ月単位で就業体験をするインターンシップであれば，一定期間企業のお墨付を得て現場に滞在することができる。

　アルバイトは収入を得るため，インターンは就業体験をもとに将来のキャリア設計や就職活動につなげるためなど，調査研究とは異なる目的で行われる活動である。しかし，ここで行う作業はフィールドワークとまったく性格の異なるものなのだろうか。例えば飲食店でアルバイトをするならば，まずスタッフの名前を覚え，テーブルの配置をはじめとした店舗の構造を理解し，メニューを覚え端末の操作方法を学び，というように業務の基本を理解する。その一環でマニュアルを読んだり，OJTで先輩スタッフの教えを受けたりすることもある。それらすべてを丸暗記することができなければ，メモを取ることもあるだろう。同僚とも打ち解け仕事に慣れてくれば，日常の業務を効率的に進めるためのチームワークの質も高まってくる。

　このようなプロセスは，調査者となって企業の内部に入った場合と大きく異なってはいない。調査をするにあたっても店舗業務の基本を覚えることは必須の過程であり，スタッフたちとの信頼関係を築くことも必要なはずだ。その組織を体系的に理解するという目的に立てば，アルバイト向けの業務マニュアル

は何よりも貴重な資料になるはずである。

　インターンシップも同様である。もし希望する企業のインターンシップに参
加できれば，正式な身分保障のもとで現場に入ることができる。就業体験を通
じて業務を理解するという意味ではフィールドワークと変わらず，むしろそれ
らが体系的なカリキュラムになっていることもある。インターンシップが大学
の授業科目として行われる場合は，あくまでも学びの場として設定されている。
「実習日誌」の提出が義務であったり，事後レポートを課されたりすることも
あるだろう。そのためには，仕事中にメモを取ることはむしろあたりまえであ
り，1日に経験したことを記録し振り返ることが推奨される。観光地で行うフ
ィールドワークと行っていることはほとんど変わらず，違いは調査テーマが設
定されているかどうかだけである。

　もちろんアルバイト先の雇用主は，学生に時給分の仕事をしてくれることを
期待しており，調査のための作業によって仕事の質が落ちることを良しとはし
ない。論文として内部情報が公表されることを想定しておらず守秘義務もある。
だがアルバイト先によっては，調査の趣旨を理解して（あるいはシフトに入って
くれることを期待して）卒業論文に協力してもらえるところもあるだろう。イン
ターンシップにおいても大学が提供しているプログラムであれば，事後報告や
レポート作成のためにメモを取ることは簡単にできる。要は本人の気持ちと工
夫次第でアルバイトやインターンシップを観光ビジネスの現場のフィールド
ワークへと転ずることも可能なのである。

　では実際に観光ビジネスの現場で調査をする機会を得たとしたら，どんなこ
とに留意する必要があるのだろうか。次節では，筆者の経験をもとに大学生が
調査する際のヒントとなる調査技法について考えてみたい。

4　旅行会社のカウンター業務の調査事例

旅行会社「かえでトラベルN支店」

　筆者は博士論文において旅行会社という研究対象を扱うことにした。その理
由は，先にもふれたように，これまでの観光人類学の研究では，特定の観光地
とそこを訪れる観光客の相互作用に焦点を当てる研究が中心で，観光産業につ

いては十分な関心が払われていなかったからである。しかし観光現象を総体的に理解するためには，観光地と観光客を媒介する文化仲介者として観光産業を捉え，その最前線に位置する旅行会社を対象化する必要性を感じたのである。[4]

　そして先に述べた受け入れをめぐる紆余曲折を経て最初の調査地となったのが，一般消費者向けにパッケージツアーや各種チケットを販売する旅行会社「かえでトラベル」（仮名）のN支店であった。N支店は，周辺にデパートやオフィスビルが立ち並ぶ東京都心の繁華街に立地している。旅行会社の店舗としては比較的大規模で，大通りに面した1階が国内旅行，2階が海外旅行のカウンター，3階が法人営業部門のオフィスとなっていた。この支店において，筆者は「店頭販売課」に所属し，主に1階の国内旅行フロアで，ロビーマネージャー職を担当しながら，JR券や航空券の販売などを行うチケットカウンターの補助，パンフレットの補充から店内清掃，街頭でのパンフレット配布などの業務についた。

　ロビーマネージャーの業務は，来店者の要望に応じて適切なカウンターへ案内したり，パンフレットを探したりすること，各種チケット類の申込書の記入方法を案内することなどである。プラスチックボードに挟んだ「ヒアリングシート」を携帯し，混雑時には随時来店者の旅行予定などを聞くことも仕事である。そのため筆者は，ヒアリングシートの間にノートを挟み，業務の合間にメモを取ることが可能であった。そして観察で気づいたことなどを後でスタッフに質問するというのが，基本的な流れであった。

　このように，観察とインタビュー中心の調査を行っていたのだが，もちろん毎日の調査がすべて順調にいくわけではない。むしろ，調査初期には思うように話が聞けなかったり，期待した調査データを収集ができなかったりという状況が続くこともあった。何より開始直後は，自らの業務を覚えることで精いっぱいである。来店者から質問されたパンフレットがどこにあるのか，JRと私鉄，さらに航空券でそれぞれ異なるチケット申込書の記入法など，覚えなければならない業務知識は無数にある。もちろん，国内フロアで約20人，支店全体で50人ほどいるスタッフの名前も覚えなければならない。そのような業務の合間に，調査を行うのである。[5]

　それまで経験していた観光地の調査では，通りすがりに偶然出会った方から

情報提供者を紹介してもらったり，研究とは直接関係ない話を地域の古老とし
ているなかで必要な情報が得られたりすることがあった。だが企業での調査で
は，周囲のスタッフがみな業務に没頭しているためそのようなきっかけも得ら
れず，調査らしい調査がまったく進まないという焦りを感じることもあった。

　そもそも筆者は，かえでトラベルN支店では，カウンターでの旅行相談に
おける会話の分析をしたいと考えていた。膨大な選択肢の中から特定の観光地，
旅行商品が選択される過程において，観光地に関するイメージやまなざしがス
タッフと来店者の相互行為のなかでいかにして構築されていくのかを明らかに
できないかと期待していたのである。[6]

　しかしすぐに気づいたのは，実際にカウンターでのやり取りを記録するのは
困難だということである。自身の業務として，次々とやってくる来店者をカウ
ンターに案内したり，パンフレットを探す手伝いをしたりしていれば，会話を
最初から最後まで記録することはできない。そもそもカウンターでの接客中に
別の店員が横でメモを取るという行為は明らかに不自然である。当然のことな
がら，隣のカウンターの会話も耳に入ってくる。そうでなくても都内の路面店
のため，騒音だらけで正確な記録は難しい。

　2週間ほどフロアマネージャーの仕事をやってみてわかったのは，6つある
カウンターすべてはもちろんのこと，ただひとつのカウンターに限っても，ス
タッフと来店者のやり取りを最初から最後まで逐一記録するのは不可能だとい
うことであった。ましてや，発話者の表情や会話における「間」などを詳細に
観察し記録することなど絶対にできない。正直なところ記録することが可能な
のは，来店者の性別とおおよその年齢，カウンターに着席した時間と離席した
時間といった「ぱっと見るだけで」把握可能な項目だけだったのである。

　そこで当初の調査計画は狂ってしまったが，とりあえずできることだけでも
と思い，上記の項目を記録することから始めた。来店者の情報について走り書
きでもメモを作成し，比較的余裕のある時間や昼休みなどに整理する。不明な
点等があればスタッフに確認をする。そして帰宅後にメモした記録をパソコン
に入力する。目的もあまりはっきりしないままではあるが，とりあえずできる
範囲でデータを蓄積するだけはしてみようというつもりだった。

　だが，この作業も順調にはいかない。不慣れな業務と同時並行の調査である。

どうしても業務が忙しい時間はすべてのカウンターについて記録を残すことはできず，シフト制で働いているため自らの休憩時間も自由にならない。さらに2週間ほどたって，現実的に「すべての来店者情報」を整理可能なのは，フロアマネージャーの筆者の定位置である店舗入り口付近の3つのカウンターに限って，という条件の下であった。

「長いお客さん」の発見

　そうして限定的ながら来店者の情報を蓄積しさらに1週間がたった頃，データをあらためて整理してみた。男性女性どちらが多いのか，年齢層はどれくらいか。結果は出たのだが，それはN支店の立地特性によるもので一般化できるものではなく，あまり研究上意味のあるものにも思えなかった。若干の徒労感すら覚えた。だが，ひとつだけ予想外に興味深い結果が出た項目があった。それはカウンターにおける接客時間の分布である。

　観察していても，比較的短時間で接客が終了する来店者もいれば，長時間店舗に滞在する人もいることは明らかだった。なかにはカウンターに1時間以上座っている客もおり，昼食をはさんで7時間という来店者もいた。平均の滞在時間は20分ほどで，これ自体は体感していたものと変わりはない。だが滞在時間の分布は想定外であった（図7-1）。

　図からも明らかなように，カウンターでの滞在時間は10〜20分程度の来店者が最も多く，その後時間が長くなるにつれ数は減っていく。しかし40分を過ぎたあたりから再び増加に転じ50分から55分にかけて再びピークを迎えるのである。来店者の滞在時間は正規分布ではなく，ラクダのこぶのようにふたつの山が存在していた。

　さて，この結果をどのように解釈したらよいのだろうか。カウンター担当のスタッフ数人に聞いてみると，1時間前後になる「長いお客さん」はみな常連客ではないか，という意見が大勢を占めていた。たしかに常連客の多くは，カウンターに座ってもすぐに旅行の相談が始まるとは限らない。世間話から始まり，前回旅行のみやげ話にも花が咲く。次回旅行の相談が始まっても宿泊地の選択に悩んでいるうちに過去に宿泊したホテルの自慢話へと脱線することもある。結果，カウンターでの接客時間が1時間に及ぶのである。

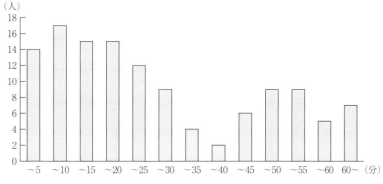

図7-1　N支店1～3番カウンターにおける接客時間の分布

出所：筆者作成

　このグラフの解釈については，博士論文の調査目的においてあまり重要ではなかったためそれ以上考察を深めることはしなかった。だが，この「長いお客さん」をめぐる調査データは，その後の筆者の調査に大きな影響を与えることになった。

予想外の協力者

　データを整理した直後，筆者は控室の机を同じくする嘱託勤務の男性に調査結果について雑談の中で少し話をした。そこではそれほど話が盛り上がるわけではなかったのだが，しばらくして，店頭部門の責任者である課長が筆者のところにやってきた。嘱託勤務の男性から話を聞いて興味を持ち，その内容を詳しく聞かせてほしいというのである。

　課長とは調査受け入れ前からたびたび面談を行って調査目的や留意事項などについて話し合ってきた。旅行会社でのフィールドワークという異例の依頼にもかかわらず，決して嫌な顔をせず誠実に対応してもらった。とはいえ，調査開始後は日常的な挨拶程度で必要最低限のかかわりしか持たなかった。昼食時を利用したインタビューを申し込んだが，業務多忙を理由に調査開始から1ヶ月が過ぎても実現しないままだった。そんななか，課長の方から筆者へのアプローチがあったのである。

　課長が興味を示したのは，まさにカウンターでの平均接客時間についてであ

った。N支店のカウンターは，しばしばウェイティングが発生する。来店者は相談内容によって番号札を引いてカウンターが空くのを待つが，待ち時間が30分を超えるときもあり，しびれを切らした客がそのまま帰ってしまうことも少なくない。混雑に嫌気がさした客は，他の旅行会社で申し込みをするかもしれない。そうなると，N支店としてはせっかく来店した客をみすみす逃してしまうことになる。課長は，なるべくウェイティングを減らしカウンターの来店客を効率よく入れ替えるための方法に頭を悩ませており，筆者のデータがその対策について検討するための基礎資料になるのではないかと考えたのである。

　先のグラフを見た課長は，カウンターの回転において非効率な客が一定数いることを再確認した。平均接客時間を考えると1時間で3人対応できるところを，1時間以上居座る客によって占められてしまうのは機会損失である。グラフでいう「ふたつ目の山」をいかに低くし正規分布に近づけていくかが，効率的な店舗運営において重要であるという認識を持ったようであった。そのため標準的な接客時間を数値で設定することも検討していた。そして課長は，「鈴木さん，これ朝礼でプレゼンしてくれない」と依頼してきたのだ。

　N支店の朝礼は，毎朝開店の20分ほど前に行われる。課長から簡単な業務連絡があったのち，各セクションの係長からの情報共有が行われる。筆者も調査開始以降，毎日出席していたが，開始初日に挨拶を行ってからは発言などすることはなかった。久々に朝礼でスタッフ全員の前で話をするとあって，やや緊張したことを覚えている。その日はA4用紙にグラフを印刷し，調査方法とともに結果の要点を数分で説明した。興味深く耳を傾けているスタッフもいれば，無表情で興味があるのかないのかわからないスタッフもいた。筆者の後を受けて課長が，効率的な業務のためなるべく長時間の接客は避けるよう，特に混雑時には早めに切り上げるよう要請をした。筆者の調査結果は，彼の業務効率化に向けた取り組みのエビデンスとして提示されたのである。

　さて，朝礼をきっかけに大きく変わったのは，データに関する自身の考えを話してくれたり，まさに「長いお客さん」の事例を話してくれたり，自発的に情報提供してくれるスタッフが次々と登場したということである。それまで業務の邪魔にならないように恐る恐る声がけしたり，声をかけても多忙で対応してもらえなかったりした筆者からしてみると，1日にしてインタビュー対象者

に困らない幸運な状況となったのである。そこで語られた内容は，直接的には
「カウンター業務の効率化」という課長の話と関連していたのだが，接客事例
の具体的なエピソードであり，結果として筆者が当初から分析したいと考えて
いた「カウンターにおけるスタッフと客の相互行為」の事例に他ならなかった。
期せずして，望んでいたデータの収集が可能になったのである。

「長いお客さん」のジレンマからみえたもの

　それまでは業務が多忙でほとんど会話を交わしたことのなかったある係長は，
朝礼の数日後，昼食をともにしながらこんな話をしてくれた。カウンター業務
のジレンマは，課長の言うように「長いお客さん」によってほかのお客さんを
逃してしまうことにある。だがその多くは，N支店の常連客が占めている。彼
／彼女らは，他社の商品と比較することなく，N支店を利用してくれる。スタ
ッフに任せておけば楽しい旅行ができると信頼してくれており，予算の範囲内
であればおすすめのツアーに申し込む。旅行券などの販促キャンペーン時には，
スタッフのノルマを気遣って購入してくれたりもする。効率は悪いものの，支
店の売り上げに貢献していることに疑いはない。一方で，短時間の接客で済む
通りすがりの客は，たまたま安価で必要とする商品があったからN支店を利
用しただけで，次の機会には別の会社の商品を申し込むかもしれない。どちら
が売り上げに貢献してくれるか，何とも言えないというのである。

　そしてもうひとつのジレンマは，「長いお客さん」の多くを占めている常連
客は，N支店のスタッフでも中堅以上の能力が高いスタッフの顧客だというこ
とである。顧客の要望を的確にヒアリングし，豊富な知識をもとに満足しても
らえるツアーやホテルを提案できるのは，それなりのキャリアを積んだスタッ
フであり，だからこそ常連が付く。その意味で「長いお客さん」を多く抱える
ということは，そのスタッフが優秀であることの証でもある。調査当時はすで
にウェブによる旅行申し込みの比率が増加し，旅行会社における店頭業務の意
義が揺らぎつつあった。そのなかで，あえて店頭で申し込みをする，しかもN
支店のスタッフをご指名で訪れる常連客の存在は，カウンターの回転上は非効
率とはいえ，スタッフのやりがいでもあった。

　「長いお客さん」は，管理職も含め店頭のスタッフが共有する課題であった。

それゆえ筆者が行った朝礼での簡単なプレゼンテーションは多くのスタッフの関心を惹くことになり，自らが経験した接客事例などを問わずとも語ってくれるようになった。さらにそのやり取りからは，Ｎ支店内の人間関係やカウンターでの接客業務で求められる各種のスキルなど，それまでの調査では把握することのできなかった幅広く興味深い情報を得ることができた。当初の調査目的とは直接かかわらない「とりあえず調べてみた」データが，結果としてＮ支店のスタッフたちとの信頼関係を築くきっかけとなり，現場で働く人々の目線から旅行会社の業務を捉え直す上で非常に大きな役割を果たしたのである。

　調査受け入れ時にはレターを持参し，支店長や課長には調査の趣旨を丁寧に説明し，調査初日にも朝礼で全スタッフに調査目的を説明した。だが管理職もスタッフたちも筆者の調査の意味とは何かをすべて理解していたわけではない。好意的であったものの，普段はどう扱っていいのかわからない不思議な存在として筆者は捉えられていたであろう。しかし「長いお客さん」をめぐる調査結果は，管理職をはじめスタッフたちが日常業務で感じていた店頭業務の問題点を可視化することで，筆者と会話する上での共通の基盤を提供してくれたのである。

5　大学生のフィールドワークのために

　やや長々と「長いお客さん」をめぐる筆者の調査経験について記してきた。もちろん具体的な調査環境や条件は個別に異なるため，同様の調査手法がつねに可能なわけではない。だがあらためて，大学生がアルバイトやインターンシップなどの場を利用して観光関連企業をフィールドワークすることになった場合，この事例が示唆している点について３つの側面から整理してみたい。

　ひとつ目は，当然のことであるが，調査を始めたらフィールドとなった現場でかかわる人々に迷惑をかけることなく，その場で求められる「常識的なふるまい」を身に付けることが必須だということである。この「常識的なふるまい」とは，「お客様」として滞在するのであれば，店舗などの営業妨害になるような行為や，スタッフやほかの客が不快に思うような行動を慎むことであるが，アルバイトやインターンシップであれば，そこで求められる最低限の業務

スキルを確実に覚え遂行すること，一人前のスタッフになることでもある。

　旅行会社に限らず企業の現場では，調査者はたんなる傍観者としてその場にいることはできない。調査者も組織の一員であり，日常の業務をひと通り覚えなければ，他のスタッフに迷惑がかかる。仕事も覚えず迷惑をかけているのに業務終了後インタビューを申し込まれても，スタッフたちは困惑するだろう。むしろ基本業務を覚え，スタッフたちと同じ土俵で業務に関する議論ができるようになってこそ，アルバイト先に調査が可能かどうか相談することができるし，相手が調査者を信頼し，より深い情報を聞き出すためのインタビューが可能となる。もし自分のアルバイト先をある特定の研究テーマの下で調査するのであれば，すでに業務の理解や信頼関係の構築においてアドバンテージを得ているともいえよう。

　信頼関係の構築という意味では，昼休みや業務終了後の飲食の場なども大きな意味を持っている。筆者自身，それまで行っていた地域の民俗芸能の調査では，幅広い世代の芸能の伝承者たちと夜遅くまで酒を酌み交わす場を通じて信頼関係を構築していったことが多々ある。企業の現場でも業務終了後の飲み会はお互いを知る上で非常に良い機会で，Ｎ支店では社員旅行にも同行させていただいた。ただし，それもまず「最低限の仕事ができる／一人前のスタッフになる」ことが前提である。

　ふたつ目は，「長いお客さん」の事例のように，調査目的とは直接リンクしていなくても，現場の当事者にとって関心を惹くようなデータがあれば会話の共通基盤が形成されるということである。あくまでも「長いお客さん」の発見は偶然であったが，同様の事例は筆者がその後行った別の旅行会社での調査の際にもたびたびあった。大学生が調査を行う場合も，例えば調査テーマが観光関連企業における「感情労働」や「ジェンダー」であったとしても，それをそのまま対象者に問うのではなく，スタッフたちの日常業務における関心事に寄り添った形で調査を進めていくことで，信頼関係も生まれるし，「こいつとは真剣に話ができる」と思ってもらえるきっかけにもなる。企業に限らず，観光の現場には，目的も立場も多種多様な人々がかかわっている。利害関心の偶然の重なりが研究の新たな展開につながりうるのは，まさに長期間現場に身を置くフィールドワークならではといえるだろう。

　3つ目は，観察の重要性である。フィールドワークがさまざまな方法の組み合わせによって成り立っていることを頭では理解していても，「調査＝インタビュー」という先入観に陥ってしまい，うまくインタビューができないと調査が滞っていると考えがちな学生も筆者の経験では少なくない。しかし現場に身を置くことが許されているのであれば，その場でしかみることができない出来事を観察することこそが調査において重要な意味を持つ。

　特に接客場面の出来事を調査テーマにする場合，偶然その場に居合わせた客としてでも観察することが可能な事柄が数多く存在している。したがって企業の内部情報に触れなくとも，個人情報を除き「他の客がたまたま目にした範囲で知ることのできる情報」を，その場に長時間滞在できるという特権をもとに信頼性のあるデータに変換することができるのである。だからこそメモをつねに携帯し，見たこと感じたことを逐一記録することをお勧めしたい[7]。

　レポートや卒業論文を執筆するために観光ビジネスの現場を調査することは，正式な許可を得て行うにはハードルがやや高いところもあるが，アルバイトやインターンシップの場を活用すれば決して不可能ではない。企業の現場を対象としたフィールドワークは，工夫次第で十分可能である。むしろ，遠くの観光地に長期滞在する機会は春休みや夏休みといった長期休暇に限られ費用もかさむのに対し，近場の企業やアルバイト先は，いつでも，何度でも行くことができる身近で気軽なフィールドともいえる。行きつけのカフェや，普段何気なく過ごしているアルバイト先，あるいは将来のキャリアを検討するインターンシップで，適切な研究テーマを設定することができれば，観光関連企業での人類学的フィールドワークは魅力的な取り組みとなるだろう。その研究成果は，企業や観光地の「成功事例」を表面的になぞっただけのありきたりのレポートに比べて，はるかに知的水準の高いものとなるだろうし，「長いお客さん」の事例のように，思わぬ形で観光ビジネスの現場に還元されることもあるかもしれないのである。

考えを深めるために

1）自分のアルバイト先で観光人類学や観光学に関連する研究テーマを設定する
としたら，どのようなものが考えられるだろうか。またその研究テーマに沿っ
た調査を行うためにはどのような観察やインタビューが必要となるだろうか。
2）自分のアルバイト先やインターンシップ先が抱えている業務上の課題とはど
のようなものだろうか。またそれを改善するためにはどのようなデータが必要
になるだろうか。

注

(1) Meeting, Incentive, Convention, Event の頭文字をとった MICE とは，見本市
や国際会議，報奨旅行，オリンピックなどの各種イベントにかかわるビジネスの総
称である。

(2) 例えば日本語で読めるモノグラフとしては，国際線客室乗務員を取り上げた研究
（八巻 2013）や中国に展開する日系旅行会社を対象とした研究（田中 2020）など
があるほか，観光施設のひとつでもある博物館については，人類学的研究が豊富に
蓄積されている。

(3) 一方でスタッフや常連客との信頼関係の構築においては，人間関係が深まること
によって恋愛トラブルや金銭問題などに巻き込まれる可能性もあることを念頭に，
適切な距離感を心がける必要もあるだろう。

(4) 一般にパッケージツアーを扱う旅行会社は，店頭やウェブなどで消費者に商品を
販売するリテーラー，自店舗を持たず商品企画を行うホールセラー，現地での手配
を行うランドオペレーターなどに分業されている。大手の場合はそれらすべてを自
社内で賄う場合もあるが，それぞれの業務に特化した企業も数多い。そこで筆者は
日本国内のリテーラー，海外旅行ホールセラーやベトナムに拠点を置くランドオペ
レーターなどを対象に足掛け2年ほど調査を行った。その詳細については，拙著
（鈴木 2010）を参照されたい。なお本章における企業名などはすべて仮名であり，
調査対象者を特定されないよう一部役職名なども改変している。

(5) ただし筆者は大学卒業後旅行会社に就職し，法人営業業務の経験があった。その
ため旅行業の基本的な業務知識を有していたことが調査においても役立った。

(6) アーリによる「観光のまなざし」をめぐる議論は，観光研究においてたびたび参
照される理論的枠組である（Urry and Larsen 2011＝2014）。既存研究では旅行パ
ンフレットの写真やフレーズ，あるいは観光地の景観を静態的なテクストとして読
み解く傾向が強かったのに対し，筆者は実際にそのまなざしが観光産業のビジネス
の現場でどのように動態的に構築されていくのかに関心があった。また，調査のモ

デルとしたのは，社会学におけるエスノメソドロジーの手法であった。筆者は断念
したものの，企業を対象としたエスノメソドロジーの成果のなかには，接客サービ
スの現場を分析したものもある（水川・秋谷・五十嵐編 2017）。

(7)　この目で見えるものを観察するという調査技法に関連して，大正末から昭和初期
の東京の風俗を徹底的な観察記録によって分析しようとした今和次郎らによる考現
学的な手法は，いまだ示唆に富んでいる（今 1989）。

文献

今和次郎，1989，『考現学入門』筑摩書房。

水川喜文・秋谷直矩・五十嵐素子編，2017，『ワークプレイス・スタディーズ──働
　くことのエスノメソドロジー』ハーベスト社。

Smith, Valene. L. ed., 1989, *Hosts and Guests: The Anthropology of Tourism, second
　edition*, The University of Pennsylvania Press.（市野澤潤平・東賢太朗・橋本和
　也監訳，2018，『ホスト・アンド・ゲスト──観光人類学とはなにか』ミネルヴ
　ァ書房。）

鈴木涼太郎，2010，『観光という〈商品〉の生産──日本〜ベトナム　旅行会社のエス
　ノグラフィ』勉誠出版。

田中孝枝，2020，『日中観光ビジネスの人類学──多文化職場のエスノグラフィ』東
　京大学出版会。

Urry, J. and Jonas Larsen, 2011, *The Tourist Gaze 3.0*, Sage.（加太宏邦訳，2014，
　『観光のまなざし』（増補改訂版）法政大学出版局。）

八巻恵子，2013，『国際線客室乗務員の仕事──サービスの経営人類学』東方出版。

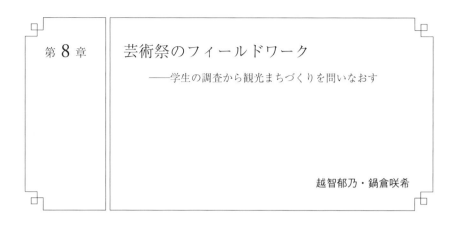

越智郁乃・鍋倉咲希

1 観光まちづくりの広がり

　経済的・社会的に衰退した地域を観光の力で活性化し，地域の人々の活力を取り戻そうという方法や事業は「観光まちづくり」と呼ばれ，2000年代以降の日本で定着してきた。「観光とまちづくり」「観光による地域活性化」という言葉は，今や観光について学ぶ学生でなくとも馴染みのある言葉ではないだろうか。

　1980年代後半のバブル経済期に全国的に展開されたリゾート開発の頓挫に代表されるように，それまで大型旅館が林立してきた温泉観光地のような国内観光地では，日本経済の停滞により，観光客の減少がみられるようになった。他方で，小樽や小布施，由布院などでは，地域の素材を活かした個性的なまちづくりが，観光と密接に関わり合いながら進展してきた。このような展開を反映して，観光振興を見直し，地域の側から観光のあり方を考える動きが強まってきた結果，「まちづくり型観光」「観光まちづくり」などの活動や議論が盛んになっている。

　今では分かち難く結びついているように見えるまちづくりと観光は，かつては相反するものとして考えられてきた。地域住民のために地域環境の維持・向上を目指すまちづくりと，地域の外部から訪れる一時的な観光客に照準を合わせる観光事業のあいだには摩擦や距離があった。しかし，地域経済の縮小は，

地域を外部に開くことを促し，まちづくりと観光は徐々に距離を縮め今日に至っている（西村編著 2009）。観光まちづくりでは，観光振興を目的ではなく手段として考え，従来行われてきた外部からのトップダウン型の開発ではなく，地域内部からのボトムアップ型の地域づくりが目指される。また，観光による外部の人との交流や共感をきっかけに地域資源の発掘や創造が行われ，地域住民のアイデンティティ形成や文化創造に寄与することが期待されている（堀野 2011）。

　これらの取り組みが「成功例」として紹介されることにより，観光まちづくりの方法は日本全国に広がった。大学でも特定の地域における観光まちづくりの実践をゼミで調査したり，卒業論文のテーマとしてまちづくりの実態を調査したり，さらには自ら積極的に地域のまちづくり活動に参加したりする学生の姿が数多く見られる。しかし，さまざまな人が暮らしを営む地域の現場には，授業で観光まちづくりの「成功例」を聞いているだけではわからない種々の問題や摩擦が生じている（観光化と住民意識については第9・10章参照）。

　そこでこの章では，観光まちづくりの現場での学生によるフィールドワークの例として，越智ゼミに所属した学生たちが行った新潟市の芸術祭の調査を取り上げ，特に学生が調査の現場で悩んだ例を紹介する[1]。学生たちは現地を調査するにつれて，事前に立てた問いや最初に抱いていた観光まちづくりへのイメージと，現場の状況が異なることがわかってくる。学生は，そこで「混乱」を経験する。ここから言えることは何か，学生がフィールドから学んだことは何なのかを示しつつ，まちづくりの現場から「観光」について問い直してみたい。

2　芸術祭と観光まちづくり

　フィールドでの体験について説明する前に，芸術祭と地域社会の観光との結びつきや課題について概観する。

　現在，地域の空間を舞台にアートの展示・体験を行う芸術祭という取り組みが日本の全国各地で開催されている。ミュージアムから外に飛び出したアート作品や，展示される場所の歴史・社会問題を組み込んだ作品制作，またはそこ

に市民が参加するような活動は「共創的芸術活動＝アートプロジェクト」（熊倉 2014：9）と呼ばれ，1990年代後半から増えてきた。2000年代になると，観光と結びつく大規模な芸術祭が数多く開催されるようになった。

　例えば，2000年に開始された「大地の芸術祭　越後妻有アートトリエンナーレ」（以下「大地の芸術祭」）は，新潟県の山間にある越後妻有地域で開催される３年に一度の「現代アートの祭典」である。越後妻有に隣接する越後湯沢はかつて，スノーリゾート地として新幹線でつながる首都圏から多くの観光客を集めたが，バブル経済の破綻とともに大型ホテルや旅館，リゾートマンションが取り残された。その一時の繁栄からも取り残され，過疎化に悩む越後妻有の市町村が連携し，未開発の豊かな里山の自然そのものを前面に押し出した地域再生事業のひとつとして芸術祭を実施したのである。

　当初は大規模な野外美術展示イベントであったが，回を重ねるごとにアーティストやボランティアが地域コミュニティへと介入し，過疎と空き家問題がテーマ化することで，空き家や廃校での作品展示やそれらを新たな施設として活用することへとつながっていった（暮沢 2008：49）。作品は美術館だけでなく廃校，空き家，山のなかのさまざまな場所に点在し，演劇等のパフォーミングアートが野外で行われることもある。作品の多くは，美術館から美術館へと移設可能なものとは異なり，その土地の風景を含み込みながら，そこにおいてのみ存在しうる「サイト・スペシフィック」な作品で，なかには時とともに朽ちていくようなものもある。

　アートを通じた地域資源や個性の発掘・提示は，それを見る人々の動き＝観光と連動していく。作品を観るために地域内外から訪れた人々は，芸術祭の会場・作品一覧のマップに記載された宿や名物料理の店，地元名産品を売る店などを巡り，泊まり，食事し，土産物を買い求めた。ここでは，芸術祭を見て回るという活動がそのまま地域の観光に接続し，経済・社会的な効果をもたらしている。また，芸術祭は回を重ねるごとに新たな施設が増え，施設に通じる道路も新たに整いつつある。このように地域内の回遊性が高い芸術祭は，過疎高齢に悩む開催地の地域振興に寄与しているようだ。[2]

　大地の芸術祭に限らず，どの芸術祭も国内外のアーティストを招き一定期間アートによって祝祭的な空間を演出する。そのため，多くの芸術祭は観光産業

と結びつき，地域振興が期待されることも多い（福住 2011）。したがって現在の地域社会では，観光によるまちづくりへの期待と芸術祭は重なり合い，多様な立場から芸術祭についての議論がなされている。とりわけ，その来場者数をめぐって芸術祭が評価される傾向にある。[(3)]

「大地の芸術祭」同様に日本において過疎対策や地域活性化，まちづくりを目的とした大規模な芸術祭として，「横浜トリエンナーレ」（神奈川県横浜市），「瀬戸内国際芸術祭」（香川県，岡山県の主に離島地域），「あいちトリエンナーレ」（愛知県名古屋市，豊田市）などが挙げられる。これらの芸術祭はメディアでもたびたび取り上げられ，多くの来場客を集める。例えば2019年に行われた瀬戸内国際芸術祭では107日間の会期中に総計約117万人，あいちトリエンナーレでは75日間の会期中に総計約67万人の来場者を記録し，それを知らせるプレスリリースでは「過去最高の来場者数」が強調された。[(4)]

これだけの来場者を集め消費行動を促す「アートのお祭り」であれば，開催地はさぞ観光産業で潤っているのではと思われるかもしれない。たしかに，芸術祭は「アートによる地域おこしの例」としてメディアで取り上げられることもあり，一種の「成功物語」を生み出している。しかしながら，住民の目線から見てみると必ずしも「成功」しているわけではない。

では，アートを用いたまちづくりでは，実際にいかなる問題が生じているのだろうか。そこでゼミ調査では，「そもそも住民はアート活動についてどう思っているのか」「地域の空間でアート活動を行うことの困難はあるのか」「アートによるまちづくりの困難はいかなるものか」などの問いを立て，芸術祭のフィールドワークを行った。次の節では，調査のプロセスに沿って学生の調査内容を紹介しながら，観光まちづくりの難しさ，観光まちづくりの調査の難しさについて示していく。

3　芸術祭を調査する
—ゼミによる調査を通じて—

この節では，立教大学観光学部の越智ゼミで学生と行った芸術祭と地域振興に関する調査について，新潟市で開催された「水と土の芸術祭2018」を例に，

①調査に入るまで，②現地調査：ボランティア，参加者の声を聞く，③現地調査：キーパーソンにインタビューする，というプロセスに分けて概要を示す。また，2017年〜2019年にかけて行った「黄金町バザール」（神奈川県横浜市）「あいちトリエンナーレ2019」（愛知県名古屋市・豊田市）でのゼミ調査についても適宜事例として用いたい。

　主な事例とする「開港都市にいがた　水と土の芸術祭」（以下「水と土の芸術祭」）は，2009年から2018年まで３年に一回のトリエンナーレ方式で開催された芸術祭である。2009年に開催された初回の芸術祭「日本海政令市にいがた　水と土の芸術祭」は，近隣15市町村が広域合併し，2007年に人口80万人で本州日本海側初の政令指定都市となった「新・新潟市」を記念して，篠田昭市長の提唱により始まった。広域合併した旧市町村，新たに８つできた区に共通するものが，信濃川や阿賀野川，越後平野といった「水と土」であり，広域合併した地域の人口交流を目的のひとつとして芸術祭は開催された（新潟市文化観光・スポーツ部観光政策課 2009，五十嵐 2012b）。

　新潟市では，2007年の中越沖地震に対する風評被害や，北陸新幹線の開通で金沢に観光客が流れることへの懸念が高まっていた。何より広域合併で広がった市域内に市民が「共有できる物語」がない新・新潟市にとって，対外的にアピールできるイメージづくりは急務であった。芸術祭は全市的な取り組みで市民が広くなった市域を知り，対外的には芸術のまち，水と土に育まれた豊かなまちとして発信しようという取り組みだった（橋本 2012）。

　初回の芸術祭2009では，新潟市全域50ヶ所で61人の作家が71作品を制作し，準備期間，作品の制作・展示期間を合わせて約一年にわたって市民がさまざまな方法で芸術祭に関わった。例えば，地域での説明会，材料・場所の提供，実際の制作に関わる支援，作家との交流，会場の受付，バスガイド，地図や広報誌の発行，来場者へのもてなし，イベントの広報に関与しただけでなく，作品の観覧自体も支援であると考えられている（五十嵐 2012b）。

　２回目以降の芸術祭は，①現代芸術を制作する「アートプロジェクト」，②市民が自ら企画・実地するイベントなどの「市民プロジェクト」，③シンポジウム等の開催が三本柱とされた（新潟市文化観光・スポーツ部 水と土の文化推進課 2013）。特に②では，公募に対して審査を経て助成が与えられた各種団体によ

り，さまざまな分野の130のプロジェクト（2012年時点）が企画運営され，地域住民が主体となったアーティスト・行政との「協働」が各所で行われた。ゼミでは，この市民プロジェクトを中心に現地調査を行った。なお，キーパーソンへのインタビュー調査に関しては，教員側が行き先をアレンジし，チームを組んだ学生が事前に質問を準備した。

現地調査に入るまで

　ゼミでは3年次に1年間をかけて，「アートによるまちづくり・まちおこしの意義」について検討し，報告書を仕上げることを目標とした。

　テーマも行き先も決まっているからといって，いきなり現地にいっても何も調査できない。調査・研究にあたっては「各自の問い」を立てる必要がある（第1章参照）。しかし，その問いもいきなりは思いつかない。そこでまずは，文献調査として日本における文化政策とまちづくりに関する文献を読むことから始める。学生は学部で観光学を体系的に学んでいるため，ゼミでは近現代の日本で「芸術」「美術」がどのように成立したのか，どのような文化政策が行われてきたかを重点的に学ぶ。現代美術の展覧会等にも足を運び，作品を鑑賞しながら，どのような人々が美術館に足を運び，いかに鑑賞しているのかなど参与観察した。

　次の段階として，2000年以降増加している芸術祭に関する文献を読み込んだ。自治体が主催となる芸術祭では，実施計画書や実施報告書がまとめられる。それらは，ウェブからダウンロード可能なものも多いため，手に入れやすい。加えて，大地の芸術祭や横浜トリエンナーレ，あいちトリエンナーレは開催回数が多いため，報告書だけでなくそれらを研究する学術書も複数冊刊行されている。これらの書籍を読む際には，さまざまな芸術祭において何を問おうとしているのかを意識し，自分の問いにつなげる必要がある。

　その次の段階として，新潟において各学生の小テーマ設定による調査計画を作成した。「アートによるまちづくり・まちおこしの意義」という大テーマに対して，小テーマではそれぞれの興味や視点をもとに，課題をたてて調査に臨むのである。2018年の調査では，以下のような調査課題が挙がった。

例）チームAの調査課題

アートプロジェクトがもたらす地域内外の人の交流

　　→アートプロジェクトは地域内と地域外の人との間にどのような交流を
　　　もたらしているのか，いないのか。その交流は地域内外の人にどのよ
　　　うに影響するのか。

　チームAの場合は，チーム内で意見を出し合うなかで共通する課題を見つ
け，アートプロジェクトの組織概要をふまえて，そこにどのように人が集い，
交流が生まれているのか，さらにそれがどのように相互に影響し合っているの
かを調べることになった。

　こうした課題をもとに，キーパーソンに対するインタビューで詳しく聞きた
いことを質問項目にまとめ，質問票を作成する。このような作業とともに忘れ
てはならないのが，後に述べるような「キーパーソン以外の人々」へのインタ
ビューである。例えば，会場ボランティア，アートプロジェクトが実施した
ワークショップ等の参加者，通りすがりの観光客，そしてアートプロジェクト
に関与しない住民に声をかけて，短時間でも話を聞くことで，一面的な調査に
ならないように心掛けた。学生は，アートプロジェクトに参加した，あるいは
作品を見に来た人々への質問を多く準備していた。

　チームA　質問票

アートプロジェクトの参加者への質問

・どのような契機からプロジェクトに参加されましたか。

・個人的に，どのようなことを目標にして活動を行っていますか。

・観光客の方々と直接的に交流する機会はありますか。あれば，どのよう
　な交流ですか。

来場者への質問

・いつどこで芸術祭の存在を知りましたか。

・芸術祭に足を運ぶのは初めてですか。

・わざわざ足を運ぼうと思った直接的な要因は何ですか。

　　　・実際に来てみてどうですか。地元住民の印象はどうですか。

　　　・地元の方々とどのような交流を望みますか。

　　　・芸術祭の有無にかかわらず，また新潟に足を運びたいですか。

現地調査──ボランティアスタッフ，来場者の声を聞く

　現地調査では，まず芸術祭の屋内会場や野外の作品展示を巡って作品を観覧し，現地の雰囲気を知る（第2章参照）。9月のまだまだ残暑厳しい東京から来た学生は，新潟の涼しさと天気が悪い日の日本海の荒々しさ，行けども続く田園風景に驚く。次第に，こうした気候ひとつひとつが，作品に反映されていることに気づき始める。

　多くの芸術祭ではいくつかの拠点となる会場が設けられている。学生たちは，そこで会場管理を行うボランティア・スタッフや来場者に，以下の一覧のような質問を試みる。話しかけにくいときは，ガイドツアー等に参加し，参加者として質問するのも手である。例えば「あいちトリエンナーレ2019」では，各会場でボランティアによるガイドツアーが開催され，事前申し込みなしで参加できた。ツアーではスタッフから作品に関する解説を聞き，他の参加者とともにディスカッションすることができる。「黄金町バザール」のガイドツアーでは，キュレーターから作品制作の過程や作家のパーソナリティなどを聞きつつ，参加者同士で話す機会を持った。

　　　チームA：ボランティア・スタッフへの質問

　　　・芸術祭についてどこで知りましたか。

　　　・ボランティアになる以前に芸術祭に行ったことはありますか。

　　　・どうしてボランティアとして参加しようと考えたのですか。

　　　・参加してみてどうですか，楽しいですか，来場者からのどのような反応がありましたか。

　　　・芸術祭によって地域にどんな変化があったと思いますか。

現地調査──キーパーソンにインタビューする

　芸術祭の会場を一通り回った後，いよいよ長めのインタビューを開始する。

まずは，自治体の芸術祭事務局担当者や市民プロジェクトの代表者など現地在住の関係者に話を聞く。場所はインタビュー対象者の都合を優先しなければならないが，できれば座って話が聞ける開かれた場所で，あるいはアートプロジェクトを実施している場所で説明を受けながらインタビューするとよい。

①自治体の芸術祭事務局担当者へのインタビュー

　芸術祭事務局と一言で言っても，さまざまなバックグラウンドのスタッフがさまざまな仕事を担当している。アートディレクションを担ったり作家と交渉するだけでなく，芸術祭開催に向けて会場を決めたり住民と交渉したり，ボランティア・スタッフを調整したり，会場の安全管理をするのも事務局の仕事である。そのため，どのような質問をするかによって，話を聞くべき人も変わってくる。例えば「あいちトリエンナーレ」であれば，主催は県であるが，メインとなる実施都市は名古屋市であるため，名古屋市の観光政策について質問したいときは名古屋市役所の観光担当部署に，芸術祭の内容に関して聞くには県の芸術祭事務局に事前に連絡を取る必要がある。また，場合によってはインタビューの前に質問票を送る必要もある。

　さて「水と土の芸術祭」の場合は，担当者は新潟市文化観光・スポーツ部観光政策課から芸術祭事務局に出向する形を取るため，これまでの新潟市における観光政策から今年の芸術祭の様子までひとつの部署で話を聞くことができた。こうした事情をふまえて，学生は事前に図8−1の質問票を準備した。

　この学生の質問票を見てみると，芸術祭によって観光客が増え，住民との交流を通じて地域が大きく変化したのではないかという仮説を立てて現地にやってきたことがわかる。上述した「大地の芸術祭」「瀬戸内国際芸術祭」のようにメディアで取り上げられる芸術祭における「成功物語」，すなわち「芸術祭を通じて多くの観光客を獲得できる」というイメージを持って，「水と土の芸術祭」も調査しようとしている。しかしながら，その仮説は調査が進むとともに次第に崩れていく。

　質問票に沿って新潟市の観光政策から芸術祭の開始の経緯を質問すると，学生にとって意外な答えが返ってきた。

越智ゼミ2018　新潟ゼミ調査　質問票

○○○○さん

2018年 9 月10日（月）　○：○　　〜　　○：○

場所：　　　　　　　　　　　　天気：

●**基本情報**

　　新潟市役所○○課　芸術祭事務局元課長　／　○○出身

　　水と土の芸術祭：2009年，2012年を担当

　　現在の仕事：

（1）**水と土の芸術祭について**

・芸術祭開始の経緯を教えてください。

・毎回芸術祭全体のコンセプトは，どのような流れで決定されていますか。

・参加アーティストはどのような過程で決定されますか。

・この10年間のなかで最も印象的な変化はどのようなことですか。

・県外からの注目度にはどのような傾向が見られますか。

・県外からの人の流動に変化などは見られますか。

（2）**アーティストとの関わり方**

・地域外のアーティストを起用することには，どういった意図がおありですか。

・○○さんご自身は，芸術祭以降も交流を持たれていらっしゃる方はいますか。

（3）**作品について**

・芸術祭の作品の所有権はどこにありますか。

・芸術祭の後，作品の維持管理はどのように行われていますか。

・管理費はどこから賄われますか。

図 8 - 1　学生が作成した事務局担当者への質問票の一部

　「新潟市は観光政策で失敗し続けてきたんですよ。佐渡島は観光地として
　知名度が高いけど，新潟市は通り過ぎるだけ。海産物や米や野菜は美味し
　いけど，材料でしかない。どこでも取れるから，絶対新潟市でないとダメ
　というものはない。北陸新幹線が開通して何年かは金沢の一人勝ちだから，
　何もせずにいた方がマシというくらいなもので」

　たしかに学生も，新潟で有名な観光地はと聞かれて「佐渡島」と答えられれ
ばいい方である。しかし，佐渡島は佐渡市であり新潟市ではない。新潟市は上
越新幹線の終着地であるが，同時に佐渡島に渡るための通過地点である。目玉
となる施設もなく観光客誘致は低迷し，北陸新幹線開通後は金沢に首都圏から
の客を取られて打つ手がないという状況であるという。
　しかし，学生はめげずに次の質問に進む。仮にこれまで観光客誘致に失敗し
てきたとしても，芸術祭を経て観光客が増えているかもしれない。そこで次に，
観光政策としての芸術祭の効果についてはどのように考えているのかを質問し
た。すると，「水と土の芸術祭は，市内からの来場者が半数以上なんですよ」
という答えが返ってきた。市内からの来場者ということは，つまり住民である。
学生は「住民は観光客といえるのだろうか…？　芸術祭は観光客を増やすはず
ではなかったのか…？」と疑問を持つ。たしかに同じ新潟県開催でも「大地の
芸術祭」は首都圏からの来場者が多い。しかし，新潟市の「水と土の芸術祭」
は開催年によってばらつきはあるものの，市内からの来場者が 6 割弱，その他
県内が 1 割，県外からが 3 割程度であったという[5]。また，中学生以下が無料だ
ったことから，親子連れの来場者が多数を占める。この傾向は他の芸術祭にも
みられ，「あいちトリエンナーレ」では 6 割は名古屋市を含む愛知県内在住者
である。
　ここで学生が持っていた「県外から観光客で賑わう芸術祭」という予測が成
り立たなくなる。とはいえ，3 割程度の「県外からの観光客」の影響は大きい
のではないかと期待して，次に市民プロジェクトの担当者に話を聞きにいく。

②市民プロジェクト担当者へのインタビュー
　個別のアートプロジェクトの実施についてインタビューを行う場合，個人的

にアートプロジェクトを訪ねて話を聞かせてもらえる関係を構築するか，芸術祭事務局担当者を介してインタビューの依頼を行う。後者の場合は，話が聞ければ何でもいいというわけではなく，事前にその芸術祭の内容を調べた上で，具体的な地域や活動を指定して依頼をかける方がよい。例えば「商店街の空き店舗を活用した作品展示を行っている」「アーティストが住み込みで作品制作を行っている」など，それぞれの調査課題に関連づけて具体的にお願いするのが望ましい。

　2018年の調査の際には，学生はふたつの市民プロジェクトへのインタビューを行った。いずれも新潟市の中心市街地から離れた商店街にあり，バスを乗り継ぎ1時間以上かかる場所にあった。商店街で廃業した店舗を借り受けて作品を展示したり，ワークショップを行ったりすることで地域交流の拠点になるように意図されたプロジェクトで，招聘されたアーティストは過去の「水と土の芸術祭」参加作家でもあり，数ヶ月以上住み込みながら作品を作る例もあった。また，市民プロジェクト担当者の親戚が所有する空き店舗を借り受けて，アーティストとともに改装し，アーティスト・イン・レジデンス（一定期間アーティストを招聘して活動場所を提供するなど，活動を支援する事業）を行っているプロジェクトもあり，それがもととなって，この地域は市の移住モデル地区に指定されたという。

　さて，現場で作品や拠点の概要について説明を受けた後に，学生たちは準備してきた以下のような質問票をもとにインタビューを開始した。ここでも芸術祭事務局担当者へのインタビュー内容と同様に，市外，県外からの観光客による地域振興への期待が感じられる。

　図8-2の質問票をもとにしたインタビューにおいて，あるプロジェクト担当者と学生のあいだに以下のようなやりとりがあった。

　学生「どうやって観光客を呼ぼうとしているのですか？」
　プロジェクト担当者「そもそも観光客を呼ぼうとしていない。見てもらったらわかるように観光客どころかまちにほとんど人がいないでしょ。観光化する可能性はほぼない。住んでいる人が満足していればいい。現状は好きですよ。みんな平和に暮らしているし。でもこの先，維持できないだ

越智ゼミ2018　新潟ゼミ調査　質問票

○○○○さん

2018年 9 月10日（月）　○：○　　〜　　○：○

場所：　　　　　　　　　　　　**天気：**

●基本情報
　新潟県　水と土の芸術祭市民プロジェクト
　「△△アートプロジェクト」プロデューサー

△△アートプロジェクトについて
・毎年もしくは芸術祭ごとにテーマを決めてプロジェクト内容を決めていらっ
　しゃるのでしょうか。
・テーマを設定している場合，複数の作品を展示することでテーマの一貫性が
　薄れる可能性は考えられますか。
・最終目標をどのように定めていらっしゃいますか。
　（地域活性化 or 観光客の集客，どちらの側面の方に比較的重きをおいていま
　すか。）
・地域外からの観光客数はどのくらいいらっしゃいますか。
・観光客の受け入れ態勢として行っている取り組みはありますか。
　もしくは，○○からの観光客が多く来訪したことで困ったこと等があれば教
　えてください。
●開催地域について
・○年間△△アートプロジェクトを継続してきたなかで，最も印象的な変化は
　どのようなことでしょうか。
・△△アートプロジェクトに参加している地域住民の方に，性別・年齢・出身
　地域などの偏りはみられますか。
・継続してきたなかで，地域住民の方の理解度にも変化がありましたか。
・今回は，○名のアーティストの提案がもとになっていたとありましたが，提
　案されてすぐの地域住民などの反応はどうだったのでしょうか。
・プロジェクトに関わる人々とアーティスト同士の交流というものは見られま
　すか。見られる場合，その交流は芸術祭以降も続いていらっしゃるでしょう
　か。

図 8-2　学生が作成した市民プロジェクト担当者への質問票の一部

　　ろうから活動していくという意識」
　　学生「アート活動に関する地域の人の反応はどうですか？」
　　プロジェクト担当者「（地域には）応援してくれる人もいるが，多くは黙っ
　　ているという感じ。でもそれを否定的に考えるのではなく，『批判されな
　　きゃいい』『足を引っ張られなきゃいい』という感じ。地域の全一致や全
　　員の賛同は無理。地域内の関心のない人に働きかけるより，地域外の関心
　　ある人に働きかけたほうがいいと思っている。でもチャンネルは人それぞ
　　れだから，現代アートの活動以外もやっている。クラシック音楽のミニ演
　　奏会なんかもあって，その方がお客さんはきますよ」

　前掲の質問票で観光客の存在を前提にした項目がいくつか設定されているよ
うに，「市外や県外からやってくる観光客に対する戦略」があることを期待し
ていた学生は，このやりとりの後も商店街単位や地区単位での観光による地域
振興策について質問を続けた。しかし，思ったような答えが得られなかったり，
内容がかみ合わなかったりするインタビューがしばらく続いた。
　たしかにアートプロジェクトの会場周辺は，商店街とはいえ歩く人すらいな
い。かつては人通りがたくさんありバスの本数も多かったが，自家用車の普及
とともにバスの便数も減り，今は１時間に２本程度である。人が減ると店舗が
減り，空き家や空き地が増える。さらに学校や郵便局といった地域の公的な機
関や場所も規模を縮小するため住民は不便になり，ますます人口が減る。対策
を打たないままでいれば，そのうちまちは衰退してなくなるかもしれない。そ
うならないためにアートプロジェクトをやっているという。
　ただし，地域内で完結した活動や，現代アートだけの活動をしているわけで
はない。この地域ではアートプロジェクトとして廃業した店舗を使いながらい
くつかの活動を少しずつ続け，この地域の良さを知ってもらうことで，１軒，
２軒と新しい店舗が増えてきたところだ。しかしそのお店が必要としているの
は市内，せいぜい県内からの客なのである。
　矛盾しているように聞こえるかもしれないが，アートプロジェクトにおいて
「最終目標とは何か」と聞かれれば，「アートプロジェクトをしなくてよいこ
と」なのである。だからといって問題がなければ，まちにアートが必要ないと

いうわけでもない。例えば「あいちトリエンナーレ」では美術館展示以外に「まちなか展示」として，いくつかの商店街や駅周辺の空き店舗を展示場所とするアートプロジェクトを実施している。産業構造の変化により中心市街地で人工空洞化が起こったある地域では，空き店舗や工場跡などの産業遺構を大胆に使った展示がなされた。すると芸術祭の後，次第に空き店舗への入居者が増え，次のトリエンナーレの際には展示場所を確保することが難しくなったという。それ以外の諸事情も重なり，「あいちトリエンナーレ2019」では正規の会場から外れたが，継続を望む声があり，連携イベントとしてアートプロジェクトを継続している。

　新潟市で調査した地域は，名古屋市と比較すると中心市街地からも遠く，大規模な集客は見込めない。それでも継続して近隣から人がやってくること，あるいはその地域の産物が売れ続けることなどが目標としてある。新潟市は平成の市町村合併によって約80万人の人口を抱えたが，西の住人と東の住人とではもともと別の市町村であったことから互いの交流は少ない。そこで芸術祭の会場になることで，その場所に人が訪れ，その場所の潜在的な良さが見出され，少しずつでも住人や店舗を経営する人が増えることを目指している。また，空き家でアーティスト・イン・レジデンスを実施することで，アーティストが活動に没頭できる環境を提供しつつ，空き家の使い方をまちの人々とともに模索する機会にもなっている。その結果，プロジェクトのマネジメントを通じてこれまでまちにはなかった「仕事」や，インタビューしたプロジェクト担当者のように地域とアーティストを結ぶような「職能」が生まれている。

　しかしながら，ここまで話を聞いた学生の多くは「混乱」する。これは自分の知っている芸術祭や観光まちづくりの「成功物語」ではない。市外からではなく市内に暮らす住民の来訪は観光なのだろうか。それは観光による地域活性化と言ってよいのだろうか。そもそも観光による地域活性化を目指していない地域があるなんて！　「芸術祭により観光客が増え，地域が活性化する」という調査前に立てた仮説は間違っていたのだろうか。調査は失敗に終わったのだろうか。報告書は書けるのだろうか。そもそも「観光」とは何なのだろうか……。

4　まちづくりの現場から「観光」について考え直す

　もちろんこの調査は失敗に終わったわけではない。観光まちづくりの現場の[6]声を聞くフィールドワークは，「混乱」を経験すること自体に大きな意味を持つ。とりわけ，本章で取り上げた観光まちづくりと芸術祭の関連についての調査で重要なことは，「成功物語」から離れて観光やまちづくりの現状を見ることなのだ。そこで最後に，ゼミ調査を通じて学生たちがいかに「混乱」を経験したのか，それがいかなる意味を持つことになったのかについて考えてみたい。

観光という「眼鏡」

　本章の冒頭に示したように，観光を学ぶ学生には，地域社会の活性化やまちづくりの運営に関心を持つ学生が多い。多くの学生は，大学教育における段階的なカリキュラムのなかで，観光を通して，あるいは観光地化を前提に地域社会をまなざす方法を身につけていく。観光は地域社会にいかなる正／負の影響をもたらすのか。プラスの作用をより伸ばし，マイナスの作用をプラスに転じさせるにはどうしたらいいのか。観光客や移住者という地域外部の人々との交流を増やしながら，まちづくりを行うベストな方法とは何なのか。講義ではこうしたテーマが頻繁に取り上げられ，学生はつねにその成功例や失敗例を学んでいる。

　しかし，こうした過程に真摯に取り組めば取り組むほど，学生には次第に観光が地域社会になくてはならない存在に見えてきて，無意識に地域社会と観光を強く結びつけて考えるようになる。そして，観光まちづくりに関するレポート課題が出されれば，そもそも地域にとって観光がいかなる存在なのかという前提は不問にしたまま，観光によっていかに地域社会を活性化するのかを懸命に考えることになる。観光を冠する学部や学科，専攻なのだからと，観光に関連する授業を多く受けるうちに，社会や世界を観光という切り口から考え，理解するようになっていくのだ。

「観光の眼鏡」を外す

　「観光を通して社会や世界について考える」方法を身につけることはとても良いことだ。大学に入りひとつの学問領域を修めた，といえるのはまさにこうした点においてだろうし，そこにあるのが経済学でも法学でも人類学でも，大学教育が目指していることの一部は社会について考える視点を身につけることである。

　しかし，大学の講義室から一歩外に出れば，社会には「観光ではない部分」があり，観光に関わらない人や観光に特に興味を持たない人がたくさんいる。冷静に周囲を見渡せば，自分の家族や親せき，友人，友人の家族，電車に乗っている人々がすべて観光産業に関わっているわけではないことなど当然である。しかし，観光学部で専門性を身につける過程で——例えば，インターンシップで聞く観光産業の市場規模の拡大，従来観光とは無関係だった業種の観光産業への参入，また，人類学や社会学で分析されている「観光と日常の境界の溶解化」「観光による地域文化の変容」などなどのフレーズを授業で繰り返し聞くなかで——個人の思考の範囲からは観光に関わらない人々の存在が抜け落ちてしまいがちである。つまり観光から地域社会について考え，その地域の全体を何となく理解した気になってしまうのだ。

　こうした観光を前提視する見方は，地域社会のリアリティを見落とし，マスツーリズム的な「ものさし」，つまりたくさん観光客が来てお金を消費することのみをよしとするような評価基準を温存する危険性がある。そうならないためには，観光に関わらない人々も含めた地域の生活に目を向け，観光を前提としない地域社会も理解することが必要である。地域社会において，観光はそこに一枚岩に覆いかぶさっているようなものではなく，人々と観光とのつながりには強弱や隔たりがある。

フィールドワークの重要性

　観光まちづくりを調査する際には，観光はあくまで社会の部分的な現象でしかないことを意識する必要がある。観光と地域社会の関係は一面的ではないし，地域社会のなかでも人によって観光との関わりには差がある。なにより，地域社会にとって観光はあたりまえではない。

「どうやって観光客を呼ぼうとしているのか」「いかに地域を（主に観光面で）発展させていこうとしているのか」。こう質問しても，現場からは学生たちが望む「こういう点に問題があって，今後はこうしていきたい」という答えは返ってこない。このかみ合わなさが，観光をめぐる学問に「まじめに」取り組んできた学生と現実の地域との隔たりであり，観光中心主義的な視点の落とし穴である。

観光まちづくりの「成功物語」を相対化するためには，現場に入り込むフィールドワークが重要である。本章でみてきたようにフィールドワークの意義は，現場の人々との対話を通じて調査者の仮説を実証するのではなく，事前に抱いていた対象へのイメージや仮説が突き崩されることにある。調査者は現場で「混乱」を経験してもよい。むしろ「混乱」したほうがよい。自分の見たものが事前の仮説からずれていく状況に対し，つねに問いを作り直すことで，だんだんと現場のリアルに近づいていくことができるだろう。それはひるがえって自身の視野を広げ，対象に対する理解を一歩先に進めるための機会となる。

「成功物語」とともに語られがちな観光まちづくりは一枚岩ではない。もしあなたが観光による地域活性化に関心を持っているならば，文献を読むとき，現場で調査するとき，そして自ら活動に参加するときに，地域社会と観光のあいだに折り込まれている多様な活動や多様な声に耳を傾け，つねに自身の視点を問い直しながら現場に向き合う必要があることを，心に留めておいてほしい。

考えを深めるために

1）あなたの知っている，あるいは調べてみたいアートプロジェクトがあれば名前を挙げて，その概要と目的について調べてみましょう。
2）あなたがアートプロジェクトと観光まちづくりについて調査に出かける際に，①誰に②どんなことを質問したいか想定しながら，質問票を作ってみましょう。
3）本章の例のように，自分の仮説が覆ったり，調査が自分の想定通りにいかなかったりしたらどうするか考えてみましょう。

注
(1) 執筆者のうち越智は教員としてゼミ調査を引率・指導し，鍋倉はティーチングアシスタントとして調査支援や学生指導に関わった。

(2)　「芸術祭」とは現代美術の国際展の総称であり，必ずしも地域振興のために行われる「アートのお祭り」ではない。福住（2011）によると，数年に一度の周期で美術館やその他の公共空間，文化遺産などを会場に催される現代美術の展覧会のひとつで，隔年で開催されるビエンナーレ，3 年に一度開催されるトリエンナーレなどがある。代表的な国際展としては1895年から断続的に続いている「ヴェネツィア・ビエンナーレ」が挙げられる。国際展はおおむねヴェネツィア式とドクメンタ式に大別され，前者はオリンピックや万博のような国別参加方式で，それぞれの国を代表して参加したアーティストに授賞する制度がある。後者はドイツのカッセルで 5 年ごとに催される国際展の方式で，ひとりのディレクターが国家の枠組みとは無関係に参加アーティストを選定する。「光州ビエンナーレ」や「シンガポール・ビエンナーレ」「台北ビエンナーレ」など，90年代以後に急増したアジア諸国における国際展は，このドクメンタ方式を採用していることが多い。日本では1952年から1990年にかけて「日本国際美術展」（通称「東京ビエンナーレ」）が開催されたが，それ以降継続しなかった（福住 2011）。国際展が再び開催されるようになるのは2000年前後で，この頃から「地域との関わり」「市民参加」が重視され始める。その背景にあるのが，美術界やアーティストらの活動の質の変化である。熊倉（2014）は，1990年代以降，日本各地で展開されている共創的芸術活動のことを「アートプロジェクト」と呼ぶ。アートプロジェクトは，たんなる作品展示にとどまらず，同時代の社会のなかに入り込んで，個別的な社会的事象と関わりながら展開される。特徴としては，①制作のプロセスを重視し，積極的に開示，②プロジェクトが実施される場やその社会的状況に応じた活動を行う，社会的文脈としてのサイト・スペシフィック，③さまざまな波及効果を期待する，継続的な展開，④さまざまな属性の人々が関わるコラボレーションと，それを誘発するコミュニケーション，⑤芸術以外の社会分野への関心や働きかけ，であるという。こうした活動は，アーティストが廃校・廃屋などで行う展覧会や拠点づくり，野外あるいはまちなかでの作品展示や公演を行う芸術祭，コミュニティの課題を解決するための社会実験的な活動など，幅広い形で現れるものを指すようになった（熊倉 2014：9）。

(3)　芸術祭の評価をめぐっても多様な立場があるが，とりわけ行政が参加しているという点で評価軸は次の二点に集中している。まず，①集客数や負担金に対する費用対効果，そして②作品に対する「わかりやすさ」「親しみやすさ」である。行政が税金を用いてイベントを行うからには，使用に対する説明責任が生じるが，行政や地域住民にとって「まちづくり」や「まちおこし」と呼ばれる地域振興に対する成果となると，必ずしも観光客数や観光客によってもたらされる経済的効果のみが「活性」を示すわけではない。それにもかかわらず，費用対効果をめぐるやり取りにのみ収斂していることは，芸術祭を既存の観光地の代替地としてのみ考えている

ことの表れである。ここからは，行政の側も批判する側も，一面的な地域振興を図る「ものさし」しか持ちえないということが明らかになろう。さらに，数としての明快さから芸術祭の効果が計られるように，作品も万人に「わかりやすい」ならば多くの人が来場し，芸術祭を開催するだけの費用対効果が得られることにつながる，と考えられている（越智 2014）。

(4) 来場者数の詳細については以下より。瀬戸内国際芸術祭実行委員会事務局発表（https://setouchi-artfest.jp/seto_system/fileclass/img.php?fid=press_release_mst.201911131115028e7544c5530de20caaa38bdd34eeb6a5），豊田市報道発表資料（https://www.city.toyota.aichi.jp/pressrelease/1033682/1034546.html）。

(5) 詳細については新潟市（2013），愛知県（2014）など，各開催自治体の報告書を参照。

(6) 例えば芸術祭のメインとなる会場に行けば，市民プロジェクトの会場よりも県外からの来場者の割合も多く，県外からの観光客による経済的なインパクトや，芸術都市を標榜することによる市民へのプロモーションなどの「アートによるまちへの効果」が聞けるだろう。しかし，芸術祭，ひいては観光まちづくり自体一枚岩ではない。多面的，かつ多声性のある調査を行うためには，メイン会場や人気作品だけでなくさまざまな会場を調査し，多様な人の声を聞くことが重要になる。

文献

愛知県県民生活部文化芸術課国際芸術祭推進室調整グループ，2014，『あいちトリエンナーレ 2013 の結果概要について』。

福住廉，2011，「国際展」『artscape アートワード2.0』（http://artscape.jp/artword/index.php/%E5%9B%BD%E9%9A%9B%E5%B1%95，2020年9月1日最終閲覧）。

橋本啓子，2012，『水と土の新潟　泥に沈んだ美術館』アミックス。

堀野正人，2011，「まちづくりと観光」安村克巳・堀野正人・遠藤英樹・寺岡伸悟編『よくわかる観光社会学』ミネルヴァ書房，100-101。

五十嵐政人，2012a，「アートイベントの効能——『水と土の芸術祭』」『OMNI-MA-NEGEMENT』24。

五十嵐政人，2012b，「市民が参加するアートプロジェクト——水と土の芸術祭」『社会教育』793：38-40。

河原啓子，2001，『芸術受容の近代的パラダイム——日本における見る欲望と価値観の形成』美術年鑑社。

熊倉純子，2014，「アートプロジェクト概説」熊倉純子監修・菊池託児・長津結一郎編『アートプロジェクト——芸術と共創する社会』水曜社，15-30。

暮沢剛巳，2008，「パブリックアートを超えて——『越後妻有トリエンナーレ』と北

　　川フラムの十年」暮沢剛巳・難波祐子編著『ビエンナーレの現在――美術をめぐ
　　るコミュニティの可能性』青弓社，45-74。
新潟市文化観光・スポーツ部観光政策課，2009，『水と土の芸術祭2009　総括報告書』。
新潟市文化観光・スポーツ部 水と土の文化推進課，2013，『水と土の芸術祭2012　総
　　括報告書』。
新潟市文化創造推進課，2016，『水と土の芸術祭2018 骨子（案）』。
西村幸夫編著，2009，『観光まちづくり――まち自慢からはじまる地域マネジメント』
　　日本交通公社。
越智郁乃，2014，「芸術作品を通じた人のつながりの構築と地域活性化の可能性――
　　新潟市における芸術祭と住民活動を事例に」『アジア社会文化研究』15：95-119。
瀬戸内国際芸術祭実行委員会，2010，『瀬戸内国際芸術祭2010総括報告』。

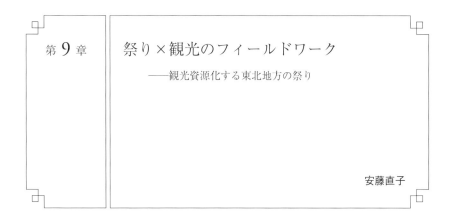

第9章　祭り×観光のフィールドワーク

──観光資源化する東北地方の祭り

安藤直子

1　祭り−観光で何が起きたか

　2020年のコロナ禍で，日本全国の祭りが軒並み中止に追い込まれた。東北地方も例外ではなく，夏の東北五大祭り（青森ねぶた祭，秋田竿燈まつり，盛岡さんさ踊り，仙台七夕まつり，山形花笠まつり）もすべて中止となり，経済的な損失は6県全体で1452億円に上ると試算されている[1]。祭りは東北地方の観光資源の筆頭に挙げられ，地元の経済に与える影響も大きい。

　私の暮らす仙台市でも，仙台七夕まつりの中止が決まった。この祭りは仙台駅前の中心商店街を主な会場として実施され，例年200万人が訪れている。東日本大震災の後，祭りや民俗芸能は復興のシンボルとなった。避難所では地域の民俗芸能が披露され，私たちは失われた日常へ思いを馳せた。2011年7月には東北六魂祭（現，東北絆まつり）が行われ，東北に多くの観光客を集めた。その祭りが，コロナ禍で中止を余儀なくされている。

　祭りは見る者なくして成り立たない。祭りから観光を差し引いたとき，何が生じたか。観光七夕の中止が決まったことで，中心商店街以外の地域商店街の伝統七夕が盛り上がりを見せ，また自宅の庭先に七夕飾りを飾る家が増えた。そもそも仙台七夕は，各家庭で行われる行事であったが，商業振興と観光化を目的に中心商店街の七夕のみが注目されていった。この観光七夕の中止により，仙台七夕の伝統を絶やさぬための動きが生じ，またアマビエのデザインを取り

込んだ飾りが創作されるなど，地域の伝統七夕の復興と再創造が促されたと言えよう。しかしこうした祭りの自粛や観光客の減少は一時的な現象であり，祭りと観光を切り離すことはできない。東北の祭りにもやがてまた，観光客が押し寄せるだろう。

　本書を手にしたみなさんも，祭り×観光のフィールドワークを始めれば，これまで観光客として目にしてきた祭りのイメージがガラガラと崩れていく感覚を覚えるはずだ。祭りのほとんど（いやすべて）が，観光用に再創造され，また，ありもしない歴史を捏造して古くから続いているかのように演出された祭りも多い。しかし観光の舞台裏を知り，祭りに関わる人々の複雑に交錯する思惑を反映して変化する動態を観察していくことこそが，祭り×観光のフィールドワークの醍醐味である。

2　祭り×観光のフィールドワークは楽しい

　山車小屋近くの路上に段ボールやブルーシートを敷き，ビールや日本酒を飲みながら祭りの話を聞く。料理を運び，子どもたちにジュースを配り，地元の方々と忙しなく動きながら，合間に話を聞いて回る。「その話なら，町内会長が詳しいぞ。酔っぱらう前に聞いてこい！」「〇〇さんがわかるって！」とアドバイスを受けながら，シートからシートへ，雪駄は遠くに脱いだまま飛び移っていく。「昔はこうだった」「いや，こうだったはずだ」と周りの人たちが次々に話の輪に加わり，記憶をたどりながら語り続けてくれる。酒が入り感極まって，どれほど祭りを大切に感じているか，涙しながら話してくれる人もいる。

　本書を手にしたみなさんにまず伝えたいのは，祭り×観光のフィールドワークの楽しさだ。私が15年通い続けている岩手県の花巻まつりでは，祭りの3日間を「初日は燃える日，2日目は燃え尽きる日，3日目は灰になる日」と表現する。燃えるだけではない，灰になるまで楽しむものだ。私は上の子の出産予定日3週間前にあたりまえのように祭りに出かけようとして，担当医にひどく叱られた。今年は行けないと泣く泣く棟梁に告げると，「2人目は祭りの時期を外して産むんだな」と冗談を言われたことを覚えている。そのくらいハマる祭

りに出会えれば，祭り×観光のフィールドワークは格別なものとなる。

　日本全国どこの祭りもたいてい人手が足りておらず，学生の参加は大いに歓迎される。祭りでは，地元の方とともに汗を流して活動するため，外から訪れる調査者もすぐに地元に溶け込むことができる。だから，恐れることなく祭りに出かけよう。ただし単純なバカ騒ぎで終われないのが，祭り×観光のフィールドワークだ。これまで観光客として外側から眺めていた祭りを，地元の側から覗いてみれば，祭りはみなさんの前に予想もしなかった姿を現すことになるだろう。

3　祭り×観光のフィールドで何をどのように眺めるか

フィールドで感じる違和感を大切にする

　学生の頃，東京発・東北三大祭りを見学するバスツアーに参加し，旅行代理店や観光客を対象としたフィールドワークを実施したことがある。それまで，地元で観光客を迎える側から調査することが多く，あえて観光客の視点で同じ祭りを眺めてみようと考えたからだ。夏祭り期間に，ユースホステルを利用して東北を行き来し，ともに寝泊まりした観光客と交流しながら調査したこともある。

　東京からツアーに参加した高齢の男性が，青森ねぶたを見て，ひどく腹を立てていた。増えすぎた観光ハネトを，ロープで制御しながら移動させる様子を見て愕然とし，若い頃に見た熱気に溢れるねぶたはもう見ることができないと，彼は憤慨していた。私たちはなぜ，遠くまで祭りを見に出かけ，そこで目にする祭りは昔のまま，変わらずにそこにあると信じているのだろうか。私たちの暮らしは便利になり，全国どこへ行っても同じような景色が広がっているのに，祭りや民俗芸能だけが昔のままであり続けられるはずがない。

　これまで，東北の祭りを対象にフィールドワークを続ける中で，東北らしさや素朴な人々を演じ続けることを強いられるホストと，都会で失われた日本の風景を求めてやってくるゲストとのせめぎ合いに何度も遭遇してきた。岩手県出身の私は，東京の大学に進学したときからつねに東北の出身であることを背負わされ，同時に私自身が背負わされている東北とは何なのか，知りたいと思

い続けてきたようにも感じている。卒業論文の執筆時には，指導教官の勧めも
あり，地元のチャグチャグ馬コと盛岡さんさ踊りのふたつの祭りを調査対象と
することにした。

　チャグチャグ馬コの調査では，関係者への聞き取りの他，朝早く装束馬とと
もに滝沢市の蒼前神社に参拝し，その後盛岡市内まで15キロの道のりを歩いた。
歩いてみると，たくさんのアマチュアカメラマンの姿が目に飛び込んできた。
彼らはプロさながらの高価なカメラを構え，観光客と自分たちを一線を画して
捉え，ふるまっている。特に，岩手山を背景に田園風景の中を装束馬が行進す
る様子が，田植えしたばかりの水田に反転して映し出されるノスタルジックな
風景の前は，早朝から場所取りをするカメラマンで埋め尽くされていた（図
9－1）。撮影のためここで行進が数分停止するのだが，何も知らず道の真ん中
に立っていた私は，カメラマンから一斉に「邪魔だ，どけ」と怒鳴られ，出馬
者からもすぐに避けるように諭された。観光客のためにシャッターチャンスを
作り，ここまであからさまにサービスするのかと驚いたのと同時に，東北地方
が観光においてノスタルジックな風景とそこに暮らす素朴な人々を演じ続ける
よう求められていることを痛感した。

　祭り×観光のフィールドワークでは，祭りが観光と掛け合されることで，現
場で何が起きているか，そこに見える演出や再創造を面白がる視点が必要だ。
そして何よりも，フィールドで感じる違和感を大切にしてほしい。フィールド
であなたが感じた違和感の中にこそ，祭り×観光を分析する際の，重要な視点
が含まれているはずだ。

語られること，書かれた歴史さえ疑ってみる

　ふるさとイメージを求める都市住民の視線の中で，東北の祭りは一地方の民
俗行事でありながら，国民共有の財産としても資源化されてきた。チャグチャ
グ馬コも観光資源化や文化財保護など，多様な文脈で重層的に資源化されてき
たといえる。

　もともとこの祭りは，小荷駄装束を継承すると言い伝えられている家の人々
が飼い馬の無病息災を祈り参拝した蒼前参りを原型としており，戦時中に軍馬
育成の啓蒙活動に活用されたことをきっかけに，個別の参拝から県庁所在地で

図9-1 畦道に群がるアマチュアカメラマン
出所：筆者撮影

ある盛岡へ向かう団体行進行事に再編された。

　機械化により農用馬の用途が失われた後も，祭りは観光目的で継続されていく。1978年には，国の「記録作成等の措置を講ずべき無形の民俗文化財」に選択されたが，文化庁から予備調査の依頼を受けた時点で，祭りはすでに従来の蒼前参りから大幅に改編されていた。そのため当時の調査委員会では柳宗悦らにより東京に持ち出された明治以前の絵馬を早急に探し出し，祭りと神社の関係を証明する資料を整える必要があると議論された。その一方，観光課職員が文化庁に観光パンフレットと写真を資料として提出しており，文化財指定の場面においても祭りの歴史や価値が創造され，再構築されてきたことが窺える（安藤 2002）。

　観光化された祭りを調査していると，そこで語られる歴史は驚くほど画一化されていることに気づく。本来，祭りの由来や歴史にはさまざまな説があるはずだが，有名な祭りであるほど，語られる歴史は収斂され，内容や表現まで一致していることもある。住民は観光パンフレットなどの資料から祭りの歴史を学び，それを調査者や観光客に繰り返し語るなかで観光用に再構築された歴史が「正しい歴史」として定着していく。そのため調査者は，たとえ公的な文書に史実として記されていても，一度それを疑う必要があるだろう。

　祭り×観光のフィールドワークでは，正しい歴史や本物の祭りを求めるのではなく，いつ，誰が，どういう理由で，どのように働きかけ，今に至るのか，

そのプロセスを追うことが大切だ。また，そこで話されることや書かれることと，実際にしていることや起きていることとのズレに敏感でいなければならない。人は言うこととスルことが違っている。嘘をつくこともある。適当なことを言ったり，翌朝，同じ質問にまったく違う回答をする人もいる。言いたくても言えないこともあれば，格好をつけて大袈裟に話すこともあるかもしれない。それは，調査地に限らず，私たちの日常に起きていることと同じだ。

　祭りは，観光客数や観光収入で評価される他，文化財保護制度や世界遺産活動など多様な価値基準に振り回され，政治経済的な駆け引きに巻き込まれている。祭り×観光のフィールドワークでは，地元の人々が語ること，書かれることの背景で何が起きているのか，それを読み解く視点が重要である。

身体感覚を通じて得られるデータを大切にする

　卒業論文では，他に盛岡さんさ踊りについて調査した。盛岡市民なら誰でも踊れる身近な民俗芸能であり，私も学校教育を通じて踊りを習得しており，調査は順調に進むだろうと楽観視していた。小学校の運動会では，踊りの他に横笛や太鼓を演奏し，その際，地域の伝統を受け継ぐことの大切さも教え込まれていた。

　さんさ踊りについて話を聞くため，地元で最も有名なA保存会の顧問にアポイントを取り，自宅で2時間ほど話を聞いて，これで卒論が書けると，国道沿いのバス停に腰かけてバスを待っていた。

　しかしバスは一向に来ない。すると，籠にたくさんの資料を積んだ原付バイクが，私の前に停まった。その男性は，東京からさんさ踊りを調査に来た学生がいると聞き，追いかけてきたのだという。男性の口調はすぐに説教に変わり「本当に踊らずに帰るのか？踊らないで何がわかる」と踊りを習うよう熱心に説得され，私は半分訳がわからないまま，翌日から隣村の体育館までバスを乗り継いで通い始めた。そしてそこから数年間，踊りを習い続けた。

　ところが，ここで教わるさんさ踊りは，私が学校や町内の盆踊りで踊っていたものとはまったくの別物であった。学校で教わった踊りは10分もあれば覚えられる簡単な振り付けで，腕を横に振り出す仕草が特徴的だ。しかしA地区の踊りは，腕を上へ上へと振り上げ，また全身で一度深く沈み込み，その反動で

高く飛び跳ねる。前進型の観光パレードの踊りとも異なり，道化役を中心に輪になって踊る。踊りは激しく，5分も踊ればすぐに息があがった。A地区の人々は「人は喜び感極まれば，上へ上へと飛び跳ねる」といい，それこそが本来のさんさ踊りなのだと語る。私は最終的に舞台にも出させてもらったが，話を聞くだけではなく，身体を使うフィールドワークを経験したことで，学校教育を通じて習得し伝統と信じてきた踊りが，ひどく簡略化されたものであることを実感することができた。そしてその後，私が小学校で習った踊りは，東北三大祭りに続く観光用の祭りの創設に伴い，新たに創作された踊りであることがわかった。

　祭り×観光のフィールドワークでは，調査者自身の身体感覚を通じて得られるデータが重要である。黙って遠くから観察するのではなく，許されるならば，踊ってみる，叩いてみる，吹いてみる，引いてみる，喧嘩してみる。その中には，身体感覚を通じてしか得られないデータもあるだろう。ある山車祭りの調査をした際，競り合いに負けた町内が山車を後ろに下げ，相手に道を譲ることがどれほど屈辱か，地元の方に繰り返し語られたことがある。その感覚がそのとき，私には理解できなかった。しかし運転免許を取った後，交互通行の道で相手が譲らず，トラブルを避けるため自分が大幅にバックして道を譲ったとき，ふと虚しい気分になり，山車を下げることが悔しいという感覚はこういうことかと，やっと腑に落ちた気がした。祭りにおいて表現される感覚は，現代の私たちの感覚にも通じるものがあり，こうした身体感覚を通じて得られるデータも重要である。

観光を表と裏から立体的に眺める

　誰もが，観光は地域につける特効薬であると信じている。特に祭りは比較的初期投資が少なくて済み，コミュニティ形成にもつながるため，どの自治体も祭りの観光資源化に力を注いでいる。しかし，地元住民は本当に観光化を歓迎しているのだろうか。調査者は，さまざまな先入観を取り払ってフィールドに入る必要がある。

　仙台七夕は，仙台を代表する観光資源であり，観光消費支出額は332億円と試算されている。[(2)]祭りの期間，仙台駅前の商店街はまっすぐには歩けないほど

の人出となる。アーケードには華やかな七夕飾りが飾られ，私はその製作過程を知ろうと調査を始めたが，始めてすぐに商店街のほとんどの店が，飾りを自分で作らず専門業者に外注していることがわかった。

　労働基準法の制定で，閉店後に経営者と従業員が共に飾りを製作する風習は消え，やがて県外や海外資本の店舗も増える中で，自家製作を続ける店舗は数えるほどになった。現在，中心商店街の七夕飾りの約8割の製作に携わっているのが，紙の卸売りから七夕飾り製作を請け負うようになったA業者である。そこで私はA業者の製作現場で，職人とともに飾りを製作しながら調査を進めることにした。

　A業者では，七夕飾りのデザインや製作，当日の朝の飾りつけから取り外しまでを請け負っている。しかし近年は，広告代理店等にデザインを発注し，製作や材料の準備のみを依頼する店も増えた。店と製作業者の間にデザイナーが入ることで，店の要望が職人にうまく伝わらないこともある。また，東京の会社にデザインを依頼する店もあり，仙台七夕の伝統を知らないデザイナーとの意思疎通に苦労することも増えた。

　本来商店街の七夕は，竹1棹に飾りを5個取り付けるのがしきたりとされ，4個は縁起が悪いとされてきた。しかし最近は，経費削減のため1棹3〜4個に注文を減らす店もある。また，七夕飾りは広告媒体として利用されるが，薬玉に筒，吹き流しというA業者が考案した組み合わせが定着したのは，筒の平面に大きな広告を入れやすいためである。吹き流しにも社名や店舗名を入れるため，従来の和紙ではなく，プリンターでの印刷に対応した合成紙の使用も増えた。

　また，商店街で話を聞くと，本音では七夕祭りへの参加を望んでいないといった声も多い。祭り期間，市民が混雑を避けて買い物に来ないため，土産物店や飲食店以外は通常より売り上げが落ちる。現在の仙台七夕は，業者が請け負うものになり，七つ飾りに願いを込めて手作りした伝統七夕からかけ離れてしまったようにも見えた。

　しかしさらに調査を進めるうちに，思ってもみない七夕の姿が見えてきた。A業者の七夕飾りの製作は，リーダーとなる女性職人が知りあいの主婦にパート仕事を分配しながら進められる。在宅で「花開き」の内職をする女性も

含めると全体で100名程の女性が製作に参加している。中には友人に誘われて28年間製作に携わってきた女性や，夫を亡くし寂しい思いをしていたところ，お茶でも飲みに来ないかと声をかけられ，同世代の女性との交流を楽しみに製作に参加し始めた人もいる。作業場に来ると，自分が必要とされていることを実感し，生きがいを感じるのだという。

　仙台七夕が大規模な観光祭りとなり，業者が取り仕切るようになった今も，その担い手は家庭の主婦であり，女性が丁寧な手作業で飾りを作るという，伝統的なあり様は変わっていない。祭り会場で見る華やかな七夕飾りの大半が業者に外注されていることも，その飾りが，地元の女性たちの地道で丹念な作業の積み重ねで成り立っていることも，観光客や市民には知られていない（安藤2010）。

　このように観光化された祭りは，表舞台と裏で見せる姿がまったく異なっている。観光を表と裏から立体的に眺めていくためには，あなたが身につけた固定観念を取り払って祭りに飛び込むことが大切である。

4　フィールドワークに出かける前に

参加可能な町内会・保存会を探そう

　さて，ここからはみなさんがフィールドに入る前に何を準備すべきかを考えていこう。まず，参加する祭りを選ぶ必要があるだろう。テーマに合わせた祭りを選ぶことも，あるいは祭りを先に決めてそこからテーマを絞る場合もあるだろう。後者の方が現実的かもしれない。祭りは特に観光と掛け合わせたとき，これまでみなさんが目にしてきたものとは，まったく違う姿を見せる可能性が高いからだ。

　祭りには，観光客が飛び入りで参加できる枠が設けられていることが多い。青森ねぶた祭では，正装のハネト衣装を着用すれば観光客も事前の登録なしに参加でき，衣装はレンタルもできる。盛岡さんさ踊りでも，飛び入り参加の枠が設けられているほか，パレード後の輪踊りには誰でも参加できる。しかし，みなさんが挑戦しなければならないのは，観光客と同様の参加ではなく，より地元に密着した参与観察であろう。

　調査対象となる祭りを決めたら，町内会や保存会に直接連絡することになるが，地元でなければ，誰にどのように依頼すればよいか途方に暮れるかもしれない。そんなときは，自治体の観光課や観光協会に電話してみよう。多くの祭りが観光課を窓口にしており，相談すれば卒論執筆の目的で訪れる学生の受け入れに慣れた町内会や保存会を紹介してくれる。運が良ければ，論文のテーマに合わせて，地元で最も詳しいインフォーマントを紹介してくれるかもしれない。あるいは，自治体が独自に市民参加枠として，山車や神輿，祭り連を編成していることもあり，そこへの参加が許されることもあるだろう。

　観光課に電話する際には，調査の目的や方法，期間を簡潔に伝えられるよう，あらかじめ準備しておこう。祭りが近づくほど関係者は準備に奔走し，学生に対応する時間を取りにくくなる。地元の方に迷惑をかけないよう，早い時期にアポイントを取ることも重要だ。

　また，観光客が見ている祭りは，実際には例大祭などの関連行事であることが多い。華やかな関連行事だけが集客目的で切り離され，土日に移行されている。山車には必ず御神札が載せられ，祈願祭や奉納行事が実施されている。どれほど観光化された祭りであろうと，神事を見学することも忘れてはならない。

　さらに，祭りは複数の会場で同時に進行するため，一人ですべての行事に参加することは難しい。祭りのプログラムも多様化する傾向があるため，規模の大きな祭りでは対象を絞って同行することになるが，祭りの全体を見たければ，数年に渡った調査を計画しよう。

依頼状を書こう

　受け入れ先が決まったら，電話やメールで連絡した上で，すぐに正式な依頼状を書くことが望ましい。自分が何者であり，どういった目的で，どのような調査がしたいのか，調査項目も大まかに書面で伝えておくと，受け入れ先もあなたを安心して迎えることができる。

　また調査を終えた後は，なるべく1週間以内に御礼状を届けるように心がけたい。さらに，論文や報告書が完成した際には，必ずお世話になった方々に現物を届けよう。調査を通じて，みなさんは地元に負担をかけ続けることを，つねに自覚しなければならない。祭りの準備に忙しい時期に，学生の調査にまで

対応することはかなりの負担であるのに加え，調査者は地元の方々を質問攻めにし，語りを強いる存在でもある。学生であるみなさんは，滞在中何度も弁当や飲み物をご馳走にもなるだろう。学生が書いた論文とはいえ，地元の方は喜んで読んでくれる。外から訪れる人に自分たちの暮らしがどう見えるか，客観的な視点を与えることを，みなさんは期待されているからだ。

　調査者は，調査地の人々を一方的にまなざしていると思いがちだが，実際には，フィールドで最もよく観察されているのは，調査者の方である。どんな目的でここに来たのか，どのような人間性の持ち主なのか，この人を信用して本音で話してもよいのか，調査者はつねに観察され，試されていることを自覚しながらフィールドワークに臨もう。

同じ衣装を着て，同じことをしよう

　祭り当日は，衣装も地元の人と同じものを着用しよう。保存会や町内会の半纏は貸してもらえることが多い。衣装の着方，髪型や化粧には地元のしきたりがあり，周囲に質問しながらそれに従うことが大切だ。足袋や雪駄，シャツ類は個人で用意する必要があり，衣装代やクリーニング代も掛かることを覚悟した方がよい。それでも同じ衣装を着ることで，地元に馴染むことができる。踊りやお囃子を事前に学びたければ講習会が行われていることもある。篠笛などの和楽器を自治体で貸し出しているところもあるため，観光課に問い合わせてみよう。

　祭り当日は，衣装を着たままフットワーク軽く動き回る必要があるため，軽量のカメラや小さめのフィールドノートを持ち歩く方がよい。祭りの場面で，ボイスレコーダーを向けたり大きなノートを広げるのは野暮であり，調査対象者との距離を広げてしまう。私は祭りの最中に伺った貴重な話は，休憩時間にこっそり隅でメモに書き残すようにしている。祭りの調査に行く際は，日本酒やビールを持参しているが，学生であるみなさんはその必要はないだろう。手土産を持っていくことよりも，学生らしい謙虚さで行動することが大切である。

5　さあ，フィールドワークに出かけよう

準備にどれだけ参加できるかがポイント

　観光客は祭り当日，知らない場所，知らない土地へと非日常を経験するためにやってくる。しかしみなさんは，祭りの準備に始まり，祭りを終えていつもの静寂が戻るまで，日常から非日常へさらにまた日常へ戻るまでのすべてを目の当たりにし，その場に身を置きながら感じ取る必要がある。

　祭りは準備に数ヶ月，あるいは数年かけて本番を迎えるものであり，できる限り準備の段階から参加させてもらおう。本番の数ヶ月前から何度も足を運び，山車や神輿の製作に参加したり，提灯の補修をしたり，神社の鈴を磨いたり，踊りや太鼓，お囃子の練習をする。準備にどれだけ参加できるかが，調査対象者から信頼を得られる鍵になる。

　花巻まつりは毎年9月第2土曜を挟む金土日に開催されており，花巻では7月になると，各町内の空き地に山車小屋が設置され，山車製作が始まる。住民は夜になると一人また一人と山車小屋に集まり，祭りまでの2ヶ月間，夜遅くまでこつこつと作業する。その年の祭りが終わった日から，翌年の祭りは始まっているとも言われる。

　私が参加するA町内会は花巻城のすぐ足下に位置する中心商店街であり，商人として祭りを率いてきた誇りに満ちた町内である。しかし郊外に総合スーパーが出店した後，商店街からは客足が遠のき，少子高齢化も伴って，祭りの担い手は不足している。町内には銀行の支店があり，地域貢献のために参加する行員の協力を得ながら，また地元大学の体育会からアルバイトの引手を雇って，山車を製作・運行している。他にも，知り合いを通じて参加し，居心地の良さからそのまま後継者として定着した人も多く，地元出身者に限らず，他所から訪れる雑多なメンバーで構成されている。A町では，外から来た人にも適材適所でやりがいの感じられる役割を大胆に与えながら，祭りを継承する意識を芽生えさせ，同時に仲間として受け入れてメンバーに取り込む戦略を展開し，祭りを維持している。

　しかしすべての人を無条件に受け入れているわけではない。山車製作の段階

で，どの程度貢献したか，また何年通い続けているかで，任される仕事の内容は変わってくる。事前の準備に参加しない人は，A町の半纏を着ることも，大太鼓を叩くことも許されない。私自身は調査を始めた頃，事前に1週間以上，町内の方のお宅に泊めてもらいながら山車製作に参加した。朝食の卵焼きを一緒に焼き，それを食べながら祭りの話を聞く日々を過ごし，ようやく半纏を貸してもらうことができた。それ以来15年祭りに通うことになったが，毎年必ず事前に足を運び，山車製作から参加している。

　本来は花組，人形組，波組と分かれて製作技術を習得していくが，調査者である私はそれらを転々としながら，つまみ食いのように作業を経験させてもらっている。もちろん，掃除や片づけも積極的に行う。祭り当日は事故が起きないよう山車の運行に集中しなければならないが，山車製作のあいだは，手を動かしながらいろいろな話を聞くことができる。山車小屋に長くいるうちに，お互い次第に気を許し，祭りの思い出話が始まる。中学の頃，大人しか近づけない山車小屋の周りを叱られながらうろちょろして遊んでいたことや，小屋の周りにある廃材や工具でこっそり物を作るのが楽しみだったといった話に始まり，ここに来れば大人の会話を聞けるのが楽しみで，こっそり友人と山車小屋に潜んでいて死ぬほど叱られたとか，山車小屋の裏にエロ本が隠してあるのを探しに行ったとか，小さい頃から祭りとともにある人生を，零れ落ちるほど聞くことができる。祭りでの出来事は，調査対象者の成長や人生の節目の記憶とともに語られる。「あれは，私が中学1年の頃」などと語られることも多いため，可能であれば調査対象者の生年月日を聞いておくと，データを整理する際に時期を把握しやすい。

　準備段階から参加することで信頼関係が築かれ，得られるデータの質も変わってくる。私は「花巻の人間でもないのに物好きな人」から「祭りにすっかりはまった人」と笑われるようになり，やがて「あなたが来ないと祭りがきた気がしない」と言われるようになった。若い頃「ここは私の聖地だから結婚しても旦那は連れてこない」と言った酒の席での私の冗談が，今も飲み会の場で繰り返し語られている。

学生としての立場をわきまえること

　担い手が不足する地方の祭りでは，大学生が山車の引手や神輿の担ぎ手として重宝され，調査実習として参加したり，サークルや体育会の学生が地域と関わるボランティアとして参加することも多い。なかには祭りに出ることで単位を得る場合もある。

　学生の祭りへの参加は多くの場合，歓迎される。祭りに参加することで充実感が得られ，そのうち自分が地域に貢献している感覚にも陥る。しかし実際のところ，製作の経験も技術もない素人が現場をうろうろすることは，地元の負担を増やすだけである。自分で作ればほんの数分で完成するものを，製作の方法や材料，道具の使い方やそのコツまで，ひとつひとつ説明し，作業の手本を見せ，できたものを確認し，出来が悪ければ修正してやる。祭りに学生が入り込むことで，作業は滞り，地元の負担が増えていく。私は祭りの調査に臨む際，自分が祭りを手伝っているという感覚で臨んだことは一度もない。調査者は，作業の手を止めさせ，合間に語りを強いる存在である。

　さらに，調査者は祭りの後継者にはなり得ない。論文を書くという目的のため一時的に訪れる人であり，熱心に技術を伝授しても，来年以降も戦力となるとは限らない。

　そのため，祭りに参加する際には，つねに学ばせていただいているという感謝の気持ちをもって臨んでほしい。謙虚な気持ちでその場に居続けることが，調査者として最低限の心がけであるといつも考えている。

地元のしきたりを読む

　花巻まつりでは，山車の後方に大太鼓が４〜５個積まれている。そのうち右端はその場に居合わせた人の中で最も高い技術を持つ人が叩き，全員が右端に合わせてリズムをとる。左端は２番目に上手い人が叩き，それ以外は初心者でも叩くことが許されている。また，技術の高さとともに，Ａ町の出身かどうかという基準も存在する。右端と左端は町内の出身者が優先的に叩き，よそ者はそれ以外を叩く（図9-2）。

　地元のルールに従わず，新参者が両端を叩けば，途端に気まずい空気が流れる。両端は叩いてはいけないと注意されて初めて気づく人もいるが，それはも

図9-2　右端は主にA町出身者が演奏する
出所：筆者撮影

ってのほかである。また，夜の山車連合パレードは最も観客が多い見せ場となるため，ここで大太鼓を叩くことができるのはA町出身の男性のみとなる。A町の出身であっても，連合パレード序盤に女性が大太鼓を叩くことは許されない。パレードが終盤に差し掛かり，また中心部から外れた場所まで来て，ようやくA町の女性も叩くことを許され，その後A町出身ではない他の参加者が交代で叩くことが許される。

　もともと，花巻まつりの大太鼓は男性だけが叩くものであり，女性は「お姫様」と呼ばれる稚児として，小太鼓を担当した。かつて祭りは結婚相手を選ぶ場としても機能していたと言われ，大太鼓と小太鼓との掛け合いが繰り広げられた。しかし30年程前に上町出身の女性が大太鼓を叩きたいと申し出て認められ，その後，参加者が減るにつれて自然と女性も大太鼓を叩くことが許されるようになった。祭りにはこのように，地元で共有され，言語化されないしきたりが存在している。調査者はこれを瞬時に読み取り，そのルールに従わねばならない。

　全国の祭りには女人禁制とされるものもあり，女性は山車に乗れない，喪中の人は山車小屋に近づかない，他町内に入る際には半纏を裏返すなど，祭り期間にだけ立ち現れるしきたりがあり，その内容は地域によってさまざまである。

立場によって得られるデータは変わる

　大学4年で初めてフィールドワークに出かけ，長く通い続けるうちに，私は大学生から教員となり，また結婚して母親にもなった。その過程でフィールドでの私の扱いは変わっていった。学生の頃は，何でも丁寧に説明してもらえたが，教員になった後は説明しなくてもわかるだろうと省略されることが増えた。また，東北の出身であることを告げると地元出身ならわかるだろうと，さらに説明を省略されることもある。

　立場によって得られるデータは異なり，学生という立場だからこそ得られるデータもあるだろう。私は大学4年時に，A地区の神社境内に焚かれた火の周りで伝統さんさを見せてもらったことがある。そのうち保存会の方たちが「今から10年に一度しか見られない地域に伝わる伝統芸能を披露するから正座をしなさい。メモの準備はいいか？　カメラの準備はいいか？」と神妙な面持ちで言い始め，私がわくわくしながらカメラを構えると一升瓶を股間に挟み，少しずつ上げていく座敷芸を見せられ赤面したことを覚えている。フィールドでは，若い女子学生だからこその扱いもあっただろう。時にはからかわれたり，とぼけられたり，祭りの間は気分が高揚しやすく，酔いも回って，適当なことを言われることも多い。しかし，これこそが祭り×観光のフィールドワークの面白さでもある。祭りは人と人との距離を縮めやすい。たわいもないこうしたやり取りの中から得られたデータを，どれも無駄なデータだと思わず，定かではない記憶も，酒の席での大口や冗談や涙も，すべて大切なデータとしてつぶさに記録していく。そこで見聞きすること，自分自身が感じたことのすべてを貴重なデータとして，フィールドノートに書き留めていこう。

角度を変えて眺めること

　調査に当たっては，知りたいことを当事者1人に聞いて満足するのではなく，同じことをさまざまな立場の人に質問することが重要だ。モノの捉え方は，年齢や性別，性格，あるいは立場や役割などでまったく異なっている。同じことを他の人にも尋ねることは失礼に感じるかもしれない。それでも，調査対象者に配慮しながら，やはり同じ質問をさまざまな人に投げかけ，物事を多面的に重層的に捉えていくことが大切である。

　また，祭りをひとつの角度から眺めるだけではなく，多様な角度から総体的に眺める視点も必要だ。中心商店街であり少子高齢化が著しい花巻のＡ町内会と，郊外の新興住宅地であり，住民交流を目的に山車製作を始めたＢ町内会では，祭りの運営組織も参加者の構成もまったく異なっている。Ａ町では前述したように，銀行から人手を借り，知り合いの紹介でやってきた人に重要な役割を与えながら後継者として定着させる手法で担い手不足を乗り越えている。Ａ町内に子どもは２～３名しかおらず，祭りに必要な稚児30名のうちのほとんどが他所から借りられてきた子どもで構成されている。町内の40代の住民は，子どもの頃，町内には頑固で怖い，祭り好きのオヤジがいたと語る。祭り期間はいつも以上に，しきたりや礼儀を教え込まれた。山車小屋に近づけば危ないと怒鳴られ，太鼓を叩けば下手くそと言われ，それでも祭りを通して親以外の地域の大人に叱られることは，自分の成長過程において間違いなく必要であったと語る。しかし今，祭りに参加する子どもは他所から借りてこられた子どもであり，衣装代やクリーニング代を払って参加する余所の子どもが，だらだら歩いたり，騒いだとしても，叱ることは難しい。

　一方Ｂ町内会の稚児は，すべて自町内の子どもで構成されており，ジュースの飲み残しを放置するなど，些細なことでもその都度，厳しく叱られる姿が見られる。ひとつの祭りをさまざまな角度から眺めることで，祭りはまったく異なる姿を調査者の前に現す。

　夜のパレードを終え，稚児が帰宅した後，余興として大人の女性が小太鼓を叩きながら町内を練り歩いたことがある。小太鼓は大太鼓のリズムに耳を澄まし，掛け合いで叩かねばならず，そのとき初めてお囃子が男女の掛け合いであることを，理解することができた。このように祭りを決まった場所で一方向から眺めるだけではなく，さまざまな角度から総体的に眺めていくことが大切である。

信頼を得たその後に何が起きるか

　フィールドワークが順調に進み，地元で受け入れられ，祭りが楽しく感じられるようになると，調査者も次第に祭りの中で重要な役割を任されるようにもなってくる。それに伴って，調査者は，内でもなく外でもない自身の立ち位置

を保つことの難しさを感じ始める。

　祭りは人と人との距離を縮めやすい。酒も入り本音が出やすい場所でもある。長い期間一緒にいるうちに，地元の出身ではないものの地域の内情をよく知り，また一時的にしか滞在しない私は，いつしか愚痴をもらしやすい存在になっていく。信頼を得る中で私に向けられる語りの中には，祭りのリアルな姿，祭りを維持していくために仕方なく受け入れていること，他の町内や実行委員会，あるいは住民間に生じる葛藤に関わる内容も含まれている。その中には，祭り×観光を研究する上で，興味深いデータが含まれていることもある。しかし，どんなに書きたい衝動に駆られても，言うなと言われた話を書けば信頼を失う。書きたい気持ちを押し殺さなければならない場面も多くなる。信頼を得て，地元の方との距離が近くなればなるほど，調査対象を客観的に眺める難しさも生じる。私は祭り会場に並ぶたくさんの山車を眺めながら，どうしてもA町の山車が一番しびれると見惚れてしまう自分が，調査者として客観的な視線を保つことができているのか，疑問に感じるときがある。

　どんなに地元に溶け込んでも，調査者は，つねに調査者としての自身の立場を忘れてはならない。長く通い続ければ，自分が内側の人間なのか，外側の人間なのかさえわからなくなる。信頼を得た後に訪れるこの危うさを乗り越え，それでも客観性を保とうと努力しながら，詳細なデータを蓄え続けて研究に昇華することが，私が今抱えている，祭り×観光のフィールドワークの課題でもある。

考えを深めるために

　　1）少子高齢化が進み，担い手が不足する祭りに，大学生が参加しフィールドワークすることで，地元には何が残り，何が失われるだろうか。フィールドワークに入ることの影響を考えてみよう。

　　2）観光資源化される祭りを，地元の人々はどのように受け止めているだろうか。また調査者としてのあなたは観光化される祭りをどのように感じ，観光客はどう感じているだろうか。そこにはズレがあるだろうか。他にも，祭り×観光のフィールドワークであなたが感じた「違和感」をたくさん書き出してみよう。

注

⑴　七十七リサーチ＆コンサルティングによる。
⑵　荘銀総合研究所による。

文献

七十七リサーチ＆コンサルティング，2020，『77 R&C 調査月報』728号：18
安藤直子，2002，「地方都市における観光化に伴う祭礼群の再編成」『日本民俗学』
　　　231：1 -31
荘銀総合研究所，2007，『東北 6 大祭りの経済効果』：2
安藤直子，2010，「七夕飾りの製作業者」『仙台旧城下町に所在する民俗文化財調査報
　　　告書⑦仙台の七夕飾り・仙台の竹細工』仙台市教育委員会：5 -10

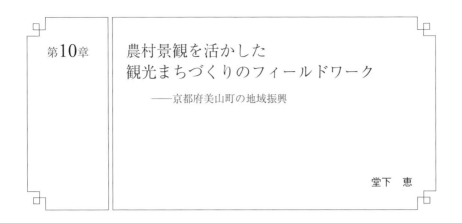

第10章

農村景観を活かした
観光まちづくりのフィールドワーク
——京都府美山町の地域振興

堂下　恵

1　観光まちづくり

　日本で観光まちづくりの議論が活発になったのは，過疎化や少子高齢化といった課題に対して，地域社会と地域環境と地域経済をひとつの枠組みで考えることが求められるようになったからである（西村編 2009）。観光まちづくり研究会が2000年に発行したガイドブックでは，観光まちづくりは「地域が主体となって，自然，文化，歴史，産業など，地域のあらゆる資源を生かすことによって，交流を振興し，活力あふれるまちを実現するための活動」（アジア太平洋観光交流センター観光まちづくり研究会 2000：5）と定義されている。

　日本国内に限らず，交通の発達，産業構造の変化，通信技術の発達等が相まって，現在，人々は生まれ育った土地に縛られることなく，地域や国の境界を越えて移住することができる。人々が移出した地域ではコミュニティをどのように守り存続させていくかという課題が深刻になり，早くは1970年代頃から観光による地域振興や活性化が盛んに議論されてきた。観光まちづくりを観光地域振興や活性化も包括する広い意味で捉えると，代替観光や環境にやさしい観光の議論と深く関係しながら展開してきた（例えば De Kadt 1992, Holden 2000）といえるので，観光まちづくりは地域主導で小・中規模の開発を行い，地域に利益をもたらし環境にもやさしい観光実践だと理解することができる。多くの地域では多額の資金を捻出することではなく，地域の既存の資源を（再）発

掘・（再）発見し，地域住民や地域での活動に積極的な団体・教育機関，研究者らによって魅力を創出し観光実践を試みている。そして，本章で取り上げる京都府美山町をはじめ，地域の人々の知恵や工夫によって活性化した事例が成功例として紹介される。

　海外の観光まちづくりでは「地域主導」が重視される事例が少なくない（例えば松永・徳田編 2017）。発展途上国には欧米の植民地だった歴史を有するところが多く，欧米に好まれる理念や方策で観光開発が行われると，必ずしも現地の文化や社会に合わず，地域から観光に否定的な声があがる。地域にとってより良い観光実践を住民自らの手で行うことが重要になるのだ。他方，ヨーロッパでは一国内において異なる文化や歴史を有する地域があり，そのような地域でも自分たちの文化に根付いた観光まちづくりを志向する。

　日本では，観光まちづくりは過疎化・少子高齢化に直面し，木材や農作物の輸入自由化の波を受けて第一次産業が低迷した農山漁村を活性化する方策として期待された。農山漁村で観光まちづくりを試みた際，「何もない」と住民が思いがちだった彼らの地元には，山や田畑，河川があり，自然が豊かで「環境にやさしい」イメージを大きな魅力にすることが可能だった。1990年代には農林水産省が「農山漁村で楽しむゆとりある休暇」と定義されるグリーン・ツーリズムを提唱し（21世紀村づくり塾 1992），環境省が原生の自然だけではなく里山等も対象とする日本型のエコツーリズムを推進した。これらの国の行政機関が出す補助金は，観光まちづくりに大きく役立った。

2　観光まちづくりのフィールド選び

観光まちづくりの人類学的調査

　人類学的調査のフィールドワークは，長期間ある特定の地域に居住したり，特定の団体と行動をともにしたりして，数値では表せない人々の言動を観察して現場で情報を収集し，フィールドノーツとしてデータを蓄積する。膨大な質的データを分析して，対象とする人々や地域に何が起きているのかを解明する，問題発見型の調査研究手法である。

　観光まちづくりを対象にフィールドワークを行う場合，ひとことで観光まち

づくりといっても多様であるので，調査者は自身がどのような種類，どのような目的の観光まちづくりに興味があるのか確認する必要がある。観光まちづくりの担い手に着目するのか，観光実践のテーマ（例えば，環境にやさしい観光）の実現度合いを考究するのか，あるいは観光を通じた来訪者と地域住民の関係性を探求するのか。切り口によって調査地も調査対象も変わる。調査者自身の「Research Questions」を掘り下げておくことがフィールドワークを成功に導くカギとなる。

　また，地域選びも重要である。観光まちづくりで興味深い取り組みをしている地域は国内外に多数あるので，旅行先を選ぶときのように複数の地域に魅了されてしまうだろう。実際に長期フィールドワークを目的として地域を選ぶ場合，学術調査研究を行うことに客観的な意義があるのか確認することが重要になる。調査地選びではまた，長期住み込みが可能なのか，身の安全を確保して現地調査ができるのか，長期フィールドワークで十分なデータが取得できるのか，調査協力者はいるのか，調査費用は確保できるか等，成功させるための項目を多数確認する必要がある。

　筆者は日本とイギリスの大学院で観光研究の教育を受けた。日本の大学院で学生として研究計画を練っている際には，海外のエコツーリズムに興味を持ち，アラスカのエコツーリズムを調査したいと思ったときがあった。指導教員からは，筆者にとって日本人居住者・旅行者の少ないアラスカでエコツーリズムを研究する意義がどれほどあるのか，考えてみるようにアドバイスされた。

　イギリスの大学院では調査地選びの際に身の安全を確保して現地調査できるのか，事前に十分確認するよう指導を受けた。リスクマネジメントのチェックシートを渡され，数ページにわたる細かいチェック項目に回答を記入し，大学院に提出しなければ現地調査の許可が下りなかった。これからフィールドワークを行う読者には，コロナ禍の後で混乱している地域もあると思われるので，リスクマネジメントの徹底をお勧めしたい。

　加えて，観光まちづくりをテーマに調査研究をすると，研究者はもちろん学生であっても結果のフィードバックや調査地への貢献を期待されることが多い。観光まちづくりをテーマにフィールドワークを行う際には，研究成果の社会的意義や価値を念頭に置き，調査地への貢献も意識しながらテーマや地域を選定

することが必要である。

実際のフィールド選び

　本章で紹介する京都府美山町でのフィールドワークは，筆者が博士論文を執筆するためだったので，まず，調査目的を明確にすることからはじめた。筆者は大学院に進学するときからエコツーリズムに興味があった。エコツーリズムを「環境が保護され，かつ地域住民に福利をもたらす自然地域への説明ある旅行」[1]だと理解し，環境保護と地域振興を両立できる観光形態だと考えていたからである。そこで，エコツーリズムで地域活性化を行っている地域を国内外から複数選んだ。次に，エコツーリズムが行われている自然地域が，海外では国立公園に代表される原生の自然であるのに対し日本では農林地も含むことに着目し，日本国内に調査地を絞ることにした。人の手が入った自然で行われる日本型エコツーリズムを調査することで，観光による環境保護について研究できると同時に，観光資源の生成と利用のメカニズムを解明できると期待したからである。

　日本国内で調査することに決めてから，指導教員やエコツーリズム研究者にアドバイスをもらって，京都府美山町，S県O村，N県I市の3ヶ所に調査地を絞り，下見をする計画を立てた。3ヶ所の候補のうち，京都府美山町は関西圏からの来訪者が多かったが，S県とN県は関東圏からの来訪者を主なターゲットとしていた。指導教員からは首都圏と調査地との関係も分析できるところを選んだ方がよいかもしれないというコメントがあった。しかし，実際に現地を訪れると，S県O村にはダムがあり，エコツーリズムはダム周辺を散策するプログラムが中心だとわかった。N県I市では多くの山の斜面にスキー場があり，冬場のスキー客の減少を受けて夏場にエコツーリズムを行って地域活性化を試みていることがわかった。

　他方，京都府美山町には国内残存率1位をほこる茅葺家屋が残り，山林，田畑，河川が織りなすのどかな風景が広がっていた。第一次産業が低迷した後，まずは農林業の課題解決を試み，その後，観光による地域活性化に取り組んできた地域である。他の2地域のように開発の影響を受けていなかった美山町に魅力を感じ，下見に行く際には美山町商工観光課に事前に連絡をして担当者や

関係者に話が聞けるように依頼した。美山町には京都大学の研究林があるので，京都大学の人類学者にも調査計画を相談し，関係者を紹介してもらった。

　美山町は広大な面積を有する自治体で旧村のエリアをもとに５地区に分かれており，各地区は地理的に分断されていた。町役場は町中央の宮島地区に位置していたが，観光行政のトップに立つ助役は宮島地区から峠を越えた東側の平屋地区在住で，町営の観光複合施設「自然文化村河鹿荘」は平屋地区よりもさらに東側の知井地区に位置し，町役場からは車で30分程度かかる場所にあった。下見では，最初に町役場の商工観光課で担当職員と面談したが，助役とは日時を変えて自然文化村河鹿荘で面談できることになった。町営の観光施設で助役に会えたことは，担当職員とは異なる角度から美山町についての情報を得ることができただけでなく，面談後すぐに施設の館長をはじめ複数の関係者を紹介してもらうことができ，本調査が始めやすくなった。

　加えて，下見の際には宿泊場所も工夫した。美山町内には自然文化村河鹿荘をはじめ複数の宿泊施設があったが，利用者が相部屋で宿泊をするユースホステルを選んだ。経営者には事前に話を聞きたいと依頼し，相部屋で過ごす宿泊客には適宜話を聞いて本調査に向けての情報収集をした。このユースホステルは大野地区にあり，経営者に会って話を聞くと町長と縁があることもあって美山町で開業したことがわかった。他方，京都大学の人類学者から紹介してもらった関係者は鶴ヶ岡地区の林業家で，下見の時点で他の関係者と異なる切り口で美山町について話を聞くことができた。

　観光以外の開発による影響が最小限だった美山町にめぐりあい，下見の際に居住地域や立場が異なる人々から多様な情報を得ることができて運が良かったともいえるが，このような良縁をもとに調査地を意図的に選別したということもできるだろう。人類学的調査のフィールド選びは縁や偶然がカギになる場合がある。良縁を引き寄せるためには調査前から候補地に足を運び，現地での出会いを大切にすること，そして機会を逃さずに面談や協力のお願いをすることが重要である。

　美山町の下見には後日談があり，本調査地として決定した後に住み込み先が決まるまでは少し時間がかかった。助役が町営住宅あるいは町職員の村で住み込みができるように調整してくれたが，助役の口利きであっても町営住宅や集

落内の家屋を大学院生が借りるのは難しいとの判断が下った。最終的に，美山町外から教員が赴任してきたときのための教員住宅に間借りすることになった。教員住宅のあった知井地区には茅葺集落で有名な北村，町営の観光複合施設がある中村，ハイキングツアーが実施されている京都大学芦生研究林があり，結果として観光実践が盛んな地区で重点的に調査を行うことができた。他方，数年間の業務で滞在する教員のための住居だったので，町内のコミュニティの実態を知るには能動的に動く必要があった。

3　美山町でのフィールドワーク

京都府美山町の概要

　美山町は京都市から北へ約56km，日本海から南へ50km，滋賀県から兵庫県に広がる標高600-800m の丹波高地の東部に位置している。2006年までは京都府北桑田郡美山町という独立した地方自治体であったが，市町村広域合併によって南丹市の一部になった。美山町が独立した地方自治体だったときの総面積は340km^{2}で，うち96％が山林，残りの約４％が宅地，農地，河川等であった。美山町では歴史的に農林業，特に20世紀前半までは林業や炭焼き業が主な収入源であった。1960年に木材の輸入が自由化されると美山町の林業は低迷し，燃料革命によって薪炭の需要が減少すると，炭焼き業も衰退した。

　美山町では，1978年から地域を復興させるべく取り組みを始めた。まず，地域住民が望む農地整備と集落営農による機械化を推進し，10年を費やして全集落での整備を終了した。その後，1989年から観光を推進する。美山町立自然文化村河鹿荘を設立し，茅葺家屋や里山が織りなす農村景観を活用して観光まちづくりを行っている。1993年には茅葺家屋が多数残る北村が重要伝統的建造物群保存地区に選定され，観光スポットとして人気を博している。

美山町での観光を中心としたフィールドワーク

　筆者は2003年４月から約１年半，美山町で長期フィールドワークを行った。実際の調査では，まず，自然文化村河鹿荘が実施していた芦生ハイキングに可能な限り同行した。また，美山町で実施していた山村留学のスタッフも務めた。

ハイキングへの同行を始めてほどなく，自然文化村河鹿荘でレストランスタッフとしても働いた。さらに，鶴ヶ岡地区の林業家が主催する森林学校にも参加した。同地区の鶴ヶ岡小学校では小学生にPCの使い方を教える講師も務めた。住み込み調査を続けているうちに，観光関係者を紹介してもらったり，観光に関連する活動に参加させてもらったりもした。協力者は主に美山町外から移住し観光に携わっている人々であった。彼らが経営しているカフェや民宿を訪れ，コンサート等のイベントや木工教室等のプログラムに参加し，情報を収集した。

　夏から秋にかけて美山町の観光はハイシーズンを迎えるため，朝からハイキングに同行し，終わったら夜遅くまで自然文化村河鹿荘のレストランで働く日々が続いた。ハイキングでもレストランでも，毎日起こるさまざまな出来事をできるだけフィールドノートに記録した。同じ時期に長期フィールドワークを行っていた大学院の友人に「毎日，レストランで皿洗いしてる」とメールを送ったら，「私はインフォーマント（情報提供者）と毎日モノ売りしてるよ」と返事がきた。フィールドワークを始める際には，調査地に意気揚々と向かう人が多いと思うが，しばらくは試行錯誤のうちに時間が過ぎてゆく。これでよいのかと不安になるときもある。筆者の場合は友人も似たような状況だとわかったので焦らなくて大丈夫だろうと楽観視し，レストランでのアルバイトも続けた。このアルバイトは実際のところ，学生ならば生活費がいるだろうという心遣いから館長が誘ってくれたのだった。観光施設で働く人々に溶け込むきっかけとなり，博士論文執筆に役立つデータを得ることにつながった。日々汗を流して現場で働く人々の視点から観光まちづくりを見ることも可能になった。

　ちなみに，筆者を安心させてくれた友人はフィールドワーク中に発症した皮膚疾患に悩み続け，疾患が直接的な原因ではなかったが研究者とは異なるキャリアを選択した。生活しながら調査を続け，研究成果を出すまでの道のりは長い。自身の心身に適した環境でフィールドワークをすること，そして健康でいることも重要である。

フィールドワークの転換──観光から地域へ

　美山町は京都府下にあるが，日本海側気候で冬季に積雪する地域である。雪景色を求めて来町する観光客もいるが，冬になると町内の観光施設は落ち着き

を見せ，ハイキングも休止する。来客の少ない冬のある日，自然文化村河鹿荘
のレストランで働いていると，美山町のある住民が食事に訪れた。給仕する筆
者を見つけて，ここで何をしているのかと尋ねてきた。河鹿荘で働かせてもら
っています，と答えると，河鹿荘でアルバイトをしてハイキングに同行してい
るようでは筆者の美山町での調査は失敗だ，と強い口調で言われた。

　筆者の体感では20〜30分，その住民に半ば叱られるような形で話をしていた
と記憶している。自然文化村河鹿荘の責任者や他の従業員は，筆者がずっと強
い口調で何か言われているのを止めるでも仕事に戻るように注意するのでもな
く，そっと見守っていた。筆者はその住民がなぜ厳しく叱咤するのかその場で
はわからなかったので，何が失敗なのか，どうすれば成功するのか，日を改め
て話を聞かせてほしいとその場で懇願した。承諾を得て，後日ほぼ1対1で長
時間，話を聞くことができた。

　筆者の調査はなぜ失敗に終わる可能性が高かったのか。観光は地域住民であ
るホストと外部者であるゲストの関わりが不可欠であり，観光従事者は外部者
との交流の担い手である。観光に注力して調査をするということは，言い換え
れば町外の人々をターゲットとした活動を追って参与観察やインタビューをす
るということである。この場合，観光とはあまり関わりを持たない住民は調査
対象に含まれない。美山町で観光に関わる人の多くは，移住者や一度美山町を
離れて都会に出た人，もしくは移住者の子孫だった。彼らは観光客にも研究者
にも概して親切で，調査に協力し情報も快く提供してくれた。だが，観光実践
の表舞台にいた人々は，美山町で生まれ育ち，過疎化で人口が約半分に減り，
地域の産業が低迷していくなか，10年にわたる農林業の再生から必死の思いで
地域活性化を実現してきた人々とは異なっていたのである。

　レストランで筆者に声をかけた住民は筆者の調査が外部に向けた観光につい
てでしかないことを懸念して，対象とすべき美山町の住民が含まれていないこ
と，美山町と本気で向き合っていないことを，同行者との楽しい食事を中断し
てまで，厳しい口調で注意してくださったのだった。この住民と面談して以降，
観光と関係あるなしにかかわらず，美山町のために尽力する人々や団体に調査
協力を依頼し，機会をもらって話を聞きに行った。観光と関係がないと思われ
る地域行事等にも参加させてもらえるように頼んで調査するようにした。集落

の清掃作業に積極的に参加したり共同農作業に加えてもらったりして，美山町の人々の声を注意深く聞き，彼らの言動を詳細に観察するようにした。その結果，観光に注目して調査しているだけでは見えてこなかったことが複数わかった。例えば，美山町で生まれ育った人は町内の観光資源である農村景観について話す際に「里山」という語をほとんど使用せず，田んぼ，畑，山というふうに農林業で活用している場として具体的に話す傾向があった。この例をはじめ，美山町で生まれ育った人々から見た観光資源の捉え方は，フィールドワークの成果を検討する際に大きく役立った。

　観光振興をテーマに調査をする場合，美山町に限らず調査協力を得られることが多い。こちらの聞きたいことをわかりやすく説明し，参与観察の対象となりそうな活動も複数紹介してくれる。学生や研究者の調査に協力するのは地域側にとっても有益だからである。紹介してもらった活動の参与観察を重ねると大量の情報が得られ，成果をまとめるのに十分だと感じてしまう。しかし，観光まちづくりをはじめ，地域での観光実践を対象に調査するのであれば，地域コミュニティを牽引し地域を支えている人はもとより，その地域に住んでいる多様な人々を対象にしなければいけない。

　上述の住民がなぜ筆者に声をかけたのか。その理由を間接的に知る機会があった。理由を教えてくれた人によると，筆者が美山町の観光について調査するといって住み込みを始めたことに対して，美山町の人々は気にはしていたけれど，しばらくして居なくなるのならそれでいいと思っていたとのことだった。だが，半年経って冬が来ても美山町内に住み続け，町営の観光施設のことばかり調査している。そのまま美山町のことを知ったつもりで帰られるとたまらない，と声をかけたのだろう，とのことだった。冬が来る前に調査を終了していたら，地域住民にとっては余所者が来て勝手に短期間調査をして余所へ帰っていく，それだけのことだっただろう。理由を聞いて，筆者は長期住み込み調査で良かったと思った。人類学的調査研究でなければ，地域住民から見た気づきも彼らの本音も知ることはなかっただろうし，彼らのコミュニティを深く見る機会も得られなかった。時間をかけるということは，調査の軌道修正も可能にするということだ。

4　実際のフィールドワーク
―美山町での調査から―

専門的な知識と生活者の語り――京都大学芦生研究林ハイキング

　本節では，筆者が実際に美山町で行ったフィールドワークの様子を紹介したい。美山町の観光の魅力のひとつに京都大学芦生研究林でのガイド付きハイキングがある。京都大学芦生研究林は知井地区旧九ヶ村の共有林に地上権を設定して京都大学に借款する形で管理・運営されている。ハイキングが実施されたきっかけは芦生研究林内に電力会社がダムを造ろうとする動きがあったことによる。芦生集落の人々や京都大学の有志を中心に，ダム開発を阻止するための活動が行われ，少しでも多くの賛同者を得るため，また幅広く芦生研究林の重要性を理解してもらうために，反対活動の一環で研究林内を歩くイベントが実施された。それが観光に発展したのが芦生研究林ハイキングである。研究林入口付近は一般の来訪者でも散策することができるが，研究林内のハイキングルートは許可を得た車両でのみアクセスできる場所に設定されており，許可が得られるのは美山町内のふたつの公的施設（自然文化村河鹿荘，芦生山の家）のみであった。ハイキングの許可が公的施設に限られているのは，地域への貢献を明確にするためである。

　筆者は町役場に協力してもらって調査を開始したので，自然文化村河鹿荘のハイキングの参与観察を繰り返し実施した。自然文化村のハイキングを始めたのは，美山町に祖父母がいた縁で都会から転入してきた人だった。調査当時のハイキングツアーは主にガイド3名が担当しており，内訳は移住者2名，隣接する町の居住者1名だった。隣町から通っていたガイドは自身の地元でもガイドをしており，最も生態学的・生物学的知識に富んでいて，ハイキングルートにある植物の基礎情報，一般的な使用方法，逸話を説明するのに長けていた。移住者の1人は植物の名称や種類にとても詳しく，ハイキングルートのどの植物についても，質問されれば名称と簡単な特徴を説明することができた。もう1人の移住者のガイドは，森の素晴らしさを伝える感情的な語りが多く，このガイドと一緒に歩きたいと繰り返し参加する人もいれば，専門的な説明が少な

いとコメントする人もいた。

　人類学的フィールドワークは長期間の住み込み調査なので，未知の地域でまったく初めての研究テーマについて調べることは少ないだろう。筆者の場合，美山町での調査の前に，北海道・知床半島ならびにマレーシア・ボルネオ島でのエコツーリズム調査の経験があった。他地域のエコツーリズムと比較して，専門的な説明に富んだ隣町在住のガイドの説明が一番良いと個人的に感じていた。閑散期になって自然文化村のハイキングが休止した後，芦生のダム反対運動の中心人物の親族で，芦生山の家の責任者に話を聞き，ハイキングルートを案内してもらった。この人物は，芦生の人々がどのように芦生の森を利用してきたのか，自分たちがどのように芦生で暮らしているのか，その場所に住む人にしか語れない説明をした。自然文化村のガイドのように植物の名前や説明をお願いされませんか，と尋ねると，丁寧に全部説明したとしても，山を下りて帰る頃には忘れているだろう，とのコメントが返ってきた。

　エコツーリズムでは，ガイドが習得した生態学的・生物学的知識に基づいた説明をし，参加者に環境保護への造詣を深めて自然への責任ある行動をしてもらうのは普通である。異なる地域のエコツアーで専門的な説明を聞くことは自然環境への理解を深めることにもなる。しかし，日本の山林の多くは何らかの形で人が利用した歴史がある。芦生研究林も然りである。実際に山深い芦生に暮らし自然と共生しながら生きてきた人の語りが，どのように周りの自然と向き合い，利用し，共生してきたか，という説明になるのは至極当然であり，唯一無二の内容となる。

　単純にエコツーリズムの比較をするのであれば専門的知識がどれだけ豊富かという点は重要かもしれないが，観光まちづくりのフィールドワークでは，地域を守り続けてきた人が何を伝えようとしているのか，という点に着目するのは重要である。この点を意識できるようになると，ガイドの語りを新たな視点で捉えられるようになる。移住者のガイドの1人が生態学的・生物学的説明をあまりせず，森の素晴らしさを感情的に説明しているのは，もしかすると移住者から生活者に近づこうとするガイド自身の精一杯の誠意かもしれない。

調査者と情報提供者──かやぶきの里・北集落

　美山町の知井地区にある北村は茅葺家屋を生かして活性化に成功した，町内随一の観光スポットである。美山町では早くも1989年から茅葺家屋を対象とする伝統的建造物の調査が３集落で行われたが，家屋の改修に制限が出ることや観光客が訪れて日常生活に影響がでることを懸念して２集落は保存地区への選定に消極的だった。だが，北村では町の調査に先駆けて組織をつくり，勉強会等を開催して保存地区についての造詣を深めていった。茅葺集落の観光まちづくりとしては岐阜県白川郷の先行事例があったので，白川郷の現地視察も行われた。北村が積極的だった背景には，赤子の泣かない村と揶揄されるほど集落の過疎化・少子高齢化が進んでいたこともあった。

　北村の観光は，来訪者が車や観光バス等で訪れ，１時間ほど集落内を自由に散策して写真を撮ったり，資料館を見学したり，そばを食べたりするのが定番である。地域の人々が実際に住んでいる茅葺集落を散策できるので，観光地化されたまちなみや集落を見て歩くのとは異なる魅力がある。集落内を案内するガイドに同行を依頼して散策することも可能である。北村の観光関連施設の運営は，北村かやぶきの里保存会という住民が出資する組織によって行われている。個人での施設経営はしない取り決めになっている。茅葺集落の保護や公共施設の整備は公的な助成も受けて行われている。

　筆者は下見の際に宿泊したユースホステルが行う美山町ツアーに同行する形で初めて北村を訪れ散策した。本調査中は，随時サポートしてもらった美山町商工観光課の若手職員が北村在住だったので，折に触れて北村の活性化についての話を聞いた。美山町に国内外から視察が来る際には，美山町役場からの通訳依頼や同行しないかという誘いがあり，２回ほど通訳として北村をはじめ美山町内の魅力を海外からの来客に説明した。説明にあたって初めて知った内容もあり，英語に翻訳すると同時に筆者自身の情報収集になった。山村留学の生徒が北村のイベントに出かけたときは，スタッフとして活動をサポートしながら子どもたちと一緒に北村のことを学んだ。北村についての情報収集は，フィールドワーク前半は美山町内で与えられた通訳やスタッフとしての役目を果たすことを通じて進んだ。

　観光シーズンが落ち着き，農作物の収穫の時期が終わりを迎えたある日，北

村のリーダー的存在だった住民が，ふらっと筆者が仮住まいをしていた教員住宅を訪ねてきた。彼は長年教師を務めた，穏やかで物腰の柔らかい人物で，地域では一目置かれる存在だった。用向きは，調査研究のために美山町に来ている筆者に，北村の会合で調査研究の内容について話してもらえないか，ということだった。大学院生からでも北村のためになることを何か学べると考えて，依頼されたのである。

　筆者にとっては，自分が行っている学術研究を美山町内で地域の人々に話す初めての機会になった。会合では真摯に自分の話をすると同時に，北村の人々から直接話を聞ける貴重な機会だと考えて，参加者の話を注意深く聞くことを心がけた。北村に住み続けている人，数十年前に移り住んだ人，むらおこしをきっかけに都会から戻ってきて観光施設で働いている人，結婚を機に移住した人等，会合の参加者は想像していたよりも多様な人々で構成されていた。参加者が各々の立場から北村の将来についての思いを率直に話していたのが印象的だった。北村の人々が大学院生からでも集落のために学べることは学ぼうとする姿勢を実際に目の当たりにして，コミュニティを守り続ける熱意や真剣さ，思いの強さを，身をもって知るよい機会になった。

　フィールドワークの後半では，北村を訪れる観光客へのアンケート調査や茅葺職人による茅葺体験プログラムでの参与観察等を行い，調査研究成果としてまとめていくデータを収集した。フィールドワーク全体を振り返ると，北村に関する調査は不思議な縁で進んでいったように思われる。最初はツアー客のひとりとして訪れることから始まり，語学力を生かして国際交流に貢献したり，山村留学の活動をサポートしたりして関わりが深まり情報が増えていった。そして，フィールドから学ぶ立場の大学院生が，実地調査中に地域住民に話をして情報を提供する側にもなった。調査者と情報提供者，という型にはまった関係性では決してなかったのだ。フィールドワークでは現地でのネットワーク構築が成功のカギになるが，北村の例のように，調査者が情報の受け手，インフォーマントが情報を提供する側，と固定されているわけではない。現地の人からの依頼や打診は，調査と直接関係がなさそうでも，その先に新たな展開が待っていることもあるので積極的に引き受けるとよいだろう。

5　フィールドワーク後の紆余曲折

フィールドからの離脱

　筆者は美山町で1年半ほどのフィールドワークを行った後，補足調査として2004年の年末に1週間ほど美山町に滞在し，年越しをした。実は2004年は美山町が近隣3町と合併することが決まった年である。町議会で最終決定がなされるタイミングで1名が投票を棄権し，その1票差をもって合併が現実となることになった。補足調査に訪れた際，反対の多かった知井地区のある住民が，これから大人の仕返しが始まるぞ，と話していた。その言葉が正しかったのか，2004年の末から年始にかけて知井地区を中心に美山町内の複数の地域で除雪車が入らなかった。筆者が滞在した民宿では年末年始の買い出しが必要だったため，筆者が借りてきたレンタカーも使用して，除雪されていない車道を通常の数倍もの時間をかけて町外のスーパーまで行かなければならなかった。

　1年半の長期調査で美山町の観光については納得のいく情報を得られたと感じていたが，補足調査で市町村合併に伴う新たな興味深い出来事に遭遇したのである。そのときは，次に美山町に来たときにいろいろと調査をしよう，と呑気に考えていた。しかし，その3ヶ月後に研究機関に助手として就職したため美山町に行く時間がとれなくなった。その状況から脱するために1年後に転職したが，市町村合併で大きく地域が動いている時期にまったく美山町に行けなかったことは取り返しがつかなかった。フィールドワークを成功させるのは容易ではないが，フィールドワーク後に調査を継続するのも決して容易くはない。

　フィールドワークには終わりがくるが，調査地を去るときは「また来られるだろう」ではなく「もう二度と来られないかもしれない」という考えを頭の隅において，フィールドから離れた後のことを早めに検討しておくべきである。

研究者としてのフィールド再訪

　2020年2月，美山町で「森里連環学に基づく豊かな森と里の再生」研究会が主催した「美山×交流つながる集会」が行われた。この研究会は京都大学と山口大学の研究者が中心となっており，集会は「地域と研究者の交流や相互の学

び合いを通して新たな知を創り出す場，そうした場づくりを研究者と地域の協
働でできないか」という思いで開催されたイベントだった（「森里連環学に基づ
く豊かな森と里の再生」研究会 2020）。美山町で学術調査を行った研究者が複数招
聘されており，筆者もそのひとりとして招かれた。この集会では，美山町で調
査研究を行った研究者が発表をし，その後，発表者を中心に住民とグループディ
スカッションをした。

　この集会で他の研究者と一緒に地域の人々と成果を共有する立場に置かれた
ことに，ずっとわずかながら居心地の悪さを感じていた。フィールドワーク中
は，美山町の人々こそ筆者が話を聞かせてもらうべき相手であり，観光まちづ
くりの現場で尽力する1人1人の声を聞き漏らしてはいけなかった。居心地の
悪さはフィールドワークで奔走した大学院生の自分を懐かしむ気持ちから生起
したのか，立場が変化してさみしさを感じたからか。フィールドワーク中にお
世話になった住民と一緒に他の研究者の話を聞いたことを思い出しながら，あ
のとき一緒に参加した学術研究者の間で美山町（の人々）から学ぶという意識
がいかほど共有されていただろうかと考えた。複数の研究者から「地域のため
に」と自分の地域の調査研究成果を聞かされて，刺激を受けた人も多かっただ
ろうが，複雑な思いの人もいたのではないだろうか。

　観光実践の現場では，決して声高に自分たちのしていることを発信しないが，
黙々と汗を流し続けて観光まちづくりを支える人々がいる。観光まちづくりを
テーマに調査研究を行うと，地域への成果報告や貢献を期待される。自分たち
が教える立場に立つことに喜びを感じる人は多いだろうが，現場で尽力する
人々を尊重し，声を聞けるように最大限の努力をし，情報を得ることこそが，
フィールドワークを必須とする人類学の観光研究に求められることであろう。

　観光はまた，多様な関係者の関わり合いによって成り立つ事象であり，観光
まちづくりにおいては外部に地域の良さを発信することが重要である。移住者
をはじめ地域外との関係を良好に築き維持できる人々が活躍していることが多
く，彼らは概して観光研究者に協力的で非常に多くの情報を提供してくれる。
観光人類学者に求められるのは，彼らから得られる情報を収集すると同時に，
その先にある，観光に消極的あるいは否定的でありながら，地域を守り続ける
ために尽力している地域住民の声を聞くこと，また，声をあげずに日々観光を

支えている人々の言動を参与観察によってつかみ取ることである。彼らの中に真実があり，それが何かを追究することが重要である。

考えを深めるために

1）観光まちづくりのフィールド選びで注意しなければいけないことは何だと思いますか。具体的にこれまで行ったことのある地域や興味のある地域を数ヶ所挙げて，それらの地域から1つ調査地として選ぶとしたら何に気をつけるとよいか考えてみましょう。

2）観光まちづくりのフィールドワークを行う際に，気をつけなければいけないことは何だと思いますか。本書で紹介されている調査地，あるいは興味のある観光地で実際に調査をすると仮定して，想定できるリスクを挙げてみてください。対処法も考えてみましょう。

3）観光まちづくりのフィールドワークを終えるとき，どんな気持ちになると思いますか。想像してみましょう。フィールドワーク後に起こり得る事態はどのようなことがありますか。実際にリストアップして自分ならどのような準備をしておくか考えてみましょう。

注

(1) 1990年に国際エコツーリズム協会（https://ecotourism.org/）が設立された当時の定義。現在は少し修正されているが，調査当時を鑑みて元来の定義を記した。

文献

アジア太平洋観光交流センター観光まちづくり研究会，2000，『観光まちづくりガイドブック——地域づくりの新しい考え方〜「観光まちづくり」実践のために』（財）アジア太平洋観光交流センター。

De Kadt, Emanuel, 1992, "Making the Alternative Sustainable: Lessons from Development for Tourism," Valene L. Smith and William R. Eadington eds., *Tourism Alternatives*, University of Pennsylvania Press, 47-75.

堂下恵，2012，『里山観光の資源人類学——京都府美山町の地域振興』新曜社。

Holden, Andrew, 2000, *Environment and Tourism*, Routledge.

松永安光・徳田光弘編，2017，『世界の地域創生——辺境のスタートアップたち』学芸出版社。

西村幸夫編，2009，『観光まちづくり——まち自慢からはじまる地域マネジメント』

学芸出版社。

「森里連環学に基づく豊かな森と里の再生」研究会，2020，『美山×研究　つながる集会記録集』「森里連環学に基づく豊かな森と里の再生」研究会。

21世紀村づくり塾，1992，『グリーン・ツーリズム（グリーン・ツーリズム研究会中間報告書)』21世紀村づくり塾。

内尾太一

第11章　災害と観光
　　　　——東日本大震災の被災地における「ダークツーリズム」

1　災害と観光の交わるところ

ダークツーリズムとは何か

　「ダークツーリズム」という言葉がある。ツーリズムを意味する日本語の「観光」に「光」の文字が入っているのは見ての通りだ。実際，2000年代に観光立国の政策が掲げられて以降，観光は国や地域の光，すなわち明るい側面を見る，見せるというニュアンスで用いられることが増えてきた。しかし，それを「ダーク（闇）」という言葉で形容するとは，いったいどういうことだろうか。

　実は，この「ダークツーリズム」は意外と身近なところで行われている。試しに中学や高校の修学旅行を思い浮かべてほしい。歴史教育や平和教育の一環として第二次世界大戦や原爆に関連する場所を訪れる学校は数多い。また，災害の被災地に行って，そこで防災教育やボランティア活動のプログラムを実施するケースもあるようだ。

　そう，一般にダークツーリズムとは，「戦争や災害をはじめとする人類の悲しみの記憶を巡る旅」のことをいう（井出 2018）。そして日本では，2011年3月11日に発生した東日本大震災以降に，そうした悲劇の痕跡を訪ねる観光のあり方に社会的な注目が集まるようになった。

　かく言う筆者もこの章では，東日本大震災を例に，ダークツーリズムをフ

ィールドワークすることについて考えてみたいと思う。「3.11」の発生から10
年になるが，その復興過程は，筆舌に尽くし難い悲しみの感情が，少しずつ観
光客とも分かち合う記憶となっていくプロセスとも言える。その間，現地に滞
在したからこそ観察できるミクロな変化は人類学の基本的な関心であるし，災
害と観光のフィールドワークについてより深く考えるきっかけにもなるだろう。

被災地でのフィールドワーク

　読者のなかには東日本大震災は，自分が幼い頃に発生した災害だという人も
いるかもしれない。生まれる前の出来事だといわれる日もやがてくるのだろう。
もしそうだとすれば，身近な年長者に「3.11」がどのような災害であったか尋
ねてみるといい。直接的に体験していない人でも，あの頃のメディアの報道や
社会のムードを間違いなく記憶していることだろう。

　筆者はというと，2011年３月当時，東京の大学で大学院博士課程に在籍をし
ていた。やはりあの日のことは今でも鮮明に思い出すことができる。少しだけ
他の人と違っていたのは，震災発生以降，指導教員らとともに被災地支援の
NPOを立ち上げ，その現場で人類学的なフィールドワークを行ったことであ
る。

　しかし，そのフィールドワークの研究計画はあらかじめデザインされたもの
ではなかった。もし東日本人震災がなければ，修士課程からの延長でフィリピ
ン人移民を事例に日本の多文化共生について博士論文を書いていたと思う。一
般的に言って，フィールドワークという手法の性質上，人類学の研究には時間
がかかる。それまでの蓄積を手放すのは，研究者を志していた筆者にとって勇
気のいることだった。災害のフィールドワークについて一から学ぶことになり，
すぐにそこには独特の繊細さが求められることを知った。

　当然のことだが，震災が発生してしばらくのあいだ被災者は困難の真っただ
中にあった。もしそのとき人類学の手法を用いれば，被災者へのインタビュー
を通じて生々しい体験談とともに災害のリアリティを描き出すことができるだ
ろう。しかし，大切な家族や財産を失った人々に対してあれこれ質問すること
が，どれだけ本人たちの負担になるか想像してみるといい。災害のどさくさに
紛れて得難いデータを得ようとすると，「火事場泥棒」という批判を受けるこ

ともある。実際，筆者が震災直後に参加した人類学の研究会やセミナーでも調査自粛論が優勢であった。

　そのようなわけで，筆者も震災発生から1～2年はほとんど支援活動だけに従事していた。もちろん人類学の視点は自ずとさまざまな場面で使われてきたが，それは論文を書くためではなく，支援方法の改善や被災者の心情の理解に役立てるためであった。こうして振り返ってみるとあの当時，被災地にあって自分は何者だったのか，その輪郭はかなり曖昧である。そして結局のところ，支援者であろうが調査者であろうが，毎日被災者とともに過ごす中でフィールドでの経験が蓄積されていったのである。

　ここでひとつのアドバイスを記しておきたい。たしかに，災害発生直後の学術的調査の多くは，被災者への負担という観点から慎まれるべきだろう。しかし，それは大学で学ぶ人々に被災地への関与自体を先延ばしにすることを勧めるものではないと考える。まずは，被災者とともにあるためにはどうすればよいか，そこから思考を出発させてみるといい。それが災害のフィールドワークの入り口となる可能性は大いにある。

　被災地の状況も少しずつ変わっていく。震災発生から2年，3年と過ぎると，被災者の生活再建も進み，「支援活動をいつまで続けるべきか」という議論も生じてくる。この段階になると，調査者を「火事場泥棒」とみなすようなかつての雰囲気はほとんどなくなっている。それどころか，震災発生から時間過ぎてもなお，その地域の復興状況やもともとの歴史や文化に関心を持つ数少ない人間として歓迎してもらえることすらある。大学生の調査実習や卒業研究も，災害と向き合うためのひとつの立派な手段として認められるだろう。

　その際，被災地における観光は重要な研究テーマになり得る。外部者の（大学生であれば，さらに若者の）視点で，その地域の新たな魅力を発見できればそれはひとつの貢献にもなるだろう。あるいは，本章のように，自らの調査をダークツーリズムの事例研究として位置づけ，人間の悲しみの記憶との向き合い方をより広い文脈で考えるための手がかりとしてもよいと思う。

　それでは実際，悲劇の痕跡が残る観光の現場へと出かけ，人類学の手法を活用することで，何が見えてくるのだろうか。その観光地で生きる人々の主観的な意味世界とはどのようなものだろうか。ここからは，具体的な事例とともに

災害と観光のフィールドワークをめぐる思考の旅のガイド役を，筆者に務めさせてほしい。

2　宮城県南三陸町へ

　被災地支援を入り口として現地に長期滞在するようになった結果，宮城県の南三陸町という町と縁ができた。この町が位置する東北地方の太平洋側はリアス海岸が連なり，歴史的にも地震と津波による大災害が繰り返されてきた。そして，東日本大震災では831人の尊い命の犠牲があった。⁽¹⁾

　その復興過程では最初は被災者の生活再建が中心となるが，徐々に将来のまちづくりについての議論が盛んになってくると，観光も地域経済にとって非常に重要な要素となってくる。震災の記憶を伝える語り部ツアーが企画されたり，痛ましい被災体験や，復興の今日的状況について，地元の人から話を聞く機会も増えてくる。

　人類学では，そうした観光現場を質的に調査することがメインとなるが，そこで得られたデータを際立たせるためにも，手始めに公式な資料から町の観光の全体像を把握しておきたい。ここでは，「南三陸町統計書」を参照する。

　図11-1は，南三陸町の年度（4月1日から3月31日までの期間）別の観光入込客数の推移を示したものである。このグラフから震災発生前の水準や，震災復興過程における観光客数の変化が見て取れる。

　例えば，2017年度に観光客数が飛躍的に伸びて140万人に迫っている。その前年度の2016年10月にまず南三陸町の中心部と直結する志津川ICまで三陸自動車道が開通したこと，そして2017年3月に「南三陸さんさん商店街」がオープンしたことが主な要因だと考えられる。

　そして皮肉にもここで，震災前よりも震災後のほうが観光客数が増えていることが示されてしまった。悲劇の舞台となったことで社会的な知名度が上がり，そこを訪れる人が増える，という現象をダークツーリズムとして捉えるならば，それは有効な観光戦略と言えるのかもしれない。ただし，悲劇を観光資源とすることはさまざまなジレンマを伴う。また，被災地へ人が足を運ぶのは必ずしもダークな側面に魅せられたからとは限らない。そうした災害と観光をめぐる

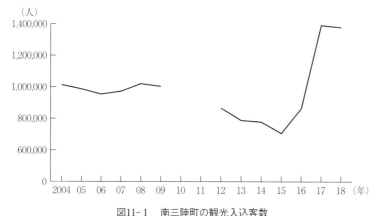

図11-1　南三陸町の観光入込客数

出所：南三陸町（2009〜2019）を基に筆者作成。2010，2011年度は震災の影響でデータなし。

多様な現実を明らかにするために，人類学のフィールドワークはあるのだと言える。

　それでは，もう少し具体的な人類学の視点でダークツーリズムに関して，どのようなことに目を向ければいいのかを示すために，町内のふたつの事例を紹介したい。

3　防災対策庁舎

多くの犠牲者を出した行政庁舎

　ひとつ目の事例は，防災対策庁舎という震災遺構である。「南三陸町」と「ダークツーリズム」というキーワードの組み合わせから，すぐに連想される場所だと言える。まずは，そこで何が起きたのかを簡単に記しておきたい。

　1995年の阪神・淡路大震災の後，当時の志津川町（現在の南三陸町）は，将来の地震・津波災害を想定し，町の危機管理の中枢となる防災対策庁舎の建物を役場の隣に新設した。耐震性にも考慮したその3階建ての庁舎は，海から約500mのところにあった。

　しかし，東日本大震災を引き起こした地震は震度6弱を観測し，予測された以上である14mの大津波が防災対策庁舎を襲った。その屋上に避難していた

職員らも押し流され，43名が犠牲となった。そこから辛うじて生還した人々の中には，南三陸町長も含まれていた。

　犠牲者の数だけある悲劇の中で，この防災対策庁舎の事例で特に社会の注目を集めた震災死の形があった。それが，町の危機管理課の女性職員（当時24歳）の最期である。地震発生後，彼女は庁舎の放送室から防災無線を通じ，自らの声で人々に避難を呼びかけ続けた。当時，多くの町民が高台に移動するその指示を耳にし，事態の深刻さを知ったという。しかし，自身にも危険が迫るなか，他人を助ける役に回った女性は，そこで帰らぬ人となった。

　鉄骨剥き出しの状態となった建物とそれにまつわる悲劇のエピソードが，震災直後の南三陸町を有名にした。そして以来，そこが町を代表する慰霊の場となってきた。

　この防災対策庁舎を通じてダークツーリズムを考える際，単純に上記のような2011年3月11日当日の悲劇のあらましを知るだけでは不十分であろう。その出来事が発生した日と，私たちが生きる「今」とのあいだには，隔たり続ける時間の流れがある。ゆえに人類学の調査では，死にまつわる記憶を残す場を中心に展開されてきた人々の営みをたどり，その年月の上に成り立つ今日的状況を記述していくことになる。

フィールドワーカーは誰の味方か

　ここでは，瓦礫と化したこの防災対策庁舎の存廃をめぐる問題の展開をたどる。それは，町民同士が意見を違え，互いの利害が相反するという状況を伴うものであった。ときとして，フィールドワーカーは対立する意見のあいだで自らの立場を問われることがある。筆者の場合，それは「保存か解体か」であった。

　まず，震災復興の初期においては，死亡した職員の遺族の中からの解体を望む声が優勢で，2011年9月に最初の公式の方針として解体が発表された。

　その一方で，庁舎の遺構としての価値が認識されるようになり，別の遺族数名が2012年8月に早期解体の再考を求める陳情書を提出した。また，町の行政組織の危機管理のあり方をめぐって警察による現場検証の必要性も生じた。

　再度，解体の方針が固められたのは，2013年9月のことであった。これ以上

の保存を望まない遺族たちの心情に加え，庁舎自体の倒壊の危険性や保存費用の問題も指摘されるようになったためである。

　この決定が下されてなお，町の中で意見が一致していないのは筆者の目にも明らかだった。ゆえに，フィールドワーカーとして，なぜ保存すべきか，なぜ解体すべきか，いずれの立場の話にもじっくりと耳を傾けた。どちらの主張にもうなずくことができたし，他で聞いた反対意見をあえて持ち出すこともしなかった。その場その場で相手の考えを尊重しようと思っていたからである。しかし，この中立的，と言えば聞こえはいいが，ただ傍観するだけだった姿勢を省みる出来事があった。

　ある日，保存派として話を聞かせてくれた方から，町に提出する嘆願書への署名を求められたのである。名前と住所を書く欄があり，すでに大勢の賛同者がそこに名を連ねていた。正直言って，自分が保存と解体をめぐって立場を表明しないといけない場面があることは想定していなかったし，どちらにも与しない，という強いこだわりがあるわけでもなかった。ゆえに署名を断る，という選択肢は浮かばなかったが，これは自分の立場をどちらか一方に固定することを意味するのか，もし解体派からも署名を求められたらどうすればいいのか，と考え込むことになった。その後，似たような場面に遭遇することはなかったのだが，筆者の中でまだこの問題の答えは出ていない。

　町民の意見は違えども復興は続く。そしてそれは，往々にして一筋縄ではいかないものである。この防災対策庁舎に関しても，町があらためて2013年9月に発表した解体の方針はまたしても覆ることとなった。宮城県知事が，遺族間で意見の異なる問題の解決を，その被災自治体のみに求めるのは酷だとして，国が震災遺構として残すものを決め，そこに財源をつけることを提案したのである。

　その結果，2013年11月半ば，当時の復興大臣は，市町村各一ヶ所につき，住民の合意形成，新しいまちづくりとの整合性などを条件に，震災遺構の保存費を一部負担することを表明した。

　これを受けて宮城県は南三陸町に対して，防災対策庁舎を震災発生から20年後となる2031年まで県有化した上で管理・保存することを提案した。そして2016年6月，南三陸町長は県の提案の受け入れを正式に発表した。

図11-2　補修された防災対策庁舎
出所：筆者撮影（2017年2月24日）

　以上が，防災対策庁舎が保存されるようになった経緯であり，これを南三陸町のダークツーリズムの成立過程として捉えることができる。もともとは43名の個別的な死を証すものだった防災対策庁舎は，この県有化によって錆止めの塗装や鉄骨の補強が施され，この町だけにとどまらず広く3.11を象徴する建造物となっている（図11-2）。

　今，この建物の写真を眺めていると，フィールドワーカーは誰の味方か，という問いが浮かんでくる。保存か，解体か，どちらが正しいかをジャッジする立場ではなかったし，対立を煽るようなことは避けるべきであった（挑戦的な態度をあえてとることで，相手の感情や本音を引き出せる，と考える人もいるかもしれないが，少なくとも筆者はそのやり方が人類学にふさわしいとは思わない）。

　一般に人類学ではフィールドで出会う人々に対して，"Do no harm"（害を及ぼさない）という原則が広く共有されている。しかし，無害であろうとするがゆえに，ここで紹介したように，二者択一を突き付けられてうろたえる場合もある。そのときの自らのふるまいは無難であったかもしれないが，誠実であったとは言い難い。ならば，と己の信念を貫くにしても，多数派の意見を民主的な解決へと導くものとして肯定するにしても，あえて少数派の意見を援護するにしても，フィールドワーカーの政治的立場をめぐる問題は別の形で現れてくることになる。

　あらためて本節を振り返り，フィールドワーカーとして中立を守ることの難しさ，そして中立であることのそもそもの是非を考えてみるといい。どのフ

ィールドでも自らの立場が問われる二択に出会う可能性はあるのだから。

悲しみの記憶に触れる

　防災対策庁舎の存廃をめぐる問題を踏まえた上で，震災遺族へのインタビューの実践例を見ていきたい。もしかしたら，肉親を失うという悲しい経験した人にあれこれと質問をするのは気が引ける，と感じるかもしれない。そしてそれは正常な感覚だと言える。筆者もインタビューの機会では普段以上に緊張し，次の言葉が出てこないこともしばしばある。それでも，慣れて何も感じなくなるよりはいいと思っている。

　ここでは，筆者がこの問題を調査してきた初期から繰り返し協力を得てきたふたりの遺族を紹介する。防災対策庁舎で息子を亡くした牧野駿さんと，父を亡くした及川渉さんである。

　牧野駿さんは，2005年に志津川町と歌津町が合併して南三陸町になる前まで，歌津町の町長を務めていた。防災対策庁舎については，早期解体を求めていた遺族のひとりであった。2020年時点で御年は80歳を超えている。

　犠牲となった息子は当時46歳で町役場の産業課の職員だった。牧野さんは兼業農家で，息子も役場に勤めながら，休日には畑の手伝いをしていた。2011年３月11日の地震と津波の後に消息を絶ち，その遺体は１年半後の月命日と重なる2012年９月11日になってようやく発見された。

　遺体が見つかるまでの期間は苦しい日々であった。震災発生直後には「ヘリコプターで病院に搬送された」という情報があって，しらみつぶしに近隣の病院に確認をしたこともあった。息子の妻は最後まで諦められなかったという。その姿をみて，牧野さんも遠慮して声をかけられなかった。そして，牧野さんの妻（犠牲となった息子の母）は今でもほとんど海を見ない。

　震災発生から何年が過ぎても当時の話を聞くときは，やはり身が引き締まる。このインタビューの録音を聞き返していると，「すみません」という言葉や，「もし話しづらかったらそう仰ってください」といった前置きがやたらと多い。これはテクニカルな助言として片付けられるものではないが，相手の心情への配慮の表現が必要であることは間違いない。筆者自身がインタビュー中は実際そうした気持ちになっているのだろう。

　復興が進むに連れて，津波による破壊の痕跡は少しずつなくなっていく。それでも遺族はその先も長く喪失感と向き合っていかなければならない。そこで必要なのは手を合わせる場，祈りの場であると牧野さんは言う。そしてそれは，彼にとっては，防災対策庁舎ではなかった。

　　　宮城県知事にも解体を求める意見を伝えました。自分の子どもが亡くなった建物が残されるのはどういう気持ちになりますか，と。歌津の遺族は，防災庁舎の前では手を合わせない。防災庁舎を見たくないから，ぐるーっと遠回りする人もいました。
　　　歌津にはそれまで祈りの場がなかったんです。遺族は，亡くなった人の刻まれた名前を触って「おれのばあちゃんだ」「隣のじいちゃんだ」って思うんです。（2020年3月19日）

　代わりに，2015年4月に牧野さんは，町内の歌津地区に私財を投じて新たな慰霊の場をつくった。海が見える山の中腹に建てられた黒い御影石製の慰霊碑には，「倶會一處（死後に人々がともにひとつの場所で出会うこと）」という文字が大きく刻まれている（図11-3）。慰霊碑の裏面には，牧野さんがこだわったように，旧歌津町の犠牲者の個人名と享年が刻まれている。なかには3歳で犠牲になった子どもの名前もある。

　遺族の元を訪れたとき，犠牲者となった身内に手を合わさせてもらえないか尋ねてもよいかもしれない。個人宅の仏壇の場合もあるが，牧野さんのところではこの慰霊碑の場所を毎回訪ねている。震災発生から10年が経ったが，筆者もまた10歳，年をとったことになる。いつの間にか自分の年齢が，そこで時間を止めた年長の犠牲者たちに追いつき，追い越そうとしていることを感じる。この慰霊碑の周りに観光客向けの商店はない。こうした観光と無縁の祈りの場に目を向けることで，防災対策庁舎のダークツーリズムの性質をより意義深く観察することができるだろう。

将来の町の観光について聴く

　続いて，もうひとりの及川渉さんへのインタビューを紹介したい。及川さん

図11-3　南三陸町歌津地区の高台にある慰霊碑
出所：筆者撮影（2020年3月19日）

はかつて町役場に解体再考を求めた遺族のひとりである。役場の企画課課長だった当時56歳の父親を亡くしている彼は，筆者と年齢もさほど変わらない。

　もしかしたら，フィールドワークでどのように協力者を見つけたらよいか悩むことがあるかもしれない。筆者が及川さんと出会ったのは，町民や（元）支援者の有志らによるオープンなまちづくりの会合の場であった。及川さんは防災対策庁舎の件で新聞記事に取り上げられていたので，先にこちらが一方的に知っていた。最初に話しかけたときはそのことを告げ，初回のインタビューではその記事を持参した。

　及川さんは現在，南三陸町の観光協会に勤めている。仕事柄，被災後の町の観光の動向に非常に詳しい。今回，本書のために行ったインタビューは，いきなり核心の防災対策庁舎についてではなく，最近の被災地をめぐる人の流れという話題からスタートした。

　復興事業の一環として近年，被災自治体間を高速で移動できる復興道路（三陸自動車道）の延伸が進み，例えば，石巻市や気仙沼市，岩手県陸前高田市……と，比較的短時間で各地を回ることができるようになった。そのことはすでに示した通り，統計に現れる観光客数の増加にもつながっている。こうした交通インフラの整備は観光客からしてみても便利なことである。だが，数字に現れた結果の影で，各自治体の観光事業者には新たな課題も生じた。

　及川さんの話によると，町を訪れる観光客は確かに増えているが，１人あた
りの現地での消費額や滞在時間はむしろ減少傾向にあるという。これは，交通
の便がよくなり，一日の間に複数の被災や復興の現場を訪れることが可能にな
ったことと関係している。

　ここで話題となったのが，防災対策庁舎である。県有化され震災遺構として
の価値も確立し，今日では防災対策庁舎の周辺が「震災祈念公園」として整備
されている。防災対策庁舎は，町内随一の集客力を誇る「さんさん商店街」と
は川によって隔てられていたが，2020年になって両岸をつなぐ人道橋が建設さ
れた。このように，かつての悲劇の痕跡を残す鉄骨は，今や町の中心街の一角
として，被災地を行き交う人の流れを導くようになっている。

　震災以後も防災対策庁舎自体は元の場所から移動していないが，その周辺の
景観はこの10年で大きく変わった。2031年まで，という県有化も当初はまだま
だ先に思えたが，その期間も半分が過ぎようとしている。
遺族のひとりであり，観光協会の職員でもある及川さんは，2031年より先の防
災対策庁舎のあり方についてどのように考えているのか，インタビューを継続
した。

　　町の産業にどう貢献するか，とか，震災を知らない世代に何を伝えるこ
　とができるか，とかいろんな判断材料があると思います。将来の負担にな
　るなら，解体もひとつの選択肢になると思います。ただ，そうしたことを
　決める上で，その２〜３年前から議論をし始めても遅いんですよね。
　　だから，「防災庁舎について考える会」を町民有志で立ち上げました。
　実際，残すか壊すかの問題について議論することはまだタブーな感じがあ
　ります。だから，オープンに話し合う場をつくってとことんやる，それが
　目的です。どんな結果になってもそのあとで後悔しないように。遺族だか
　らどうこうというこだわりはありませんね。あれは未来に生かせるものな
　のかどうか，いろいろな立場，世代の人がしっかりと話し合った上で，そ
　の行く末が決まればよいと思います。（2020年３月19日）

ここまで震災遺構と関連する遺族のインタビューを紹介してきた。牧野さん

や及川さんに限らず，一口に「遺族」と言っても，さまざまな立場の人間がいる。遺族を「被害者」として固定しないことも重要である。実際，彼らの口からも語られたように，防災対策庁舎の存在を糸口に，代替的な祈りの場がつくりだされたり，未来を見据えた議論が始まったりしている。庁舎のある場所で過去の悲劇に思いを馳せるだけではなく，そこからまた何が生まれるのかにも目を向けることが重要だと言える。

4　チリ・イースター島から贈られたモアイ

津波から始まる国際交流

　前述の通り，防災対策庁舎はその知名度ゆえに「南三陸町」と「ダークツーリズム」というキーワードから発想しやすいものだと言える。現地に行く前からこの課題設定は可能かもしれない。しかし人類学では，フィールドワークを通じて，視野や発想に広がりがもたらされることもまたひとつの醍醐味である。地域社会のことを深く掘り下げていったつもりが，トンネルが開通したかのように大きな世界と思わずつながることがある。筆者の場合，それは文字通り，地球の反対側まで思考を導くものであった。そうして出会った国際的な研究テーマがここでの第二の事例となっている。それを通じて防災対策庁舎の事例を補うとともに，フィールドで不意に生じる問題意識の大切さを伝えていきたい。

　南三陸町で高齢者に東日本大震災の話を聴いていると，しばしば言及される過去の津波災害がある。——1960年5月24日早朝，志津川町（現在の南三陸町）を津波が襲った。それはチリ南部近海で発生したマグニチュード9.5の大地震によるものであった。「チリ地震津波」として知られるこの災害によって，志津川町では41名が津波で命を落とした。

　しかし，このチリからの津波は，志津川町にとって単なる悲惨な出来事というだけに終わらなかった。それから30年後の1990年5月24日，当時の駐日チリ大使が町を訪れ，友好のメッセージを送ったのである。

　このことをきっかけに，志津川町は1991年にモアイ（チリ共和国領イースター島にある石像）のレプリカを町内の海に面した公園に設置した。その後，モア

イの活用に関するまちづくり協議会も発足し，モアイのイメージは町中に広がっていった。2010年には，地元志津川高校で，地域活性化を目的とした「南三陸モアイ化計画」がスタートした。しかしその翌年，東日本大震災が発生する。

「未来に生きる」

　マグニチュード9.0の東北地方太平洋沖地震の津波により，モアイのレプリカも流され，頭部だけが瓦礫の中から発見された。だが2012年3月，当時のチリ大統領が南三陸町を慰問したことで，町とチリとの国際交流は新たな局面を迎える。頭だけになったモアイを見た大統領が，報道陣の前で新しいモアイを町に寄贈することを約束したのである。しかも，そのモアイの製作は，実際にイースター島の彫刻家によって行われた。

　チリから遥々やってきた高さ3メートル，重さ2トンの本格的なモアイは，2013年5月に南三陸町に到着した（図11-4）。駐日チリ大使やイースター島の彫刻家も参加して執り行われた式典は，国内メディアの注目を集めた。

　そのモアイは町の名所としてすぐに定着し，お土産屋にはモアイグッズが数多く並ぶようになった。モアイの写真がパッケージに印刷された菓子類をはじめ，モアイキャラクターのマグネットやストラップなどの小物，南三陸町の海水浴場の砂を固めてつくったミニチュアモアイなど，実にさまざまである。その経済効果は侮ることができない。

　こうしたマスコット的な側面に加えて，震災復興過程を通じて「モアイ」という言葉の意味にも注目が集まった。それは，イースター島の現地語で「未来に生きる」（「モ」は「未来」，「アイ」は「生きる」）という意味だというものである。大規模自然災害によって傷ついた人々が立ち上がろうとする中，イースター島からやってきたモアイはそれを見守る使者のような存在となった。

イースター島とダークツーリズム

　上述のエピソードのどこにダークツーリズムの要素があるというのだろうか。私たちは「モアイ」と聞くと，あの独特の姿をした石像を容易にイメージすることができる。しかし，その親しみやすい見た目とは裏腹に，歴史的にみてイースター島民はさまざまな困難を経験してきた。

図11-4　南三陸町のモアイ
「プカオ」と呼ばれる帽子型の岩が乗せら
れ、白サンゴと黒曜石でできた目がはめ
込まれている。
出所：筆者撮影（2013年7月14日）

　イースター島のモアイは，10〜16世紀にかけて栄えた巨石文明の名残として
知られている。その文明が滅びた原因の究明には多くの関心が集められてきた。
近年では，島の人口増大が森林資源の枯渇を招き，衰亡の路をたどったという
のがその定説となっている。そして，古代イースター島の踏んだその轍は，地
球全体の資源利用に対する警鐘のためにも活用されている（Ponting 1991=
1994, Diamond 2005=2012）。

　それからもイースター島民の受難の歴史は続いた。島の人口を絶滅寸前まで
追いやったのは，巨石文明崩壊後の西洋との接触だとされる。島民による森林
伐採よりも，18世紀以降の入植者による島民の奴隷化や伝染病の持ち込みを重
くみている研究者もいる（Lingis 2000=2004）。

　「自滅」にしても「征服」にしても，イースター島が暗い過去を背負ってい
ることは間違いない。そのため，"www.dark-tourism.com" という世界中の
ダークツーリズムを扱うウェブサイトには，イースター島も紹介されている。
筆者も，南三陸町で新たに生じたモアイ・ツーリズムを「本家」と比較するべ
く，イースター島での現地調査を実施している（Uchio 2019）。そして，実際に

島を訪れてわかったことのひとつは,「モアイ」という言葉には「未来に生きる」という意味はない, ということである。

モアイのあり方をめぐる葛藤

　イースター島で話されているラパ・ヌイ語の辞書を調べてみると,「モアイ」はたんに「像」を意味している (Kohaumotu 2014)。筆者自身, 島民にモアイが何を意味するかについて尋ねたところ, やはり「像」や, 人によっては「意味などない」という答えが返ってきた。島に住む日本人ガイドからも「未来に生きる」説ははっきりと否定された。南三陸町の復興においてあのモアイが果たしている役割を想えば, 些かにショックな出来事だった。

　ではこの誤解はどこからきたのだろうか。筆者の調べた限りこの表現が登場する最も古い資料は, 1990年10月の故・立松和平によるイースター島紀行文である。「モアイとは『未来に生きる』という意味なのだ」という記述があるものの, 根拠となる出典はない (立松 1990：208-209)。この立松の文章は, 1990年代にイースター島内のモアイ修復プロジェクトに携わった日本のクレーン会社のウェブサイトでも紹介された (タダノ 2018)。また, 震災以前から国内のモアイの名所である宮崎県のサンメッセ日南の観光情報を通じても, この「未来に生きる」説が普及している。

　そして震災発生後, 南三陸町の復興を願って彫られた新しいモアイは, この言説と絶妙の相性を発揮し, それを一気に拡散させたと考える。

　ここでフィールドワーカーとしての葛藤が生じてくる。人類学ではしばしば, 科学的には根拠の薄いことに絶大な信頼を置く人々を対象に調査をする。最初からそうした人々を相手にしていたなら, その主観的な世界のあり方を尊重するという態度で向き合えていただろうと思う。しかし, このモアイの意味に関しては, 筆者も南三陸町の人々と同じものを信じていた。

　すでに南三陸町では,「モアイ＝未来に生きる」という認識が共有され, そのフレーズは町の観光PRにも用いられている。ところがフィールドワークの過程で, それが誤りである可能性を知ってしまった。そのことから目を背けず, かつ南三陸町の人々のモアイ観に寄り添うにはどうすればいいだろうか。

　少なくとも筆者はここで, 日本国内で通用している意味が「本家」と異なる

から正しくない，と主張するつもりはない。同じ島で，同じ素材でつくられた
にもかかわらずその存在のしかたは大きく異なる，この点が人類学的には重要
だ，と考えている。この地上でモアイは，楽園的イメージのポリネシアのイー
スター島にあっては「ダーク」さを残すものとして，そしてダークツーリズム
の舞台である被災地においては希望の「光」を宿すものとして，同時に存在し
ているのだ。

　結論めいた書き方をしているが，むしろここは出発点であることを強調して
おく。この出発点から，オブジェクトそのものを，そしてその周辺で生きる人
間の営みを，さらにはその両方を包む小世界を，より注意深く観察し続けてい
くのである。

5　フィールドからダークツーリズム概念を揺さぶる

ダークツーリズムの振れ幅

　そろそろ本章を締め括りたい。ここまで，東日本大震災で被災した南三陸町
から，災害と観光，とりわけダークツーリズムのフィールドワークについて考
えてきた。最初に紹介した防災対策庁舎では，災害による悲劇の痕跡が観光地
となっていく過程を紐解いていった。自然災害の凄まじさと教訓を後世に伝え
る今日の防災対策庁舎は，ダークツーリズム研究の観点からは，ある意味「お
手本」のような題材だと言える。

　それに比べれば，ふたつ目のイースター島から南三陸町にやってきたモアイ
は一見，観光資源として「ダークツーリズム」という言葉からイメージされる
ものとは遠いように思える。しかし，モアイという人類の文化遺産の成立背景
にはダークな要素（資源枯渇や植民地主義）があった。そして日本社会において
はそのダークな側面が見過ごされる傾向にあり，代わりに独特な意味が与えら
れてきた。

　こうして同じ町内からふたつの事例を並べたのは，南三陸町から学ぶことが
できるダークツーリズムのあり方を，イメージしやすい「防災対策庁舎」だけ
に限定させないためである。第二の事例からは，文化人類学の思考法の中でカ
ギとされる，調査対象の「近さ」と比較対象の「遠さ」（松村・中川・石井編

2019）も，感じてもらえることだろう。

闇と光のあいだで

　私たち人類学を学ぶものが，ダークツーリズムというキーワードを携えてフィールドに行くのは，その概念に当てはまるものを答え合わせのごとく探し出すためではないと考える。むしろそれとは逆に，その概念が正しく現実を説明しているのか，自らの体験と照らし合わせて問うことが重要だと言える。別の言い方をすれば，フィールドからその概念自体を揺さぶってみるのである。その揺らぎを丁寧に記述することから自身のフィールド研究が出来上がっていくのだろう。

　災害による死と生が隣り合わせであるように，復興における闇と光もまた時に不可分に共存している。「ダークツーリズム」と無印の「観光」のあいだを区切ること自体をときには疑問視する必要があるかもしれない。その意味で，ダークツーリズムは特殊な観光のジャンルというよりも，私たちの観光地への向き合い方に関わるものなのだと筆者は考えている。

考えを深めるために

1）東日本大震災の個人的な体験について，身近な人にインタビューをしてみよう。震災当日どこにいたか，当時の報道で何を見聞きしたか，震災後の生活に変化は生じたかなど，自分なりに質問項目を考えてみるといい。

2）被災地の調査ではしばしば，悲しみや苦しみの記憶をその当事者から聞き取ることになる。そのとき，どのような点に気をつければよいだろうか。最初に連絡するときや，インタビュー中のふるまいなど，さまざまな場面を想像してみよう。

3）人類の歴史上，この地球の至るところで人間は死んでいる。それなのに私たちはダークツーリズムを，限られた観光地のものとして認識しがちである。江戸時代以前の刑場や古戦場跡は意外と身近にあるが，そこで大勢が死んだ事実をそれほど重く受け止めない。また，東京で「ここが関東大震災の被災地だ」と考えることもあまりない。これはなぜだろうか。あらためて，現代におけるダークツーリズムの成立条件を考えてみよう。

注
⑴　町内の被災者の当時の体験や，震災発生から最初の5年間の復興過程については
　　内尾（2018）に詳しく書かれている。
⑵　日本でも，鷲谷（2001）に収録の「イースター島にはなぜ森林がないのか」や，
　　安田喜憲「モアイは語る──地球の未来」（安田 2016）が，小学校から高校まで複
　　数の国語教科書の教材に採用されている。

文献

Diamond, Jared, 2005, *Collapse: How Societies Choose to Fail or Succeed*, Viking.（楡
　　井浩一訳，2012，『文明崩壊』（上・下）草思社。）

井手明，2018，『ダークツーリズム──悲しみの記憶を巡る旅』幻冬舎。

Kohaumotu 2014, "Rapanui-English Dictionary,"（http://kohaumotu.org/Rongoron
　　go/Dictionary/dictionary_complete.html）.

Lingis, Alphonso, 2000, *Dangerous Emotions*, University of California Press.（中村裕
　　子訳，2004，『汝の敵を愛せ』洛北出版。）

松村圭一郎・中川理・石井美保編，2019，『文化人類学の思考法』世界思想社。

南三陸町，2009-2019，「南三陸町統計書」（https://www.town.minamisanriku.miya
　　gi.jp/index.cfm/10,0,56,238,html）。

Ponting, Clive, 1991, *A Green History of the World*, Sinclair-Stevenson Ltd.（石弘之・
　　京都大学環境史研究会訳，1994，『緑の世界史』（上・下）朝日新聞社。）

タダノ，2018，「TADANO CAFÉ：モアイの秘密」（http://www.tadano.co.jp/tadano
　　cafe/moai/about/moai/index.html）。

立松和平，1990，「海の民，風の物語。」『月刊プレイボーイ』集英社，16(10)：106-
　　115，206-209。

内尾太一，2018，『復興と尊厳──震災後を生きる南三陸町の軌跡』東京大学出版会。

Uchio, Taichi, 2019, "A Comparative Study of Moai Tourism between Minami Sanri-
　　ku Town and Easter Island,"『麗澤大学紀要』102：54-61.

鷲谷いづみ，2001，『生態系を甦らせる』NHK出版。

安田喜憲，2016，「モアイは語る──地球の未来」『国語　2』（2015年文部科学省検定
　　済）光村図書出版，116-123。

第Ⅲ部

訪日インバウンド観光と国外における事例集

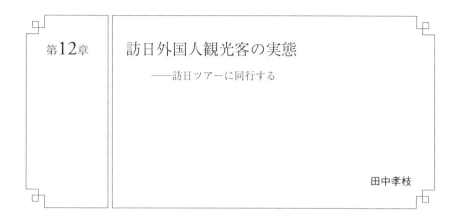

第12章　訪日外国人観光客の実態

——訪日ツアーに同行する

田中孝枝

1　訪日外国人観光客を調査する難しさ

　訪日外国人観光客に興味を持つ人は多いだろう。ここ10年ほどの間に，その数は劇的に増加し，彼らを顧客とする観光ビジネスも隆盛した。彼らの動向や日本社会への影響が，ニュースやテレビで取り上げられることも増えた。また，街中で見かけたり，バイトで接客したりと，日常生活で外国人観光客と接する機会も，以前に比べて格段に増えたことだろう。さらに，2020年の新型コロナウイルス流行によって，関連産業が大打撃を受けたことは，誰もが知るところだろう。

　訪日外国人観光客の動向を量的に理解するためには，さまざまな統計資料や関連資料を利用することができる。毎年まとめられる『観光白書』は，観光行政の動向を把握するのに有用である。また，JNTO（日本政府観光局）の『訪日旅行データハンドブック』からは，国・地域ごとの訪日動向とその社会・文化的背景が知れ，観光庁の『訪日外国人消費動向調査』からは，国・地域ごとの消費の特徴がわかる。さらに，各種民間企業が出すニュースリリースや調査報告からも，訪日外国人のトレンドを知ることができる。

　しかし，いざ訪日外国人観光客を対象として何らかのフィールドワークを行い，質的な理解を深めようとすると，それほど簡単ではないことに気づく。理由はいくつかあるが，まずひとつは，彼らが短期間で移動する外国人だという

ことだ。あたりまえのことではあるが，質的調査にとっては，このことが大きな課題となる。テレビ東京の「Youは何しに日本へ？」という番組を見たことがあるだろうか。訪日する外国人を空港で待ち受けてインタビューし，許可がおりれば，彼らに同行して取材する。「外国人」の目を通して見える「ニッポン」の魅力を楽しむことのできる番組であり，2013年より放送が続いていることから，人気の高さがうかがえる。一般の視聴者は，番組制作の苦労を十分に知ることはできないが，放送内容からも，インタビューを取りつけること自体が大変であること，インタビューには通訳が必要であること，一度取材を許可されても，連絡が取れなくなったり，旅の途中で同行を断られるなど，予定した取材ができないケースも多いことがわかる。何らかの目的をもって訪日し，限られた時間のなかで移動する外国人観光客を，こちらの目的に巻き込むことは簡単ではない。多くの観光客は遊ぶのに忙しく，休暇で訪れた海外での限られた時間で，初対面の人物の調査に協力しようとは思わない。

　また，もうひとつの困難は，一口に「訪日外国人観光客」といっても，その中身は多様であるということだ。国籍，言語，宗教，訪日の目的・形態・回数など，あらゆることが異なっている。筆者の研究対象は中国人観光客だが，中国は広く，地域による経済格差も大きい。文化的にも実に多様で，また，世代差も大きい。それぞれの調査・研究において，誰を「中国人観光客」と呼ぶかさえ悩ましい問題であり，それを考えることが，中国の社会や文化への考察や理解を深めることになる。と同時に，「観光」や「観光客」の意味を検討することにもつながる。仕事のために訪日し，空いた時間に観光地に行く人は，観光客だろうか。北海道に別荘を持ち，冬の1～2ヶ月間はスキーをしながら暮らす人，日本のアイドルのファンで，ライブを見るために何度も訪日する人，彼らは観光客だろうか。自らが対象とする外国人観光客を設定し，その実態にアプローチしていくことは，観光や観光客という言葉の持つ意味を問い直す過程でもあるのだ。

　日本社会に比較的新しく現れた訪日外国人観光客という対象は興味深く，そこから考えることのできるテーマにもさまざまな可能性がある。ここで大まかに整理してみると，観光客が地域に与える影響と観光経験の意味のふたつのテーマに分けることができる。前者であれば，訪日外国人観光客の増加による

日本社会の多文化化，エスニックなコネクションで動く観光ビジネスが生み出す観光文化，観光が住民の生活や旅行者の体験に負の影響を与えるオーバーツーリズムなどが思い浮かぶ。また，後者であれば，国・地域によって異なる旅行文化，日本での買い物からみる消費文化，日本の観光イメージ，旅行行動へのメディアの影響などが挙げられる。さらに，新型コロナウイルスの影響も重要な研究テーマになる。観光地の危機管理対応，日本の観光イメージや目的地の変化，地震など他の災害がもたらした影響との違い，インバウンド観光ビジネス従事者の経営戦略，バーチャルツアーの発達による観光経験の変容など，新たな環境下では，新たな研究テーマを見つけることができる。

　本章では，旅行の過程を「旅マエ」「旅ナカ」「旅アト」に分け，主に「旅ナカ」へのアプローチに焦点を当て，調査の難しさをいかに乗り越えることができるのか，考えていきたい[1]。

2　「旅ナカ」へのアプローチ

　外国人観光客について知るための方法としてまず思いつくのは，先述したテレビ番組のように観光客に直接インタビューをすることかもしれない。筆者は，中国人観光客の訪日動機と訪日経験を調査したいと考え，日本と中国の双方でフィールドワークを行った[2]。先行研究には欧米人観光客を対象としたものが多く，アジア人観光客の増加にもかかわらず，欧米の社会文化的枠組みで旅行動機や旅行経験の意味が捉えられていることに疑問を感じたからだ。最初は日本でできる調査をしながら文献研究を進め，その後に中国広東省広州市での調査を実施した。日本で調査を始めたとき，まずは，旅ナカの中国人観光客について知りたいと思い，浅草など近場の観光地で観察をすることにした。当時は，観光ビザの制約もあり，レジャーを目的とした観光客は基本的に団体ツアー参加者であった。次から次へと大型バスがやって来ては去って行く様子，彼らの身なりやふるまいを観察するだけでもさまざまな発見があった。しかし，ツアー客は限られた時間で観光や買い物をすることに夢中であり，また，大学院修士課程当時の筆者は中国語も十分に話せなかったため，なかなか観光客に話しかける勇気が出なかった。そこで，中国語で簡単なアンケートを作って渡し

てみたりした。出身地や利用旅行社，旅程などを尋ねるものである。思っていたよりも彼らの反応は好意的だったが，こうした調査で得られる回答は表面的で大雑把なものが多かった。少し踏み込んで何かを聞いてみようとしても，旅行の同行者に促されて，すぐに立ち去ってしまうことがほとんどであった。もちろん，こうしたアンケート用紙の配布・収集からわかったこともあったが，中国人観光客の実態について理解が深まったとは思えなかった。

　そこで，観光客そのものではなく，その周辺に目を向けてみることにした。土産物屋の品揃え，多言語のポップや注意書き，観光客の購買行動を重点的に観察すると，日本では知られていないが中国人には人気のある独特な商品があることを知った。そこで，中国人観光客の消費文化に注目するようになった。また，観光地には大型バスの駐車場があり，客が下車して観光や食事をしているあいだ，運転手たちは，数人で集まって雑談していることもわかった。ガイドもまた，一通りの説明を終えてツアー参加者に集合時間を指示した後は，顔なじみの店員と話したりしている。彼らは，写真撮影や買い物で忙しい観光客に比べて話しかけやすく，時間に少しゆとりがあり，また日本語での会話ができた。彼らとの会話から，バス不足や資格を持たないガイドの問題，中国人観光客への不満，周遊ツアーの苦労，ツアー参加者が交通事故に遭って大変だったことなど，中国人観光客をめぐるビジネスの実情について多くを知ることができた。そこから，中国人観光客をめぐるビジネスに従事する人々とそのつながりを，ひとつの調査テーマと考えるようになった。

　観光客を知るためには，観光客そのものにアプローチするだけでなく，「観光客についてよく知っている人」に話を聞けばよい。観光客についてよく知っている人々がどこにいるのかを明らかにしていく過程は，観光客を取り巻く環境を解きほぐし，現場を内側から理解していくことにつながる。できないことを追い求めるのではなく，まずはできることから始めることで，自ずと次の道が開かれてくる。また，インタビューできるほど中国語の語学力がなく，訪日外国人ビジネスに関わる知り合いもいないなかで，仕方なく土産物屋の品揃えなどを丹念に観察した記録は，中国人観光客の消費文化を考察する上で，後に貴重なデータとなった。

　他方，観光客に話を聞くことができれば，彼らの訪日動機や日本での経験に

ついて十分な説明が得られるかというと，そうとも限らない。すでに述べたように，観光客は忙しくて調査に多くの時間を割いてはくれないし，言語の問題もある。しかし，時間や言語の問題がクリアできたときにあらためて気がつくのは，すべての観光客が自らの訪日動機や行動の理由を意識しているわけではないことだ。実際，旅ナカの中国人に訪日の理由や感想を尋ねても，「なんとなく」や「見てみたいと思って」，「楽しいよ」，「富士山はすばらしいね」といった簡単な返事しか得られないことも少なくなかった。インタビューでわかることもあれば，わからないこともある。そこで，旅行者本人も十分に意識しているとは限らない要因について知り，中国人観光客の目を通して訪日旅行の経験を捉えるために，中国から訪日するツアーで参与観察をすることにした。

3　訪日ツアーへの同行

中国人ツアーが生み出す時空間

　中国でのフィールドワーク開始後は，客として旅行会社の店舗をまわってツアーに申し込み，訪日旅行に同行した。ツアーに参加することでわかったのは，中国人向けツアーの独特な時空間だ。レジャーを目的とした中国人の団体ツアーは，日本側での手配を「中系」の旅行会社が担っており，ツアーで利用するガイド，飲食店，免税店，バス，ホテルや旅館など，すべてが中系に担われていることもある。中系とは，中国や香港，台湾，ときには韓国など「外資」の企業やビジネスを指す言葉として，現場の人々に使われているものだ。彼らは独自のネットワークでビジネスを展開しており，日本の旅行会社とは少し異なる内容の手配をする。ツアーで利用する店や施設の運営が，すべて同じ経営者によって担われていることもある。筆者が参加したツアーでも，繁華街のビルの一角にある免税店，顧客が中国人団体ツアーのみの中華料理屋，中国人オーナーが経営する旅館など，中系の施設やサービスを利用していた。

　また，団体ツアーは同じようなルート・スケジュールで動くため，中国語が飛び交う，中国人観光客しかいない空間が一時的に発生することにも気づかされた。朝の大阪城公園がそうだった。朝から大阪城を訪れ，道頓堀を散策して昼食を済ませ，午後には京都に移動する。この行程をこなすためには，朝の9

時前には大阪城公園を訪れる必要がある。一般的に中国人のレジャー客は，歴史よりも，買い物や食に興味を持つ傾向があるため，大阪城よりも，道頓堀での時間を多く確保しようとする。そのため，大阪城では天守閣に登らず，城をバックに写真を撮ると，すぐに道頓堀へ移動する。多くのツアー客が集中する時間帯は，日本とは思えない空間が大阪城公園に生まれる。

　中国人ツアーと行動をともにしているときは，筆者も中国人と見なされ，日本人の冷たい対応を受けることや露骨な非難の言葉を耳にすることもあった。また逆に，驚くほどの歓迎や親切を受けることもあった。中国の方言で挨拶や簡単な説明をしてくれる土産物屋があったり，同じ旅館に宿泊した日本人客から「中国で生活したことがある」と親しげに話しかけられたりすることもあった。こうして自分が中国人観光客として扱われたことも，彼らの経験を内側から理解するために，重要なものであった。

　さらに，団体ツアーならではの制約が生み出す「日本」があることもわかった。ツアーで夕食をとっていたときのことである。7日間のツアーも4日目の夜を迎え，富士山周辺で旅館に宿泊した。夕飯のメニューは，サラダや小鉢，天ぷら，鍋物（うどん），ご飯などであった（図12-1）。食事中，ある参加者が，日本人は一度の食事で麺と米を食すのだなと話した。筆者は，この言葉に驚かされ，そんなことはないと答えたが，言われてみれば，うどんとご飯が提供されている。また，思い返してみるとそれまでも，うどんと親子丼，ほうとうと刺身にご飯というように，たしかに一食で麺と米が出されている。その要因のひとつは，昼食や夕食の予算が1000～1500円程度に抑えられていることにある。限られた予算で品数を増やし，お腹が膨れる食事を提供するために，メニューには麺と米の双方が含まれることが多くなり，また，ツアー中に何度も同じようなセットメニューを食すことになる。

　中国人ツアーの生み出す独特の時空間は，ツアーに参加して初めて体感できるものであり，中国人観光客を包む「環境の泡（environmental bubble）」（Cohen 1972）の存在に気づかされる。観光客は，ふだんの慣れ親しんだ習慣を通して，旅行先の人や場所，文化を捉えようとする。特に，パッケージツアー参加者は，観光客向けに用意された施設やサービスによってつくられた安全で快適な「泡」のなかにおり，外部との接触は制限されている。中国人の訪日ツアーに

献立
サラダ
小鉢
冷製鴨ロースト
野菜の煮物
天ぷら盛り合わせ
茶碗蒸し
うどん
ご飯，香の物
季節のフルーツ

図12-1　ツアーの夕食

出所：筆者撮影（2009年）

おいても，中系のネットワークによって手配された，中国人向けのサービスが
提供されている。訪日ツアーに参加することで，中国人向けの観光ビジネスが
生み出した「泡」のなかから，彼らの見る「日本」を垣間みることができたの
だ。

現場での違和感

　実際のツアーには，事前に渡される旅程表には書かれていない多くの要素が
含まれており，旅行や日本の印象には，そちらの方が重要であることも少なく
ない。また，ツアーでは，予定外のことが次々と起こる。中国人ツアーの特徴
は，状況に応じて柔軟に予定を変えていくことだ。渋滞の影響で夕食時間が遅
れそうであれば，高速道路のサービスエリアで夕食を済ませる。客が買い物時
間の延長を求めれば，次の予定をカットする。ツアー中に旅程を管理するのは
ガイドであり，ガイドの話やふるまいも，旅程に載らないことのひとつである。
ガイドがする説明は，旅行経験に大きな影響を与える。先に述べた通り，一般
的に中国人のレジャー客は歴史にあまり興味を示さないが，実際ガイドはほと
んど歴史や伝統文化について説明せず，日本の生活や商品について，自分の経
験を交えてユーモラスに話をしていた。
　例えば，ある香港人のガイドは，日本のジュースには，さまざまな栄養成分

が含まれているものがあり，サントリーの「C.C. レモン」にはレモン40個分の
ビタミンＣが含まれていると紹介した。浅草から皇居へ，バスで向かってい
たときのことである。筆者は，なぜそのような話をするのだろうと思ったが，
ツアー参加者たちの反応はすこぶるよく，自動販売機を見かけるたびに
C.C. レモンを探し，あれか，これかとガイドに尋ねていた。このときは，なぜ
彼らがこれほど興味を惹かれるのか，理解することができなかったが，調査を
続けるうちに，中国都市部における健康志向の高まりが背景のひとつにあると
考えるようになった。健康志向の高まりから，身体に良い，品質の良いものを
摂取したいと人々は考えるが，中国には偽物や安全でない食品が溢れている。
それに対して，日本の食品は品質や安全性への信頼がある。C.C. レモンに対す
る彼らの関心の高さは，こうした中国の状況を映し出しており，日本では「身
体に良い」という発想が自動販売機で気軽に購入できる炭酸飲料にまで及んで
いることに，興味を惹きつけられたのだと解釈できる。

　フィールドワークでは，現場で感じる違和感が重要であり，理解できないこ
と，わからないことが，新たな研究テーマを発見する契機になる。なぜなら，
こうした違和感は，中国人観光客の見る「日本」を，筆者が十分に把捉できて
いないために生じているからだ。彼らの見ている「日本」と自分が見ている
「日本」が異なることに気づき，彼らのまなざしの論理とその背景を，自分な
りに探求することで，研究を深めていくことができる。

　そのために重要なのがフィールドノートだ。大して意味のないことだと思っ
ても，後から新しい目でノートを見返してみると，異なる出来事が同じテーマ
のもとでつながっていることに気づいたりする。例えば，ツアーに参加して気
づいたことのひとつに，参加者がほとんど爆買いしない，ということがあった。
家電量販店や免税店，銀座や新宿などの繁華街に立ち寄っても，電気炊飯器を
いくつも購入したり，ブランドバッグを山ほど購入したりするような爆買いを
目にすることはなかった。これは，ステレオタイプな中国人観光客像とは異な
るものであり，広東人観光客の特徴のひとつでもあった。彼らはふだんから中
国国内で手に入らないものは香港で購入しており，北京や上海に比べると，日
本での買い物を求めていなかった。他方で，同じものをいくつも購入するのは，
風邪薬や胃腸薬，目薬など，ドラッグストアで購入できる医薬品であった。彼

らのこうした行動も，健康志向や日本製品の安全性への信頼という観点から，その消費の意味を解釈することができる。フィールドノートを書いたときには，C.C.レモンの話がどうやら面白いことと，医薬品を大量購入する傾向にあることは，関連のある事柄として意識していなかったが，後から読み返してみると，実は同じテーマに関わるかもしれないことが浮かび上がってくるのだ。

参与観察の苦労と工夫

　訪日ツアーへの参与観察では，大変なことやトラブルもあった。第一に，何となく居心地が悪いということだ。ツアーには客として参加しているのだから，1人で参加していても問題はないのだが，他の参加者はみな家族や親戚，友人やカップルなどで参加しており，バスから降りるや否や，グループごとに行動を始めて，いなくなってしまう。

　旅程が進み，少しずつ話をして，筆者が日本人で，中国人の日本観光について知るために参加したということがわかってくると，「もう1人のガイド」として利用してくれるようになる。気になったことを尋ねられたり，買いたいものを一緒に探してほしいと頼まれたりする。しかし，どこかのグループと常に一緒に行動することはあまりなく，目的地に到着してバスから降りるたびに，この時間をどう過ごすのがよいか思案せねばならず，居心地の悪さを覚えることもあった。どこかのグループに一緒に行動させてほしいと頼むこともできたが，休みをとって身内で旅行に来ている人たちの邪魔をするようで，気が引けた。ちょうど女子大生の2人組がいたときは，ほとんどの時間をともに行動したが，中国の団体ツアー同行者は，家族や親戚が主だった。その意味では，誰と誰が旅マエからの知り合いなのかを把握するところから，参与観察は始まった。18人の参加者のうち，13人が実は親戚ということもあった。

　次に大変だったのは，フィールドノートの記録である。当時主流であった1週間程度で大阪〜東京間をめぐるゴールデンルート[(4)]のツアーは，忙しなく進む。毎日朝から晩まで多くの行程についていくだけでも疲れるが，知り合いのいないツアーで居場所を探しながら，フィールドワーカーとしてなるべく有意義な時間を過ごしたいという思いも頭をもたげ，精神的にも疲れる部分がある。移動時間や部屋に戻ってからフィールドノートをつけるのだが，書いても書いて

も終わらず，いくつかの対処法をとった。

　まず，一日の流れを記録することを優先し，観察したことや気づいたことは，簡単なメモにとどめ，時間が足りないぶんは，ツアー終了後に書くことにした。次に，記録のために写真とビデオの撮影をした。写真やビデオは，撮影時に意識していなくても，後から見返した際に，そこに映り込んでいるものから新たな気づきを得ることが少なくなかった。最後に，フィールドノートに記録したいことを録音するようにした。その方が短い時間で済み，場所によっては屋外でもできた。いずれもそれで終わりではなく，なるべく時間が経たないうちに記録を補足・整理する必要があるが，せっかくのツアーでの経験や発見をすっかり忘れてしまうのは防ぐことができた。

　ツアー参加中にはトラブルもあった。そもそも中国からの訪日ツアーに日本のパスポートで申し込むこと自体，なかなか骨の折れる作業であった。中国籍の参加者は団体観光ビザを取得して訪日するが，筆者には必要がなく，ビザ申請料の支払いや申請手続きの代行は不要になる。旅行会社のスタッフたちも，海外へのツアーに外国籍者が参加することに慣れておらず，パスポートやビザの問題がないのかどうか，何度もやり取りをした。日本に帰りたいのであれば自分で航空券を購入すればよいのに，なぜわざわざ訪日ツアーに参加するのかと訝しがられた。また，団体ツアーで宿泊するホテルや旅館のなかには，中国からの団体ツアー誘致のために，中国人向けの特別料金を設定しているところもある。日本国籍の筆者にも同様の料金が適用されるのか，スタッフたちは一から確認してくれた。

　こうしてようやく参加した初めての訪日ツアーで筆者は，中国に戻る飛行機に乗ることができず，空港に1人取り残されることになった。その理由は，中国ならではの事情や外国籍者として参加したからということではなく，もっと単純だった。往復航空券の往路分を利用していなかったからだ。そのとき，ちょうど日本に戻る用事のあった筆者は，ツアーとは別に自分で購入した航空券で先に日本に戻り，ツアーの日本到着に合わせて関西空港へ行って合流した。帰りはツアー料金に含まれる航空券を使って中国へ戻る予定で，旅行会社とも打ち合わせていた。しかし，問題は，往復航空券の往路分が使用されなかった場合，復路の予約は自動的にキャンセルされてしまうということだ。筆者も旅

行会社もこのことに気づかぬまま，成田空港でチェックインしようとした際に，帰りの飛行機に乗れないことが発覚した。搭乗予定の飛行機には残席があったので，その場で航空券を購入できるようガイドが交渉してくれたが，航空券代は30万円以上した。別日の航空券であればもっと安く購入できるし，1人で置いて行かれるといっても日本なので，その場はそのまま別れて，後日別の航空券を購入して中国に戻った。

　フィールドワークではいろいろなトラブルが起こるが，トラブルからわかることは多い。このときは何より，往復航空券を復路だけ使うことはできないと学んだが，それだけではない。中国に無事戻った後，観光学部を卒業し，ホテルで人材管理の仕事をしている友人に，この経験を話した。すると，彼女は，旅行会社の責任なのだから，航空券代を返してもらうべきだと憤った。事前に旅行会社に伝えていたとはいえ，ツアーを利用しながら，別の航空券で日本に行ったのは自分であるし，復路の航空券が使えないことがわかった後，ガイドは同じ飛行機で帰れるよう尽力してくれた。また，筆者にとってツアーへの参加は旅行ではなく，調査であった。調査としては，空港の免税店での最後の買い物の様子を見たかったし，ツアーの解散まで一緒にいて，より多くの参加者と帰国後のインタビューの約束をしたかったが，これはこれで面白い経験だなと満足していた。筆者は，憤慨する友人をなだめたが，旅行会社と交渉しないのであれば，せめて広東省旅游局のクレームセンターに連絡すべきだと，筆者の代わりにクレームを伝えた。筆者はこのとき初めて省政府の旅游局にクレームの窓口があることを知った。海外ツアー創生期の中国では，悪質なツアーが横行し，多くの土産物屋に連れて行くために旅程を大幅に変更したり，購入するまで土産物屋に閉じ込められたりするといったトラブルが相次いでいた。こうした事態を把握し，対処するために各地の旅游局に設置されたのが，クレームセンターであった。結果として，この調査を通して，中国の海外旅行ツアーを取り巻く制度や法律についても理解を深めることができたのだ。

4　「旅マエ」と「旅アト」への接近

　ここまで旅ナカへのアプローチ方法について書いてきたが，旅ナカをより多

面的に理解するためには，旅マエ，旅アトへの接近が不可欠である。また，旅マエ，旅ナカ，旅アトのいずれを重点的に調査するにせよ，旅行のすべての過程は相互に結びついており，それらに目を向けることで，短期間で移動する観光客に関する質的なデータの不足を乗り越えることができる。具体的な方法として，観光人類学の大家の一人である N. グレーバーンは，次の4つを挙げている（Graburn 2002）。（1）自伝的エスノグラフィーによって，自分と社会的に同じ背景を持つ他者を対象とする，（2）観光客を送り出す社会において，旅行会社の役割や観光の前後を含めて対象とする，（3）観光地に長期間滞在し，そこを訪れる観光客を対象とする，（4）実際の観光には参加せず，旅の後の語りを対象とする。

　まず，（1）は，自分や，自分と社会的背景を同じくする人々を対象とすることで，観光客の持つ多様な背景を理解することの困難を乗り越えようとするものである。例えば，自分が20代の日本人学生で友達と海外へ卒業旅行に出かけるとする。そこで，大学生の海外への卒業旅行を研究テーマとして，調査を行うとすれば，自分とは国籍も年齢も収入も異なる人々について理解するよりは，短時間で相手の状況を把握することができる。旅行先を決める際にTwitter や Instagram が影響を与えている可能性に自然と気がつくし，旅行資金を貯めるためにアルバイトをしているかもしれないこと，旅行時期の決定には内定先企業の研修時期や大学の卒業式の日程などが関係していることも想像できる。しかし，卒業前に就職先が決まっていることや，大学生がアルバイトをすることはあたりまえではない。大学生に影響力のある SNS も国や地域によって異なり，卒業式の時期も同じではない。こうして考えてみると，日本の大学4年生の海外への卒業旅行という現象には，日本ならではの社会的・文化的特徴が影響していることがわかってくる。このように，自分と社会的に同じ背景を持つ他者を対象とすることにはメリットがある一方で，相手の行動や話すことが「あたりまえ」すぎて，その特徴に気づきづらいというデメリットもある。つまり，自分と社会的・文化的に似た対象を研究する場合，自身の置かれた状況を客体化して捉え，言語化する力が必要になる。

　外国にルーツがある人や留学生でなければ，訪日外国人観光客の調査に，この方法をそのまま当てはめることはできないが，対象とする外国人観光客の国

や地域についてよく知っている人に，調査や分析のアドバイスを求めることは
有効だ。もし，みなさんが日本の大学生はなぜ2月，3月に海外旅行をするの
かと聞かれたら，いくつも理由を挙げられるのと同じことで，その国・地域の
人にとってはあたりまえの社会的・文化的文脈を教えてくれるはずだ。

　次に，（2）観光客を送り出す社会において，旅行会社の役割や観光の前後
を含めて対象とすることについて説明しよう。これは，訪日中国人観光客であ
れば，なぜ中国人は観光に出かけるのか，なぜ数ある国のなかで日本を選ぶの
かを，中国の社会的文脈に沿って理解しようとするものである。中国における
日本の観光イメージ，旅行会社で販売される日本ツアーのタイプなど，人々が
観光客になる過程とその背景にアプローチする。そのためには何をすればよい
か。

　まず，中国の人がどこで，どのような旅行情報に触れているのかを明らかに
することだ。筆者の場合，中国人が旅行先を決める際に利用する旅行会社のパ
ンフレット，旅行博，ウェブサイト，WeChat などを見て，その内容を分析し
た。また，訪日ツアーがつくられる過程を調べるため，中国の日系旅行会社で
長期的な参与観察を行った。会社での調査については，第7章を参考にしてほ
しい。さらに，訪日ツアーよりも気軽に，かつ楽しく参加できる中国国内ツ
アーにも，機会があるごとに参加した。中国人の友人と国内ツアーに参加して
みると，中国の旅行文化の様相が見えてくる。旅行に何を求めるか，旅行中ど
のようにふるまうかは，社会や文化によって異なっている。中国人のツアー客
は，旅行に娯楽性や楽しい雰囲気を求める。訪日ツアーでも歴史にはあまり関
心を示さず，ガイドのユーモアを高く評価するのは，中国の旅行文化のひとつ
の表れなのだ。

　次に，（3）観光地に長期間滞在し，そこを訪れる観光客を対象とする方法
である。これは，ツアーへの参加とは異なる方法で，旅ナカにアプローチする
ためのものである。観光客1人1人は短期間のうちに移動するが，観光地に滞
在していれば，多くの観光客に出会うことができる。観光地には，観光施設や
案内所だけでなく，飲食店や土産物屋，ホテルやゲストハウスなどさまざまな
アクターが存在する。こうしたアクターのひとつで参与観察すれば，その地を
訪れる特定のタイプの観光客への理解をより深めることができる。このとき，

観光地は，観光を基幹産業とする地域に限らず，「デスティネーション（destination）」と考えた方がよいだろう。渋谷のスクランブル交差点のように，いわゆる観光地でなくとも，多くの観光客を惹きつける場所は少なくない。観光客が目指す場所はすべてデスティネーションになるのだ。

　最後に，（4）実際の観光には参加せず，旅行の後の語りを対象とすることもできる。ガイドをしながらフィールドワークをしたE.ブルーナーは，旅を①生きられたものとしての旅，実際に起こった旅，すなわち現実，②個人の意識の中に立ち現れる，経験された，イメージと感情と欲望と思考と意味からなる旅，③語られた旅の3つに分類している（Bruner 2005=2007）。観光客は事前に得た情報やイメージから，先入観を持って旅行を始め，実際に起こったことをもとに旅行前の物語を修正し，自分に意味があるものとして旅行を個人化する。さらに帰宅後はより一貫した物語へと経験をつくり変える。つまり，訪日ツアーに参加して観察できるのは①であり，旅ナカで観光客が経験するのは②，そして，旅アトに話すのは③ということになる。②には，その人が旅マエに抱いた日本の観光イメージや日本への期待が影響するため，分析には，（2）で述べたような，中国で流通する日本の観光イメージを把握していることが重要となる。

　では，旅アトの語りを聞き出すことは簡単だろうか。筆者も中国で日本旅行経験者にインタビューを行ったが，漠然と「どうだった？」「どこに行った？」と尋ねても，ツアー参加者の場合，個人旅行者とは異なり，なかなか話が深まらなかった。そもそもどこに行ったのか，よくわかっていないことも多く，それはそれでツアー参加者が抱く日本イメージを知る上で興味深いことだった。しかし，彼らには語ることがないわけではなく，言語化されていない経験を引き出すための何かが必要なのだった。それは，ツアーの旅程表や撮影した写真，土産品などである。特に写真は，彼らの見た「日本」を分析するための資料になるだけでなく，記憶を呼び起こすツールになる。過去に撮影された写真を用いた調査法は，フォト・エリシテーションと呼ばれ，写真に写るものだけでなく，記憶や感情を想起させて幅広い語りを引き出すことができる。

　インタビューをするときは身構えすぎないことが大切だ。何か会話のきっかけになる問いかけを見つけ，相手が話したいことを話してもらうようにする。

フィールドワークでは，現場で出会った違和感を深めていくことが重要であり，想定外の答えや関係がないと思える答えが返ってくることは，そこに自分の気づいていない大切な意味のつながりがあることを示唆している。

　以上のような方法や工夫を，対象に合わせて組み合わせることで，訪日外国人観光客を多面的に捉え，その実態を内側から理解していくことができるだろう。

5　訪日外国人観光客との接点

　では，限られた時間や資源のなかで，訪日外国人観光客を対象にどのような調査を行うことができるか考えてみたい。

　筆者が調査を始めた2000年代初めに比べると，訪日外国人観光客との接点は，格段に増えた。日本での調査を想定すると，まず観光客のデスティネーションでの調査ができる。飲食店や土産物店，宿泊施設，ドラッグストアや家電量販店，アパレルショップ，レンタサイクルショップやレンタル着物ショップ，バスターミナルやタクシー乗り場など，外国人観光客の利用する施設や店で話を聞く，観察する，アルバイトするといったフィールドワークができる。すでにアルバイトをしている店で，多くの外国人観光客を目にしている人もいるだろう。そこで見たこと，聞いたことを丹念にフィールドノートに記録していけば，それは立派なフィールドワークになる。できる範囲で客に出身や年齢などを聞けるとよいし，1日に何人の中国人が来店した，同じ商品を何人が購入したというように，質的なデータを数量化する意識を持つことも有効だ。日々の印象では見えていない事実に気づかされることもあるし，レポートや卒業論文を書く際には，データとしての説得力が増す。

　また，外国人の参加する着地型ツアー（日本に到着してから申し込める現地発のツアー）や体験プログラムに参加することもできる。サイクリングでの散策や料理教室など，時間が短く，値段が高くないものを選べば，参加しやすい。また，参加者は交流を求めているので話がしやすく，ガイドやプログラムの提供者とも知り合うことができる。調査をしようと身構えるのではなく，まずは客として思い切り楽しむ方が，他の客とも親しくなりやすく，調査がうまく進む。

連絡先や SNS アカウントを交換すれば，その後も連絡を取ったり，SNS を通じてその人の動向を知ることができる。また，ツアーやプログラムのウェブサイトからは，参加者の口コミや感想を見ることもできる。SNS で発信される情報やウェブサイトの口コミは，旅アトの語りと同じく，そこで起きた出来事そのものではなく，書き手によって物語化されたものである。データとしての特徴をふまえた上で，それを分析することができる。

　いずれにせよ，旅ナカだけでなく，旅マエ，旅アトにもアプローチすること，そのための接点を考えることが大切だ。また，まずはできそうなところから始めることをお勧めする。中国人観光客について知りたいのであれば，中国からの留学生や中国人の知り合いに話を聞いてみる。中国で人気がある日本の観光地や旅行サイト，インフルエンサーなど，中国人にとっての日本旅行の実態を知れるだろう。そこで興味を持ったことや場所をさらに調べてみる，実際に足を運んでみる。自分の関心に合わせて，国籍や訪日形態・目的など，調査対象を限定することは重要であるが，それだけにこだわると調査が進まないこともある。筆者も，レジャーで訪日する観光客に話を聞きたいと考えていたが，中国で知り合いをたどって見つかるのは，ビジネスでの訪日経験者ばかりだった。しかし，実際に会ってみると，ビジネスとはいっても，かなり観光をしていたり，仕事だからこそ，ツアーでは行かないような地方を訪れた経験を話してくれたりした。また，後にレジャーで日本に行ったと連絡をくれる人もいた。訪日外国人観光客の実態は，訪日形態や目的で明確に切り分けられるものではなく，また，同じ人でもさまざまなタイプの旅行をする。なかなか調査が進まないのであれば，対象の設定が実態に即していない可能性もある。状況に応じて，調査の枠組みをずらしていくこと自体が，対象を内側から理解するためのフィールドワークの大切なプロセスなのである。訪日外国人観光客の実態を調査してみると，見慣れた日本の景色が，ちょっと違って見えてくるだろう。

　考えを深めるために ────────────────

　　1）訪日外国人観光客を対象に，どこで，どのような調査を行うことができるで
　　　しょうか。本文を参考に，訪日外国人観光客との接点を探し，具体的な方法を
　　　考えてみましょう。また，旅ナカだけでなく，旅マエ，旅アトにもアプローチ

するために，どのような工夫ができるか検討してみましょう。

2）日本には現在，外国人が参加できる着地型ツアーがどの程度あるのでしょう
か。また，どのようなプログラムがあって，なぜ人気なのでしょうか。イン
ターネットで検索して，多くの参加者を集めるプログラムを見つけ出し，その
評判や魅力を分析してみましょう。

3）旅アトの語りをインタビューするには，どのような工夫や注意が必要でしょ
うか。家族や友人などを調査対象者に見立てて，実際に過去の旅行経験につい
て質問をしながら，考えてみましょう。

注

(1)　マーケティングの文脈では，期間を限定して「旅マエ」「旅アト」という言葉を
使うこともあるが，ここでは単に旅行前，旅行後を指すものとして用いる。

(2)　修士課程では日本で，博士課程に進んでからは日本と中国で調査を行った。中国
では，広東省広州市に2年2ヶ月住み，そのうち8ヶ月は日系旅行会社で無給の研
修生として仕事をしながら調査をした。その後も，年に数回は中国を訪れている。
博士課程での調査研究について，詳しくは田中（2020）を参照。

(3)　中国広東省広州市は，広東語圏であり，同じ広東語を話す香港人ガイドがつくこ
とが多かった。

(4)　訪日外国人観光客の定番となった旅行ルートは，「ゴールデンルート」と呼ばれ
ている。限られた日程で効率よく有名な場所を周遊できるルートであり，東京・箱
根・富士山・京都・大阪を5〜10日間で周遊するのが最も一般的である。

文献

Bruner, Edward, 2005, *Culture on Tour: Ethnographies of Travel*, The University of
Chicago Press.（安村克己・遠藤英樹・堀野正人・寺岡伸悟・高岡文章・鈴木涼
太郎訳，2007，『観光と文化——旅の民族誌』学文社。）

Cohen, Erik, 1972, "Toward a Sociology of International Tourism," *Social Research*,
39(1): 164-182.

Graburn, Nelson, 2002, "The Ethnographic Tourist," Graham Dann ed., *The Tourist
as a Metaphor of the Social World*, CABI Publishing, 19-40.

田中孝枝，2020，『日中観光ビジネスの人類学——多文化職場のエスノグラフィ』東
京大学出版会。

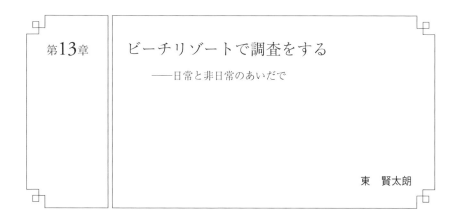

第13章　ビーチリゾートで調査をする
——日常と非日常のあいだで

東　賢太朗

1　ビーチリゾートがフィールドになる

　この15年ほど，フィリピンのとあるビーチリゾートに年2～3回通っている。それは，海水浴のためでもサーフィンのためでもなく，フィールドワークのためである。人類学者はそれぞれ異なる多様な問題関心に応じて，世界中のさまざまな場所に出かけて行きフィールドワークをする。それでは，私は何を求めてビーチリゾートでフィールドワークをしているのか。そして，それはどのように難しく，またどのような可能性があるのか。

　2000年代前半，博士論文を書くために私は，フィリピンのある地方都市で呪術や宗教をテーマとしてフィールドワークを行っていた。カトリック信徒が大多数を占めるフィリピンで，人々の病気や不幸を祈りの力で癒す呪術師やヒーラーを対象に，観察や聞き取りを行っていた。日々の現場は，精霊の怒りや他者の妬み，人々の苦しみや悲しみに満ち溢れていた。それは，多くを知り学び経験することのできたかけがえのないフィールドだったが，ネガティブな感情や痛ましい病状に直面することに耐え切れなくなると，私はときどき逃げ出した。その逃避先が，バスと船で数時間ほどの距離にあったボラカイ島だった。

　その頃，すでに世界的に有名なビーチリゾートではあったが，それほど人が多くなく観光開発も進んでいなかったボラカイ島で，私は数ヶ月に一度，一週間ほど滞在して英気を養った。特に目的はなくビーチで太陽の光を浴び，本を

読み，白い砂浜を歩き，ときどき泳いだ。そして，他の観光客の姿をよく眺めていた。フィリピン人も外国人も，個人旅行者も団体客も，ダイバーもサーファーも，ありとあらゆる観光客が皆日々の労働から離れ余暇を楽しむ様子を眺めながら，人々の幸せや喜びを対象にした観光のフィールドワークはできるだろうかと，ぼんやりと頭の中で思い描いていた。

　それが今思えば，ボラカイ島のビーチリゾートでフィールドワークを始めるきっかけだった。呪術についての博士論文を書き上げた後，私は次第にボラカイ島にフィールドワークの比重を移し，本格的に調査研究を開始した。フィールドワークから逃避するための非日常の余暇地だったはずのビーチリゾートが，最終的には日常的な仕事場としてのフィールドになってしまったのである。

2　ビーチリゾートで調査することの難しさ

　だが，幸せや喜びを対象にしたはずのボラカイ島でのフィールドワークは，それ自体がいつも幸福なわけではない。いやむしろ，ビーチリゾートという観光地であるがゆえの難しさがそこにはある。私は，ボラカイ島で調査研究を開始して，ほどなくそのことに気づいた。多くの年月をボラカイ島で費やした今でも，日々さまざまな難しさは付きまとって離れない。だが，その難しさゆえに得ることのできる情報や経験もある。

現地の社会関係に巻き込まれる

　観光に限らず，文化人類学のフィールドワークは開始前の準備と開始後の初期段階が難しく，また重要である。私にとってボラカイ島は，フィールドワーク開始以前から何度も通っており，ある程度知り合いもいて，また英語やフィリピンの言語が通じコミュニケーションにも困らず[1]，準備はそれほど難しくなかった。しかし，初期段階でフィールドワークのためのネットワークや信頼関係を構築する際に，予想外の壁にぶつかった。

　フィールドワークでは，「ゲートキーパー」と呼ばれる人物が1名から複数名，フィールドワーカーを受け入れ，現地社会へ紹介する導き手となる。自分で探したり，誰かから紹介されたりして見つけたゲートキーパーに助けられな

がら，フィールドワーカーは少しずつ現地社会での人間関係を作り，深く知り合いながら信頼関係を構築する。そのようにして，自分の求める情報へとアクセスするネットワークを広げていくのである。その初期段階を経なければ，観察も聞き取りも浅いものになりうまくいかないことが多い。

　私のボラカイ島でのゲートキーパーとなったのは，余暇として通っていたときから知り合っていた在住日本人たちだった。すなわち，日系のホテルや飲食店，ダイビングショップなど観光施設で働く長期滞在者や，退職後に移住してロングステイをしていた居住者たちである。なかでも，今も定宿にしている日系ホテルのオーナーＡ氏とは公私ともに親しくしており，私のボラカイ島のフィールドワークにおいて大変重要なゲートキーパーである。英語が堪能であり，国籍に関係なく友人の多いＡ氏の人脈を通じて，数多くの観光業にかかわる経営者や従業員，また行政関係者と知り合うことができた。

　だが，Ａ氏と私が親しい関係にあることは，フィールドワークにおいて必ずしも有利に働くわけではない。国際的な観光地であるボラカイ島では，ホテルやレストラン，ダイビングショップなど観光施設を経営するオーナーは，多くが外国人か富裕層のフィリピン人である。そして，安価で雇用される貧困層のフィリピン人が，それら施設で受付や掃除，調理や給仕，ボートの操縦や機材の運搬などの労働に従事している。この不均等な社会経済的構造は，観光地に限らずフィリピン社会全体に見られるのだが，観光地では観光客の多くも外国人や富裕層のフィリピン人であるために，この構造がより顕在化する。日常的に，観光客とオーナーがほぼ同じ高い社会階層に属し，労働者が低い階層を占めるという明確な区分が可視化されるのである。

　私がフィリピンの地方都市で呪術と宗教のフィールドワークを行っていたときは，たしかに富裕層と貧困層のフィリピン人の差異は明らかであったが，私が関わるのは住民の大部分を占める下位中流階層や貧困層であり，日常的には特に経済的な格差が顕在化することはなかった。彼らから地域言語であるイロンゴ語を学んだり，フィールドワークで情報を入手したりすることにも問題は生じなかった。そのため，ボラカイ島でもすでに習得しているイロンゴ語を活用し，ボラカイ島のローカルな事情をよりよく知るであろう貧困層のフィリピン労働者と積極的に接する予定であった。しかし，フィールドワーク開始以前

と初期に，ゲートキーパーのＡ氏をはじめ外国人やフィリピン人富裕層と親しくなっていたために，貧困層のフィリピン人との関係構築は予想外に困難であった。観光施設で働く労働者のフィリピン人にとって，私は観光施設を利用する観光客であり，そしてオーナーと親しい友人でもあり，オーナーたちと同じく富裕層に属する外国人として捉えられていた。オーナーたちがいないところで，いかに私が現地の言葉で親しく話しかけようとも，労働者たちはやはりある一定の距離を保ったまま，それ以上近づくことはない。この観光地特有の社会経済的構造によって，これまでの主なインフォーマントだったローカルなフィリピン人たちと私の間に距離が生じてしまったのである。

　その結果，フィールドワークで得られる情報の質も大きく影響を受けた。現地の言語で得られる情報は限られることとなり，外国人や富裕層フィリピン人からの外国語による情報が増えていった。そのこと自体がデメリットであるかどうかはわからない。もちろん，ローカルな住民や労働者の視点からの情報は不可欠だが，その代わりに得られる外国人や富裕層フィリピン人の視点も決して無駄なものではないからである。しかし，損得を超えて，これまでフィリピンでローカルなフィリピン人に寄り添い共感し，彼らとの関係を大切にしながらフィールドワークを行ってきた私のアイデンティティは揺さぶられ，また心情的にもつねに微妙な立場に置かれることになった。例えば，外国人のオーナーたちと話をしているときに，彼らがフィリピン人労働者の「怠惰さ」や「狡猾さ」，またルーズな時間感覚などを批判する場において，本心では反論したいと思いながらも，立場上頷かざるを得ないことや，我慢できずに反論してしまいインフォーマントとの関係がこじれることもあった。

　この問題を解決するために試みたのは，どうしても生じてしまう心理的な距離を埋めるために，フィリピン人労働者のプライベートな空間に参入することだった。例えば，ダイビングショップのボートマンたちは，夜間も海上に停泊しているボートを見張るために船内で寝泊まりをするのだが，その際に酒盛りが始まることは少なくない。私はある程度親しくなってきたダイビングショップのボートマンたちを営業終了後に訪れ，酒を差し入れるという口実で夜間の船内での酒盛りに参加することを試みた。多くの場合，彼らは快く招き入れ新鮮な海産物をふるまってくれて楽しく飲食を共にすることができた。そのとき

　私はできるだけ英語を話さずイロンゴ語だけを用いて会話をし，また差し入れる酒も外国産のウィスキーなどではなく，彼らが好むフィリピン産のラムやジンなどを選択した。彼らの酒盛りのスタイルである回し飲み（tagay-tagay）もこれまで幾度となく経験していたので，一員として適切にふるまうことができた。この作戦はある程度功を奏し，ボートマンの中でも数名親しい関係になれたものもいた。だが，ボートマンたちと私の顕在化された社会階層の差は埋まることはない。私は相変わらず日本人客でありオーナーの友人であって，心から打ち解けたりオーナーへの批判など本音を聞いたりすることはなかった。それどころか，ボートマンたちの中には，私がオーナーから送られてきたスパイだと噂するものまでいた。それは，とても悲しくもどかしい経験だった。

　労働者たちとの親しい関係を構築しようと努力する一方で，オーナーたちとの関係をできる限り良好に保つことも怠らなかった。自分が観光ビジネスの客であるということをつねに意識し，ホテルや飲食店，ダイビングショップの常連客として売り上げに貢献しながら，オーナーたちとの友人関係を次第に構築していった。英語や日本語でコミュニケーションが可能であり，またほぼ同じ社会階層に属し，興味関心も近いオーナーたちとは，すぐに打ち解けることができ，また一緒に時間を過ごすことに困難はあまりなかった。ただ前述のように，フィリピン人労働者たちへの不満を聞いたり，あまりよくない労働者への待遇を見たりして，それを否定や批判しないようにするのにはいつも抵抗感があった。

　こういったホスト側との関係に加え，観光地では他のゲストとの関係も生じる。この関係も，ゲスト側からの情報を得るという点で重要である。観光地でフィールドワークを行う際に，集団で行動するツアー客などのマスツーリストが多い場所では，フィールドワーカー個人が団体と接点を見出すことは難しい。それに対して，ボラカイ島は比較的個人観光客が多いビーチリゾートだった。同じホテルの宿泊客や，一緒にダイビングをしたダイバーなど，個人や数名で行動する観光客と自然な流れで接する機会は少なくない。特に私と同じ立場にある外国人の観光客とは，国籍を問わず関係を構築しやすい。英語が観光地の公用語として用いられているためコミュニケーションを取りやすく，またボラカイ島のさまざまな情報を交換することが会話のきっかけにもなった。結果的

に，毎年同じ時期に滞在するリピーターと親しくなり，帰国後も SNS などを通じて情報を得ることが可能になった。

　このように，観光地という現場では，現地の社会関係の中にフィールドワーカーも必然的に巻き込まれざるを得ない。たとえ現地の言語や文化に精通し，ローカルな関係と情報を求めていたとしても，外国人であり観光客であるという立場を背負い，さまざまな社会経済的状況の制約を受ける。そのような困難を抱えつつも，ときには制約を乗り越えようとし，ときには自らの立場を活用しながら，できる限りの情報を得ようとする。それが，ボラカイ島でのフィールドワークの困難であり，また刺激的な挑戦でもある。

ビーチリゾートの「日常としての非日常」

　もう 1 点，ビーチリゾートのフィールドワークで感じたことは，そこが非日常的な状況であるにもかかわらず，思った以上に退屈だということである。ビーチリゾートに来る観光客にとって，日常の労働から解放され，ビーチで余暇の時間を過ごすことはもちろん非日常的な出来事であろう。しかし，それではそのようなビーチリゾートでは本当に非日常的な活動が行われているのだろうか。

　ボラカイ島は，世界中から訪れる観光客にとって，とても非日常的な要素に満ちた場所である。青い海と白い砂浜，ヤシの木が立ち並ぶ常夏のビーチ。その自然環境の美しさに加え，十分に観光開発も行われており，世界各国の料理を提供するレストランや連日連夜パーティーが催されるバーやクラブがそろっている。少し活動的であれば，スキューバーダイビングやパラセーリングといったマリン・アクティビティに挑戦することもできる。

　しかし，それほど非日常的な環境や設備に囲まれながら，ボラカイ島の観光客は思った以上に単調な行動を繰り返しているのである。日中は朝食と昼食，晴れていればビーチで泳ぐか，日光浴をするか，読書をするか，散歩をする。天気が悪ければ，宿の部屋やレストランで過ごす。名物のビーチフロントに日が沈むサンセットを眺めた後は，夕食に出かけ宿に戻り就寝するか，どこかで酒を飲んだり踊ったりする。この行動パターンが，滞在中毎日繰り返されるのである。ではダイバーやサーファーなど活動的と思われる観光客はどうであろ

うか。それも他の一般観光客とほぼ変わることはなく，その行動パターンに1日数回のダイビングやサーフィンが加わるだけである。むしろ，マリン・アクティビティという明確な目的があるだけ，その行動パターンはさらに規則正しい繰り返しとなる。

　思えば，この単調な行動パターンは，世界中のビーチリゾートでよく見られるものである。ボラカイ島に限らずハワイでもバリ島でも，南国のビーチリゾートであれば，多かれ少なかれ似たような活動が観光客によって繰り返されているだろう。⁽²⁾ビーチリゾートは，いずれも「楽園」イメージをもとに開発されてきた経緯を共有している。ほぼ似たような自然環境と，同質であるべくして開発された施設や設備の状況において，特に際立った差異のない単調な活動が，日々世界中のビーチリゾートで繰り返されているのである。

　ビーチリゾート観光をその他の形態の観光と比べてみると，その単調さは際立ってくる。例えば，世界遺産の見学を目的とした観光では，観光客は寺院や遺跡，景観などの目的地を訪れる。数日間をかけて，その場所にしか存在せず，そして多くが初めて目にする対象を求める旅に繰り返しの要素は少ない。その他，登山やエコツーリズムなど，アクセスが困難な場所や対象を目的とした観光に繰り返しは少ないであろうし，ホエールウォッチングのようにそもそも目的にアクセスできない観光すらあるだろう。新婚旅行や修学旅行など，その時期にそのグループでしか行うことができない観光もある。またそれらの観光は一般的に「何かをする」ことを目的としており，ビーチリゾートのように「何もしない」状況が生じづらい。同じく比較的長期間滞在し，繰り返しが多く，また特に「何もしない」観光の形態としては，クルーズ船観光が挙げられるくらいであろうか。

　では，ビーチリゾートにおける単調な行動パターンを，観光客はどう受け取っているのであろうか。観光客は，日常の労働からある期間離れ，余暇のビーチリゾートへと移動してくる。この移動によって，自らを非日常的な状況に置き，労働によっては得られない休息と刺激の双方を経験する。そこでは，むしろ「何もしない」日々を繰り返すことが余暇の特別な非日常として受け入れられており，それが長ければ長いほど贅沢であると考えられる。そういう意味では，ビーチリゾートで過ごす時間は単調な行動の繰り返しかもしれないが，た

しかに「余暇」であり，そこに「労働」はない。他の形態の観光とは異なる際立って単調で繰り返しの多いビーチリゾートでの観光は，それを贅沢な余暇の時間として捉えれば，やはり日常の労働から解放された非日常の時間と空間である。

　ビーチリゾートの繰り返しや退屈の特徴としてもうひとつ挙げられるのは，そこに出来事や事件があまり生じないということである。ボラカイ島に滞在中，飲食とビーチでの行動のみを繰り返していると，新しい出来事に遭遇することは驚くほどに少ない。毎日同じグループの家族や友人と過ごし，同じ宿のスタッフや宿泊客と挨拶をし，晴天時はビーチで，雨天時は部屋で読書をし，海で泳ぎ散歩をして，食事のあと就寝する。新しい知り合いが増えることはあまりなく，日々異なるのはレストランでの食事のメニューと，ときどき体験するアクティビティの種類程度である。またその繰り返しの中では，何か困ったことや他人とのいさかいが生じることも少なく，おおむね平穏な時間の中で事件が発生することはめったにない。

　そして，その出来事や事件の少なさこそ，ビーチリゾートでフィールドワークを行う上での大きな困難ともなりうるのである。単調な繰り返しを贅沢な余暇として楽しみさえすれば，観光客にとってそれは退屈ではなく，やはりビーチリゾートは非日常である。しかし，フィールドワーカーにとって終わることなく繰り返す時間は，問うべき疑問を見出したり，調べるべき対象と出会ったりといった，フィールドワークにおいて重要な現場での「発見」の要素が少ない状況となりうる。私のこれまでの経験では，人々がお互いに調和し社会がうまくいっている状況からよりも，何らかの事件や問題，いさかいや争いが生じて葛藤が顕在化する状況からのほうが，より充実した情報を得られることが多かった。というのも，それら葛藤について人々が述べる意見を聞く機会が増えたことや，葛藤自体が当該社会の抱えていた重要な問題の発露であったことによる。もちろん日常のサイクルの繰り返しも重要な調査対象であり，そのサイクルを把握していなければ，そもそも葛藤に気づくことすらできないかもしれない。しかし，日常と非日常が繰り返す中で，そのふたつの状況を往復することがフィールドワーカーにとって大きな助けとなるとはいえるだろう。

　私はボラカイ島でフィールドワークを続ける中でビーチリゾートの「日常と

しての非日常」に自分も埋没してしまい，ただ繰り返す時間を過ごす単調な日々，何も起こらず何とも出会えない停滞の時期を過ごすことも多かった。フィールドワークをしていなければ，自分が余暇を楽しみに来ているだけの他の観光客と同じ存在であることに気づきもした。そのようなビーチリゾートでの調査特有の困難の突破口は，やはり平和で退屈なビーチに生じたいくつかの事件だった。そういった事件によってビーチリゾートの「日常としての非日常」は突然中断され，極限まで非日常的な状況が生じ，そこに投げ込まれるという不思議な経験をすることになった。そのいくつかの事件について，次に詳しく紹介していく。

3　ボラカイ島に生じたふたつの事件

観光客として過ごすビーチリゾートは，いつも美しく，同じ表情を見せている。また観光客に接するホストたちも，つねに笑顔で明るく，優しく接してくれる。しかし，そんな平和が続くビーチリゾートにも，ときに予想外の事件や出来事が発生し，観光という営みが阻害され，中断されてしまうことがある。そのとき，普段は見ることができないホスト側の「裏舞台」が，何かの拍子にゲストにも晒されてしまうことがある。また，ゲストにすれば自らの守られた「日常としての非日常」の繰り返しを中断せざるを得ないかもしれない。

環境汚染と大統領介入による島の閉鎖

世界一のビーチリゾートにも選ばれたことがあるボラカイ島だが，その観光開発の初期から現在に至るまで，環境汚染の問題がつねに付きまとっていた。

例えば，ボラカイ島の美しさの象徴であったホワイトビーチは，水質汚染によるサンゴ礁の破壊と海岸の浸食によって海岸線が上昇したことで，満潮時には観光客は日光浴どころかビーチを徒歩で移動することもできないほどになった。また同じく水質汚染に原因があるとされる緑色の藻の大量発生により，青い海と白い砂のコントラストは不気味な緑色に覆われ，子どもたちが藻にまみれて泳いでいる光景も見られた。環境の汚染は住民の生活エリアにも影響を与え，毎日排出されるごみや下水，排水は島中に汚染や悪臭をもたらし，自動車

やバイクが増えすぎたため排気ガスと渋滞が問題となった。

　このような観光開発による環境汚染という課題に対して，州や町は持続可能な開発を目指し，インフラや規制の整備によって対応しようとしてきた。しかしそれら規制は，あまりに急速に増加する観光客への対応にとても追いつかず，ボラカイ島の自然環境は目に見えて汚染が進んでいった。

　2017年頃からは，ボラカイ島への観光客数を制限すべきではないかという意見も聞かれるようになってきた。たしかにボラカイ島は，年間200万人を超える過剰な観光客で埋め尽くされ，島の自然環境は破壊され続けている。しかし自治体への多大な収入や観光業者の売上と生活を考えると，抜本的な観光客の制限は難しい。そのようなジレンマを抱えたボラカイ島に2018年2月，剛腕な政策で知られるドゥテルテ大統領が視察にやってきた。大統領は「ボラカイは汚水溜めだ」と発言し，緊急に環境問題への対策を行うよう警告を発した。そして，その警告の効果がないと判断した大統領は，ボラカイ島を4月26日より最長半年間，閉鎖することを決定した。

　閉鎖決定直後から，私はボラカイ島に行く方法を探った。しかし，あらゆる手段を試みたものの，結局は無駄に終わった。島の友人たちからメールやSNSを介して送られてくる情報は，島内の混乱した状況を伝えていた。閉鎖後，規制はさらに強化され，当初は治安の悪化を懸念して軍隊まで配備された。下水の排出に関する規制の要件を満たせなかったホテルやレストランは強制的に取り壊された。労働者は観光業から収入を得られなくなり，政府による経済支援を受ける者もいれば，建物の解体のために雇われた者もいた。また，島を離れて別の仕事を探す者もいた。幸運な労働者の中には，ボラカイ島再開後の労働力の不足を懸念する雇用主から働いていないのに給与を受け取っていた者もいた。

　当初予定されていた6ヶ月後の再開日が近づくにつれ，住民たちは，実際に島を再開できるのかどうか不安な様子を見せていた。工事が予定より遅れていることは明らかであり，一部のホテルやレストランには，営業許可がまだ発行されていなかった。特に，ボラカイ島閉鎖の直接の原因になった下水排出についての規則は厳格だった。観光局は，規則の条件を満たした順に，施設に1つずつ営業許可を発行していった。

　ボラカイ島が再開した後，私はすぐに航空券を購入し，Ａ氏のホテルの部屋を予約した。そして2018年12月21日，年内の授業をすべて終えた私はボラカイ島に向けて出発した。それは，ほぼ10ヶ月ぶりの島への上陸であった。船着き場から島へ行くボートに乗る前には，乗客が宿泊先の予約証明書を持っているか確認するためのカウンターが設置されていた。再開後は，観光客はみな政府の要件を満たし営業許可を受けた宿を事前に予約しておく必要があったためである。私もＡ氏よりメールで予約証明書を受け取っており，彼の指示通りに印刷したものを持参していたため，トラブルは生じなかった。

　ボラカイ島の港に到着した後，私はいつものようにトライシクル（乗り合いのサイドカー）に乗り，メインロードを経由して，ビーチ前にあるホテルに到着した。ホテルに向かう途中には，メインロード沿いで行われていた下水設備の工事を撮影し続けた。工事は至るところで行われており，まだ当分は終わらない様子だった。事前に聞いていた住民の不安は的中しており，ボラカイ島は明らかに，まだ再開の準備が整ってはいなかった。

　だが，ビーチに着いたときの光景は，メインロードの工事のそれとは大きく異なっていた。ビーチがきれいになったことは，一目でわかった。到着したのは朝の時間だったので，まだそれほど強くない日差しが海に反射しているのが見えた。それは，私が初めてボラカイ島を訪れたときに見たビーチのように，美しく輝いていた。海岸線の水は透明で，見慣れた藻の大量発生による濃い緑色ではない，エメラルドグリーンのビーチがそこにあった。私は浜辺をしばらく歩き，どこにも緑の藻がないことを確認した後，ホテルにチェックインした。滞在期間は2週間，クリスマスと年越しをボラカイ島で過ごす計画だった。

　再開後は，やはり閉鎖前よりも規制が厳しくなったようだった。ビーチには多くの掲示板があり，新たに加えられたルールを観光客に知らせていた。新しいルールの中で最も大きな変化は，ビーチでの飲食の禁止だった。閉鎖前にビーチでの喫煙はすでに禁止されていたが，いまや観光客はレストランやホテルの中での飲食と喫煙を余儀なくされていた。ホテルが宿泊客に貸し出していたビーチベッドの使用も禁止になったため観光客はビーチにタオルを敷き，日光浴や読書をしていた。日中のビーチには閉鎖前のように飲酒をして騒ぐ者たちや，大きな音で音楽をかける者もいなかったため，静かで穏やかだった。

　しかし，夜になると島はもう少し元気になった。大きな音の音楽は禁止されているはずだったが，いくつかのバーやレストランは激しく音楽を流していた。閉鎖前は人気の観光アトラクションであったファイヤーダンスが禁止されたため，ダンサーはLEDライトを付けた衣装を着ていた。暗闇の中でダンサーの動きに沿ってLEDライトの光が流れるのを見るのは，皮肉にも滑稽で私は思わず笑ってしまった。

　再開後のボラカイ島では，閉鎖が与えた好影響が評価され，毎年1ヶ月間は閉鎖を行うことの是非が議論されている。規則や制限を強化することによって島を保護することに前向きな人もいれば，トップダウンの規制の効果について懐疑的な人もいる。しかし，少なくとも閉鎖後にビーチがきれいになったことについては，双方は同意しているようである。閉鎖は抑圧的な政府による統制であるかもしれないが，ビーチはたしかに再生するために休息をとる必要があった。閉鎖と再開という，ボラカイ島に生じた突発的な出来事は，島の規制を強め，しかし美しい海をある程度取り戻し，そして人々の間に島の環境の持続可能な観光開発についての意識を高め，議論を喚起している。この後，ボラカイ島が観光と環境をめぐってどのように進んでいくのか，引き続き調査が必要だと感じながら，私はたくさんのルールが書かれた掲示板を横目に，美しいビーチを歩き続けた。

台風による被災と観光地ゆえの特殊な被災状況

　2019年12月23日，私はまたボラカイ島を訪れた。閉鎖と再開後に訪れた前回から，ちょうど1年が経過していた。今回もクリスマスと年越しを島で過ごす予定であった。到着直後に，勢力の強い台風Ursulaが近づいているということを知らされた。

　予報通り，24日の深夜から激しい暴風雨が島を襲った。25日の朝，朝食をとるために宿のレストランに行くと，すでに島内は全域で停電しており，ホテルは独自の発電機を作動させて営業のための電気を供給していた。朝食を食べているあいだも暴風雨は激しくなる一方であり，激しい風にレストランの屋根が壊れそうになると，A氏は宿泊客に客室への退避の指示を出した。昼頃には暴風雨がピークを迎えた。レストランは，スタッフが竹で屋根を固定して何と

か持ちこたえた。次第に暴風雨は弱まり，夕方には何もなかったように付近には静けさが訪れていた。しかし，本当に深刻な問題はそこから始まった。

　A氏は，夕食のためレストランに集まった宿泊客たちに，台風で島内の電力設備が破損したので停電が続く見通しであること，発電機を作動させる軽油の備蓄を長引かせるため日中と夕食終了後に停電の時間帯を設けることなどを伝え，理解を求めた。ホテルの停電は，レストランでの調理はもちろん，客室でのテレビや冷蔵庫，温水シャワーの使用が停止すること，また夜間の暗闇を意味する。

　一番心配された水道水の供給が止まらなかったのは幸いだった。携帯電話は日中すでにすべての会社の回線がつながらなくなった。また停電が続いているので銀行のATMやクレジットカードは使用できなくなる。船が止まっているため物資は島に入ってこないが，船が動き出せば復旧は比較的早いと予想される。同じく船が止まっているので，数日中に帰途に就く予定の観光客は，島に足止めされることになる。あと1週間ほどの滞在を予定していた私は，この「被災」状況の中で，最悪の場合は船が出なかったり燃料が不足したりして，予定通り帰国できないことも考えた。

　翌日から，「被災」状況でのビーチリゾート生活が始まった。まだ営業していない店舗が多く，開いているファストフードやコンビニエンスストアには行列ができ，商品も品薄の状態だった。停電していない時間帯にホテルのレストランで食事をし，そのほかの時間はとにかく島を歩き回ることで過ごした。電柱は倒れ，道路には瓦礫やヤシの枝葉が散乱し，壊れた店舗が補修作業を続けていた。携帯電話がつながらないため，島内のWi-Fiにも接続できず，外部からの情報は何も入ってこない。ホテル側から到着予定の客に連絡を取ることができないので，観光客は島内の状況を知らずにこれから数日やってくることになる。また，予定していたフライトに乗ることができず，新たな予約を取れるまで宿泊先を探す観光客が，ホテルに空き部屋を尋ねまわる姿なども見られた。

　最も深刻な問題は，燃料の軽油の確保だった。島内の無数のホテルや飲食店が，停電中でも営業をするために発電機を作動させる。そのための軽油を求め，島内に3つしかないガソリンスタンドには燃料タンクを大量に携えた長蛇の列

ができた。Ａ氏もスタッフに指示して，タンク10個を用意して列に並んだが，結局数日間は燃料を確保することができなかった。そのため，ホテルとレストランでの計画停電も継続した。

　停電と携帯電話の不通，そしてほぼすべてのアクティビティが中断されているため，観光客ができることは限られる。ボラカイ島の「被災」中には，多くの観光客がビーチで海水浴や日光浴を楽しみ，外部からの情報も限られた中で家族や友人と過ごし，また同じ宿やレストランで出会った他の観光客と情報を共有した。台風が去った後の数日間，ボラカイ島の天気はここ数年で最高の快晴が続いた。日中は青い海と白い砂浜がまぶしく，ビーチフロントに落ちる夕日はいつも以上に美しく見えた。思えば，ビーチリゾートに限らず，私たちが携帯電話を始め外部からの情報を入手することなく，身体のみを通じて他者と接し，自然を感じることはとても稀有な機会である。ビーチリゾートが台風により「被災」するという状況において，皮肉にも私たちはその機会に恵まれたのである。携帯電話の電波が復旧するまで，この奇跡のような「ユートピア」は数日間続いた。

　しかし，観光客が過ごすビーチやレストランという表舞台で生じている美しい光景の裏側で，ホスト側は必死に燃料を確保し，情報を収集し，そして観光客が不安にならないようにケアを行っていたことを忘れてはならない。自分たちの住まいが倒壊したため次々と従業員が欠勤する中，Ａ氏はバイクで町中を走り回り，燃料の確保に努め，通信可能なATMを探し，対岸のパナイ島での被災状況や物資の流通を調べていた。退屈しがちな子ども連れの宿泊客へのケアも怠らず，近隣のレストランやホテルへの電力の供給なども行っていた。勤務している従業員も，壊れた建物の補修や停電の中での勤務に明け暮れ，復旧活動と通常の観光客へのサービスを並行して行っていた。「被災」したビーチリゾートでは，ホストとゲストの役割や立場の差異は，いつも以上に明らかになっていった。

　しかしその「被災」状況はそれほど長く続かなかった。思ったより早く，ボラカイ島は復旧し始めた。台風直撃から4日後の12月28日には，断続的ながら携帯電話の電波が入り始め，島の中心にあるショッピングモールでは電力供給が復活した。また対岸のパナイ島からガソリンスタンドに燃料が届き，軽油の

供給も安定し始めた。ダイビングショップなども次第にアクティビティを再開し，年内には停電が続いていることを除けばビーチでの活動は通常時とほぼ変わらないものとなった。電波が戻ると人々はまた遠方の友人とビデオチャットをし，SNSに写真や動画を投稿し，携帯電話によるコミュニケーションに戻っていった。あの数日間の「ユートピア」は儚くも，また見慣れた光景へと入れ替わっていった。

　しかし，復旧が急速に進んだのは観光の中心エリアからである。周辺部には発電機を所有していない小規模のホテルやレストランが多く，休業を続けている。また宿の従業員に尋ねると，さらに周辺部にある彼らの自宅は台風からずっと停電しており，冷蔵庫が使えず，氷屋の前にはつねに長蛇の列ができているという。住まいが倒壊した人々は，親戚や友人の家に身を寄せている。観光エリアから少し外れただけでそのような「被災」状況は継続しており，復旧と並行しながらの観光活動が継続していたのである。私は，幸いなことに予定を変更することなく，年明けの1月2日には帰国することができた。しかし，その時点でA氏のホテルはまだ停電しており，友人のダイブショップの建物は破損し，また別の友人は公共交通が再開していないので毎日1時間ほど徒歩で職場に通っていた。今後の復興までの道のりを考えると，決して心晴れやかに帰途に就くというわけにはいかなかった。

　クリスマスと年越しというピークシーズンにボラカイ島を襲った台風は，通常であれば特に大きな変化を迎えることなくいつものように繰り返すビーチリゾートの「日常としての非日常」を極限まで非日常的なものにしてしまった。そこでは，観光客が平時に見ることのない電気や携帯電話の電波といったインフラの重要性が前景化し，またビーチで過ごす時間には災害ユートピアのような状況が訪れた。そして，普段は隠されているホストの裏舞台とゲストの表舞台の間の差異が顕在化した。人類学者にとって，それはある意味チャンスにもなりうる。ボラカイ島の「日常としての非日常」が繰り返す日々に事件を求めていた私は，今回の数日の滞在でいつもの10倍以上のフィールドノートを記録し，皮肉にもフィールドワーカーとしてはとても忙しく充実した日々を過ごしたのである。

4　ビーチリゾートで調査する人たちのために

　ビーチリゾートでのフィールドワークは，外から想像するよりも多くの困難を抱えているといえるだろう。観光地であるために初期のアクセスは比較的容易であるかもしれないが，観光地であるがゆえに巻き込まれてしまう「ホスト／ゲスト」関係や，現地の社会経済的状況に注意し，できる限り多様な立場の人々と幅広く接し，情報をバランスよく入手することが必要である。

　また，観光地の中でも特にビーチリゾートに特有の「日常としての非日常」にどう向き合っていくかという問題がある。繰り返す単調な日々の中に埋没してしまわないように，何を探し，見つけ，問うのか，つねにアンテナを張りめぐらせていることが重要だろう。

　さらに，ビーチリゾートに生じうる突発的な事件や災害への対応について，普段から準備をすること，またそれらが生じてしまったときに，いかにフィールドワークを継続あるいは中断するか，またその機会を活かして平時では得られない情報を獲得するか，臨機応変の対応をすることも求められる。

　こう書き出してみると，ビーチリゾートのフィールドワークは思った以上に大変である。だが，それらの困難や問題を乗り越えたとき，得ることができた成果を祝うためには，美しいビーチほど適した場所はない。天気がいい日のビーチを歩きながら観察をし，波の音を聞きながらインタヴューをするのは，やはり気分がいい。人々が幸せな余暇を過ごす「楽園」で，人間や社会についてじっくり考えてみるのも悪くない。難しくも幸福な，単調でありながら心地よい，ビーチリゾートでみなさんもフィールドワークをしてみませんか。

考えを深めるために

1) 観光地は余暇の場所であると同時に，商売を行う場所でもあります。フィールドワーカーといえども，利益や損得を生む人間関係から自由ではいられません。みなさんが観光地でフィールドワークをするときに，現地の人間関係に巻き込まれたらどうしますか。

2) 本章で示したように，非日常であるはずの観光地であっても意外に新たな出来事や事件が起こらず，「非日常という日常」が繰り返すこともあります。観

　光地のフィールドワークがうまく進まないとき，突破口を見つけるために，み
　なさんなら何を新たに試みますか。
3）観光地では思わぬ災害や事件に巻き込まれることもあります。そんなときに，
　できる限りフィールドワークを続けながら，自身や周囲の安全を確保するため
　に，フィールドワーカーとして心がけることは何でしょうか。

注
⑴　フィリピンではフィリピノ語と英語が公用語である。その他に，相互にあまり通
　じない地域言語が数多くある。私が呪術と宗教について調査をしていた地方都市の
　地域言語はイロンゴ語だった。ボラカイ島の地域言語はアクラン語だが，英語とフ
　ィリピノ語はもちろん，イロンゴ語もよく通じたので，コミュニケーションに支障
　は生じなかった。
⑵　もちろん，ハワイはショッピング施設がボラカイ島より充実していたり，バリ島
　では民族舞踊や布織物などが有名であるという違いはある。しかし，それらの差異
　によって，ビーチリゾートでの観光客の単調な活動が大きく変わることはないだろ
　う。

文献
山中速人，1992，『イメージの「楽園」――観光ハワイの文化史』筑摩書房。
吉田竹也，2013，『反楽園観光論――バリと沖縄の島嶼をめぐるメモワール』人間社。

第14章 観光開発の現場でのフィールドワーク
——調査者が直面する問題とその解決策

小河久志

1 観光開発とフィールドワーク

　日本を訪れる外国人旅行者の数が急増していることからもわかるように，世界における国際観光の規模は拡大の一途をたどっている。こうしたなか，日本の多くの高等教育機関が国際観光を授業のなかに取り入れている。例えば，海外の観光地を舞台にした多種多様な体験型教育プログラムが，国公私立を問わず日本各地の大学で企画，実施されている。[1]なかには，現地でのフィールドワークを組み込んだプログラムも見られる。このような昨今の状況をふまえると，海外の観光地だけでなく観光開発が行われている現場をレポートや卒論のテーマに取り上げる学生，そこでフィールドワークをする学生が今以上に増える可能性は高い。

　しかし，海外の観光開発の現場を対象としたフィールドワークは一筋縄ではいかない。そこでは，社会環境や自然環境の違いもあり，国内では起こりえない，場合によっては予想だにしなかった問題がしばしば発生する。また，観光開発の現場は，確立された観光地と異なり，まさに開発の途上にあるがゆえにさまざまな領域で変化が生じている。このため，海外の観光開発の現場でフィールドワークをする学生は，多岐にわたる上に解決が容易ではない問題に直面することになる。

　本章は，海外の観光の現場でフィールドワークすることをテーマとする。た

だし，すでに確立した観光地でのフィールドワークについては第13章がビーチ
リゾートを例に論じているので，本章では観光開発が行われている現場を対象
とする。具体的には，筆者が実施したフィールドワーク実習の参加学生の体験
をもとに，海外の観光開発の現場で短期のフィールドワークを行う際に調査者
が直面する問題について検討する。また，この作業を通して，フィールドワー
クをする上でのノウハウを提示したい。

2　観光開発の表と裏

　国際観光が隆盛を極める今日，世界各地で観光開発が進められている。その
動きが顕著に見られるのが，本章で取り上げるラオスを含む途上国である。そ
こにおいて観光開発は，国家や私企業といった外部アクター主導のもと，リ
ゾート開発のような大規模なものからコミュニティレベルのものまで多様なレ
ベルで行われている。観光開発の中身を見ると，外国人観光客を主たるターゲッ
トに，彼らの関心をひく現地の自然や文化が観光資源として評価され，利用
される傾向にあることがわかる。

　このような特徴を持つ観光開発は，地域に雇用や収入を生み出したり，人材
育成に貢献したりといった肯定的な側面が強調される傾向にある（e.g. 国際協力
機構 2018）。しかし，観光開発の現場では，人権侵害や環境破壊，住民間の対
立などさまざまな問題が生じている（日本もその例外ではない）。こうした観光
開発の負の側面は，実際に現場に入らないとなかなか見えてこない。いうまで
もなく観光は多面的な現象である。観光開発の現場にあらわれる観光の影の部
分を抉り出すことは，観光が持つ多面性の一端を明らかにすることにつながる。
確立した観光地ではなく観光開発の過程を調査することは，それを可能にする
という意味で大きな意義を持っていると言える。

　以上の点をふまえた上で次節では，東南アジアのラオスで進む観光開発の現
場に視点を移し，そこで学生がいかにフィールドワークを行い，いかなる困難
に直面したのか，その実態を紹介したい。

3　フィールドワークで直面した問題

フィールドワークの概要

　筆者は，2014年と2015年に観光開発が進むラオスの少数民族の村（以下，A村）で，学部生と大学院生を対象としたフィールドワーク実習を企画，実施した。ラオスは東南アジアの大陸部に位置する内陸国で，途上国の中でも特に開発が遅れている「後発開発途上国」に位置づけられる。このラオスの南部に位置するA村では，2009年から国際機関をはじめとする外部アクター主導の観光開発が進められてきた。そのなかでも規模や村落社会に与えた影響において最大のものが，外国人観光客を主たるターゲットにしたテキスタイルビジネスの展開であった。実習では，観光開発が地域社会に与えた影響を，開発される側である村民の立場から捉えることを目的のひとつとした。学生は4日間，村民の家に寄宿しながら聞き取りと参与観察を行った。フィールドワークは，2〜3名の学生とラオス人通訳1名からなるグループをベースとした。フィールドワークに通訳者を同伴させたのは，学生のなかにラオスの公用語であるラオス語を話せる者がいなかったためと，後述するように学生に対する村民の警戒感を和らげるためであった。なおこの実習では，コーディネーターとしてA村の観光開発に携わった経験のあるラオス語を話せるタイ人を雇った。以下では，A村で行ったフィールドワークの過程で学生が直面した困難の一端を紹介したい。

調査拒否

　学生がA村でフィールドワークを始めて最初に直面した問題は村民の調査拒否である。聞き取りのため村内の家々を訪問していた学生は，しばしば村民から門前払いを食らわされたり，居留守を使われたりした。村民のなかには，学生の姿を見るなり逃げ出してしまう者もいた。彼らがこうした非協力的な態度をとるのは，至極当然のことであろう。なぜなら，村民からすると学生は突然やって来た見ず知らずの人間，しかも言葉の通じない外国人であるからだ。ただでさえ日々の生活で忙しいなか，そのような「よそ者」に貴重な時間を割

いてくれるほうがむしろ珍しいといわねばならない。そのことは，私たちが調査される側の立場に立って考えてみれば容易に想像がつくだろう[(2)]。

　調査を拒否する村民が一定数いたのにはまた別の理由もある。それは村民間の不和に起因するものだ。学生がフィールドワークを行った当時，A村は観光開発をめぐり揺れていた。観光開発を契機に，その恩恵を受けた村民と受けられなかった村民があらわれ，両者のあいだの経済格差が拡大していたのだ。後者の村民は，個人差はあるものの概ね前者の村民を快く思っていなかった。そして調査を拒否した村民の多くは後者の村民であった。後で知ったことだが，コーディネーターや寄宿先の村民が観光開発に関わっていることから，彼らは学生を「観光開発の恩恵を受けた村民の関係者」と見なしていた。その結果，上述したような非協力的な態度をとったのである。このように学生は，フィールドワークを通して観光開発をめぐる村民間の対立に巻き込まれてしまった[(3)]。

薄い情報，偏りのある情報

　当然だが，すべての村民が調査に協力しなかったわけではない。彼らのなかには，学生からの調査の依頼に応じる者もいた[(4)]。調査が思うように進まず焦っていた学生にとって，こうした村民の存在は貴重であった。しかし，そこには問題があった。以下では大きくふたつの問題を取り上げたい。ひとつ目は，フィールドワークで得た情報の多くが表面的なものだったことである。たしかに調査に応じてくれた村民はみな，家族構成や仕事内容といった差し障りのない事柄については躊躇なく情報を提供してくれた。しかし，話題が観光開発になると，彼らの多くが態度を一変させた。最も多かったのは，観光開発の詳細を知らないことを理由に口をつぐむケースであった。村民のなかには，「私より詳しい人が他にいるから，そっちに行ったほうがいい」と言って席を外したまま帰ってこない者もいた。この他にも，「観光開発のおかげで収入が増えた」など通り一遍の話しかしない者も多くいた。学生が掘り下げた質問をしても，彼らは詳細を語ってくれなかった。このような状況では，学生が必要とする観光開発の実態に関する「深い情報」を得ることは極めて難しい。

　ふたつ目の問題は，偏りのある情報が多かったことだ。この類の情報を学生に提供した村民は，上のケースと異なり観光開発に関する踏み込んだ質問にも

雄弁に答えてくれた。しかし，彼らは村における観光開発の中核的な存在であり，回答の中身もそれを高く評価したもの，それに与する自己を正当化するようなものが多かった。たしかに彼らの回答は，観光開発が村落社会に与えた影響の一面を示しているが，あまりにも偏りのある情報であった。こうした情報の偏りを防ぐためには，観光開発への関わり方が異なる村民からの情報が不可欠である。しかし，先述のように，観光開発の恩恵を受けられなかった村民を調査することが難しかったために，彼らから得られる情報には限りがあった。

　以上のふたつの問題が生じた理由としてあげられるのは，外部主導の観光開発がさまざまな利害関係の絡む現象であり，村民の生活を大きく変える現象であることだ。この点をふまえると，村民が学生のような部外者に観光開発をめぐる錯綜した状況や自身の見解を語るのを憚るのは致しかたない。また，村民と学生のあいだに信頼関係が構築されていないことも無視できない。信用できない相手に対して，自身や社会が直面するセンシティブな問題について正直に語る人がどれだけいるだろうか。さらには，通訳者の存在も理由としてあげられる。先述のように学生は，ラオス語を話すことができなかったため，ラオス人の通訳者を介してフィールドワークを行った。そこにおいて通訳者は，ラオス語の話せない学生と英語の話せない村民のコミュニケーションの橋渡し役となった。しかし，話の内容が村民に正確に伝わっていなかったり，通訳者が村民の話を端折って学生に伝えたり，村民に聞くはずだった事柄を通訳者が割愛したりといった問題が生じた。また，通訳者が独断で予定していた調査先を変えることもあった。こうした出来事も，フィールドワークを通して得られる情報の質をめぐる問題を引き起こしていたが，その背景には学生と通訳者双方の英語力の低さや両者のあいだの意思疎通の不足があった。また，通訳者の話からは，調査をスムースに進めたいという彼らの「配慮」が関わっていることもわかった。この他にも，通訳者と村民の共通性が，フィールドワークで得られる情報の質をめぐる問題の原因となっていた。たしかに，ラオス語という共通言語を話す同国人の通訳者がいることは，その安心感から学生ひいては調査に対する村民の不安を弱める効果がある。しかし他方で，学生に話したことが通訳者を通して他の村民に知られるリスクが高まることにもつながる。A村において観光開発が住民のあいだに不和を生んでいることをふまえると，そうし

たリスクを避けるために建前を述べる者がいることは容易に想像がつくだろう。[5]

その他の困難

　学生は，上述した問題以外にも，不慣れな環境に滞在することでさまざまな困難に直面した。それは大きく，社会環境の違いにもとづくものと，自然環境の違いにもとづくものに分けられる。まずは前者について見ていきたい。先述のように学生はフィールドワーク期間中，村民宅に寄宿した。そこでは寝床や食事など，村での生活に不可欠なさまざまなサービスを提供してもらった。しかし，程度の差はあれその多くが，学生の慣れ親しんだものとは違っていた。例えば，日本食と比べて辛みの強い食事，他人の視線が届く寝室や浴室などは，多くの学生のストレスになった。この問題は，村民と学生のあいだの価値観の違いに由来している。例えば，寝室や浴室の問題は，両者のあいだのプライバシー観の違いが反映されている。ある学生は，家人が自由に出入りする居間を寝室として提供された。またある学生の寄宿先では，腰高の囲いしか遮るもののない屋外の井戸を浴室として使っていた。それらは，当の学生からするとプライバシーが確保された環境とは到底思えなかったが，村民にはプライバシーが確保された環境と認識されていた。当然ながら，学生にとっての「あたりまえ」と村民にとっての「あたりまえ」は多くの場合，異なる。筆者は，事前学習の段階で学生にそのことを伝え，郷に入っては郷に従うよう繰り返し説いた。しかし，いざその環境に置かれると学生は，頭ではわかっていても心身を適応させるのが難しかったようだ。

　社会環境の違いとともに無視できないのが自然環境の違いである。A村の気候は，昼夜の寒暖差が大きい高温多湿の熱帯気候だった。この実習は2月に行ったために真冬の日本からA村に来た学生は，日本とは真逆の気候での生活を余儀なくされた。フィールドワーク中，下痢や咳など体調の異変を訴える学生がいたが，社会環境の違いとともに自然環境の違いがそこに深く関わっていたと考えられる。

4　困難にどう対応したか，どう対応すればよいのか

　前節で述べたフィールドワークに伴うさまざまな困難は，ラオスで行った実習の参加学生に固有のものではない。海外の観光開発の現場で短期間のフィールドワークを行う者であれば，程度の差こそあれ誰もが経験する問題といえる。たしかに，現地語を習得した上でフィールドに長期間滞在し，住民と信頼関係を築ければ，問題はある程度解決することができるだろう。しかし，それは，学生にとって時間や金銭等の面で制約があるため現実的ではない。では，どうすれば困難を克服することができるのだろうか。以下では，A村でのフィールドワーク中に起きた問題への対応を事例に，海外の観光開発の現場で短期のフィールドワークを行う際のノウハウを提示したい。

調査拒否への対応

　まず取り上げたいのが，村民の調査拒否である。この事態に直面した当初，学生は困惑した。筆者は，「フィールドワークは相手にさまざまな犠牲を強いる活動だから協力を拒否されても仕方がない」と説明し，学生の気持ちを落ち着かせた。そして，時間に余裕もないことから，協力的な村民に絞って調査を行うよう指導した。

　この経験から導き出せるフィールドワークのノウハウとしてまずあげられるのは，観光開発の現場でフィールドワークを行う場合，調査者は本人の意思に関係なく住民から，開発の恩恵を受けた住民を中心とする開発賛成派か，開発の恩恵を受けられなかった住民を中心とする開発反対派のいずれかの側に位置付けられる可能性が高いことを忘れてはいけない，ということである。先述のように観光開発は，住民の生活に直接関わる現象であるため，地域社会のあり様に何がしかの影響を与える。そこにおいて，すべての住民が等しく開発の恩恵を受けることは不可能であり，それゆえしばしば住民のあいだに分断や対立が生まれる。その現場において調査者は，いくら外部者であっても中立の立場でいることは難しい。どちらの側に置かれるかは，調査者の出身国や社会的地位によるところが大きい。[(6)] 住民の中に調査協力者がいる場合は，その人物の観

光開発に対する関与のあり方も影響を及ぼす。ラオスで行った実習に参加した学生の場合，村民より経済的に豊かな日本から来ていること，寄宿先の村民が観光開発の恩恵を受けていたことから，開発の恩恵を受けられなかった村民から開発賛成派に位置付けられ非協力的な態度をとられた[7]。調査者は中立的な立場をとれれば理想的であるが，その理想に囚われてしまうと，開発賛成派と反対派の双方から距離を置かれる危険性がある。海外の観光開発の現場でフィールドワークをする学生は，この点をふまえた上で，中立の立場をとることと，開発賛成派と反対派いずれかの側の立場に立つことのどちらが最善か，冷静に考えて判断する必要がある。これが第二の調査ノウハウである。

　仮に開発賛成派と反対派のいずれかの側の立場に立った場合，相手側の住民にも話を聞かなければいけないと思うかもしれないが，それは彼らの反発を買うだけでなく，後の調査や現地での生活に悪影響を及ぼす可能性もあるなどリスクが高い。自分と異なる側の住民への調査は難しい，という心づもりでいることが重要といえる。またその際，得られる情報に限りがあることから，複数の調査手法を組み合わせる「トライアンギュレーション」を行うのがよいだろう。例えば，住民への聞き取りを中心に実施する調査において，構造化されたインタビューと雑談のようなインフォーマルなインタビューを意識して組み合わせる，参与観察や質問票を使った調査などの異なる情報収集手段を併用する，同じ人物に対して複数の調査者がタイミングを変えてインタビューするなど，大きな手間と労力をかけなくても，ある程度のデータの重層化は可能である。

薄い情報，偏った情報への対応

　次に見たいのは，フィールドワークで得られる情報の質の問題である。先述のように学生が得た情報のなかには，薄いものや偏りのあるものが多く含まれていた。この状況に対して学生は，調査目的を理解した上で真摯に対応してくれた村民に再度インタビューするなど，質の高い情報を得るための努力をした。

　ここで調査者が最初にしないといけないのは，質の高い情報を得ることの難しさを念頭に置くことである。なぜなら前節で述べた諸事情により，住民が観光開発に関する正確な情報，詳細な情報を，部外者である外国人に提供する可

能性がきわめて低いからである。もちろん，調査者の語学力の限界や通訳者を介したことによる問題も，情報の質を下げる。上述したトライアンギュレーションは，このような事態への対応という意味も持ち合わせている。

　短い期間のあいだに住民と打ち解け，彼らの「本音」を聞き取ったと思っても，実は住民が本心を話しているかのように演じていた，ということはよくある。E. ゴッフマンは，人間は自身の日常生活を，人からの目を意識する「表局域（front region）」と，人に見られないことが前提となる「裏局域（back region）」に区分して行動していると指摘する（Goffman 1959=1974）。演劇の舞台に比せられる表局域では，人々は化粧をして美しく着飾り，当たり障りのない建前を語り，相手にどう思われるかを計算しながら演技をする。舞台裏の楽屋に比せられる裏局域では，すっぴんに質素な部屋着，笑顔を作ることもせずに，歯に衣着せぬ本音を語る。当然ながら，調査対象者が調査者に見せるのは表の顔であるが，熱心な調査者は建前の裏に隠された本音を知りたがる。時に住民は，こうした調査者の欲望に応えて，もっともらしく本音らしいことを語ってくれるものの，実はそれがリップサービスだったりするのだ。[8]観光地におけるホストが，舞台裏を見たがる観光客の欲望に応えて舞台裏を演出している実態を，D. マッカネルは「演出された真正性（staged authenticity）」という言葉で説明している（MacCannell 1973=2001）。芸能人がエッセイ本などで開陳する「本音」や「素顔」は，ファンの視線を意識したイメージ戦略のもとに演出された姿に過ぎない。観光地では頻繁に見られる同様の構図が，観光開発の現場をフィールドワークする際にも当てはまる可能性を調査者は忘れてはいけない。

　この前提をふまえた上で，調査に応じてくれた住民の中から信頼できる人物を選び出し，協力を仰ぐことが肝要である。質問に真摯に答えてくれた，調査に関心を示してくれた，頼み事を面倒がらずに親身に対応してくれた，向こうから積極的に世話を焼いてくれた，といった住民の対応のあり様が，誰を信頼してよいかの判断指標となるだろう。こうした信頼できる相手は，寄宿先の家族や売店の店員など調査以外でもお世話になっている住民であることが少なくない。彼らに対して重点的に聞き取りを行ったり，他に調査に協力してくれそうな住民を紹介してもらったりすることは，情報の質をめぐる問題の解決に寄与する方策だろう。ちなみに，他の住民を紹介してもらった場合，できる限り

その人のところに同行してもらうのがよいだろう。なぜなら，先方は顔なじみの同行者がいることで調査者を信頼し，質の高い情報を提供してくれる可能性が高くなるからである。

住民と良好な関係を築くために

　現場がどこであれ忘れてはならないフィールドワークの基本がある。それは，現地の住民とできる限り良好な関係を築くということだ。しかし，相手に安心感を与え信頼してもらうには，同国人同士であってもある程度の時間と労力が必要となる。現地の言葉や文化に不慣れな外国人の調査者であれば，短期間で住民と良好な関係を構築するのはなおさら容易なことではない。だが，フィールドワークが相手の協力のもとに成り立っている営みである以上，これができなければ現場にいても何もできない。現地に滞在するのであれば，調査どころか生活を滞りなく送ることすら難しくなる。それでは，現地の住民と良好な関係を築くにはどうしたらよいだろうか。

　その最初にして最大の機会が，住民とのファーストコンタクトだ。初対面で住民に好印象を与えることができれば，その後の調査に対する彼らの対応は決して悪いものにはならないだろう。そのために重要になるのは挨拶だ。ラオスで行った実習で筆者は，初対面に限らず村民に会った際には必ず現地語のフレーズを使い，現地のルールに従って挨拶をするよう学生を指導した。外国人に自分たちと同じやり方で挨拶をされて気分を害する人はそうはいないだろうと考えたからである。ここで必要なのが，挨拶言葉を含む現地の挨拶の仕方を事前に学ぶことである。挨拶の仕方は国や地域，さらには年齢やジェンダー等の違いにより異なる。挨拶をしたのにそのやり方を間違えて相手の気分を損ねることになったらもったいない。こうしたリスクを避けるためにも，挨拶を含む現地の慣習について事前に学習しておく必要があるだろう。

　また，初対面の住民に対して訪問目的を含めた簡単な自己紹介をすることも不可欠である。住民の多くはあなたがどこから，何のために来たのかを知らない。先にふれたように，見ず知らずの外国人の突然の訪問は，住民に驚きとともに不安を生む。住民の不安を極力減らすためにも，彼らに対して自分の名前や所属，訪問目的等を説明することが必要である。ただし，すべての住民が時

間に余裕があるわけではないので手短に済ますことが求められる。住民との交流のきっかけを作る上で，お土産は有効なアイテムとなる。しかし，使い方によっては，住民との関係や住民間の関係を悪化させるリスクがある点に注意が必要である（持参できるお土産の数は限られるので，誰に渡し，誰に渡さないかの判断に困ることがある）。

　挨拶を交わした住民のなかには，あなたに興味を持ち質問してくる者もいるだろう。こうした住民からの働きかけは，自分のことを知ってもらう好機である。また，倫理的な側面からフィールドワークという営為を考えるならば，調査者が調査対象者から一方的に情報を得るのではなく，両者のあいだに教え，教えられる関係があることが望ましい。それゆえ，住民からの質問には可能な範囲で答えることが必要である。

　挨拶と同様に，現地の言葉と方法で謝意を伝えることも，住民と良好な関係を築く上で不可欠である。住民に調査拒否されたり邪険に扱われたりすることは辛いが，そのときも協力への謝意を伝えたほうがよい。その真摯な姿を見て住民が調査に協力してくれる可能性もあるからだ。

　以上に述べた事柄に加えて，住民と良好な関係を築く上で必要なことは，彼らと積極的に交流することである。例えば，住民から食事や遊びに誘われたら可能な限り参加してみよう。言葉がうまく通じなくても，彼らと同じ時間と空間を共有することで心理的な距離が縮まるからである[10]。それによって，住民から思いもよらない情報が寄せられたり，新たな発見が生まれたりすることもある[11]。国を問わず，年齢の近い同性の住民とは比較的良好な関係を築きやすい。

言語にまつわる問題への対応

　続いて考えたいのが，通訳者をめぐる問題である。先述のように学生は，ラオス語ができないためラオス人の通訳者を付けてフィールドワークを行ったが，そのことが原因でさまざまな問題に直面した。筆者は問題に対処すべく，学生に対して打ち合わせに費やす時間を多くとるようアドバイスした。通訳者にフィールドワークの目的や内容をしっかりと伝え，理解させることで，問題の多くが解消されると考えたからである。また，お互いの家族や趣味といった調査に関係のない話をするなど通訳者と交流を深めることを勧めた。

　通訳者をめぐる問題を解消するために必要なことは，彼らとの良好な関係の構築である。そのためには，まずは通訳者について知ることが不可欠だ。現地人の通訳者とわれわれは，お互いに文化的，社会的背景の異なる「他者」である。それゆえ彼らとの関係は一筋縄ではいかないことの方が多い。しかし，対話等を通して通訳者を知ろうとする努力は，彼らと良好な関係を築く上での第一歩になることは間違いないだろう。通訳者との打ち合わせをしっかり行うことも必須である。時間に限りがあるため，一刻も早くフィールドワークを始めたいのはわかるが，フィールドワークを滞りなく進めるためには，事前に時間をかけてでもその意図と内容を細大漏らさず通訳者と共有する必要がある。フィールドワークが通訳者との共同作業であることを忘れてはならない。

　海外で行うフィールドワークでは，期間の長短を問わず高い外国語運用力が必要となる。これがなければ，いくら努力しても通訳者との打ち合わせや関係構築，ひいてはフィールドワーク自体がうまくいかない。現地の言葉を話せるのが理想だが，大半の調査者はそうではないだろう。この時に必要になるのが英語力である。とはいえ，研究者ではなく学生が海外で短期のフィールドワークをするケースでは，高度な英語力は期待できない。そうした場合には，限られた外国語運用力で通訳者や住民と意思疎通できるコミュニケーション力も重要となる。外国語での会話一般に通じることであるが，とにかく明るくふるまい，つたなくても不完全でも積極的な発話を心がけよう。また，相手の話していることが理解できなければ，臆せずに再説明を求めること。日本語での会話では，考えがまとまっていなくても何とかやり過ごせるかもしれないが，外国語ではそうはいかない。自分が何について知りたいのか，知るためにはどこで何をしたらいいのか，といったフィールドワークの目的と内容を頭の中で整理しておくことが必要である。

　海外の観光開発の現場を個人でフィールドワークする場合，多くの人が現地の旅行会社に通訳者の手配をはじめとするフィールドワークのコーディネートを依頼するだろう。その際，時間がかかっても構わないから，旅行会社に調査計画や要望を確実かつ正確に伝えなければならない。つまり，上述した外国語運用力とコミュニケーション力は，フィールドワークを始める前の段階でも必要になるのである。また，事前にインターネット等を使って旅行会社が信頼で

きる会社かどうかを調べることも怠ってはいけない。ただ，その際にも日本語の情報だけを頼りにするより，英語でも検索をかけることが望ましい。

社会環境，自然環境の違いに由来する問題への対応

　ラオスに渡航する前，学生は現地の文化や気候，言語等について学ぶ一方，教員側も医薬品をはじめとする物品を調達したり，コーディネーターと綿密な打ち合わせをしたりするなど入念にフィールドワークの準備をした。それでもフィールドワーク中に学生は，先述したような自然環境や社会環境の違いに由来するさまざまな問題に直面した。こうしたなか学生は，問題の種類に応じて自力で解決を試みたり，教員や村民に解決を依頼したりした。その結果，怪我や体調不良といった身体に関わる問題には滞りなく対処できたが，それ以外の問題については解決できるものとできないものがあった。

　この経験から得た学びとしてまずあげられるのは，現地で何がしかの問題が起きたら，自力で対処するだけでなく周りの人にも相談すべきということである。渡航する前の段階で，現地に関する情報の収集や医薬品の購入（渡航先によっては予防接種を受ける），海外保険への加入などできる限りの準備をするのは当然だが，それでも現地に行けばトラブルは起きるものだ。体調不良などの身体的な問題が生じた場合は，躊躇せず周りの人に状況を説明し，早急に医学的な処置を受けて回復に努めよう。フィールドワークのために我慢して症状が悪化したら，それこそ本末転倒である。決して無理をしてはいけない。

　ふたつ目の学びは，現地で直面する問題のすべてが解決できるわけではないことを意識するということである。あれもこれもと要求するのは現地の人たちに迷惑をかける行為であり，場合によっては関係の悪化につながる。それゆえ対応を依頼する問題は，自分にとってクリティカルなものに絞るべきである。また，解決できない問題を，自分にとって貴重な経験と捉える柔軟性も必要になるだろう。観光人類学者のE. M. ブルーナーは，タイ北部での川下りの際に，悪天候と治安の悪さという困難に直面した観光客が，視点を変えることでその状況を面白い経験に転換したという事例を報告しているが（Bruner 2005=2007：34），こうしたリフレイミングの能力を是非，調査者にも持ってもらいたい。加えて，問題の原因のひとつである住民との価値観の違いについては，自分の

常識と違うがゆえに現地のそれを「ありえない」と切り捨てるのではなく，自分の常識をいったん脇に置いたうえで客観的，相対的な視点から理解しようとする姿勢をとることが必要である。それは，現地の社会や文化に対する深い理解や新たな発見に調査者を導いてくれるはずだ。

5　海外の観光開発の現場でフィールドワークをする意義と醍醐味

　本章では，筆者がラオスで実施したフィールドワーク実習の参加学生の体験を事例に，海外の観光開発の現場でフィールドワークする際のノウハウを提示した。観光開発は，現代世界において無視できない現象のひとつである。それが地域社会に与えるメリットがさまざまな媒体を通して喧伝されているが，現場で経済格差の拡大や環境破壊が起きていることからもわかるように，観光開発には負の側面も存在する。実際に現場に入り，住民と生活をともにしながら彼らの話を聞くという人類学的なフィールドワークをすることで，そうした観光開発が持つ多面性の詳細を捉えることができる。ここに，海外の観光開発の現場でフィールドワークをする意義と醍醐味がある。

　海外の観光開発の現場では，先述したような日本では経験や想定もしないさまざまな困難に直面する。それが，調査者の心身に負担を与えることもあるだろう。しかし，困難の先には新たな発見や学びが待っている。本章で提示したノウハウはあくまでもひとつの事例に過ぎないが，願わくはそこから何がしかのヒントや心構えを得て，海外の観光開発の現場でのフィールドワークにぜひ挑戦してほしい。

考えを深めるために

1）海外の観光開発の現場でフィールドワークをしていて，開発賛成派と反対派の対立に巻き込まれたとします。あなたなら，どのような立場に立ち，どのような調査を行いますか。
2）海外の観光開発の現場で通訳者を介してフィールドワークをする際，どのようなメリットとデメリットがあるでしょうか。あなたの考えを書いてください。
3）海外でフィールドワークをしていて，住民とのプライバシー観の違いにもとづく問題に直面したとします。あなたならそれにどう対処しますか。

注

⑴　2010年にグローバル人材の育成が国の政策として提起されたことも，この動きに関わっている。

⑵　筆者は，フィールドワークを始める前に，村の政治的リーダーである村長から「日本の大学生が調査のため村に数日滞在するから可能な限り協力してほしい」旨を村民に伝えてもらうなど，村民の調査拒否を減らすための手立てを講じた。

⑶　筆者もタイ南部の観光開発の現場で同様の体験をしたことがある。この問題は，観光開発に限らず広義の開発の現場でフィールドワークをする際にしばしば起きるものである。

⑷　村民が調査に協力した動機や理由は多様である。村民のなかには，自分が販売するお土産を買ってもらうために学生の調査に協力した者もいた。この事実は，村民が学生を調査者ではなく観光客と見なしていることを示している。

⑸　村民のなかには通訳者との社会階層，学歴，居住地などの違いを気にして，当たり障りのない回答をする者もいた。具体的には，地方の農村に住む貧しい村民が，都会出身の裕福かつ高学歴な通訳者とのあいだに心理的な壁をつくってしまい，打ち解けることができなかった。通訳者が調査対象者と同国人であったとしても，こうした距離感は生じ得る。

⑹　調査者は，自分が日本人であることが観光開発の現場でどのような意味を持つのか，という問いについてつねに考える必要がある。それゆえ調査者は，あらかじめ日本と現地の関係について学んでおかねばならない。

⑺　国や地域によっては，調査者と調査対象者のあいだのジェンダーや年齢の違いが調査拒否につながることもある。

⑻　多くの場合，住民は善意やサービス精神から，調査者が聞きたがっている話をしてくれる。

⑼　幸いなことに，研究者の立場よりも学生の立場の方がまだ住民から警戒されにくく，調査協力を受けやすい。

⑽　ただし，決して無理をしてはいけない。例えば，現地の食事を美味しがる外国人の様子を見て住民は喜ぶが，口に合わない料理や食材をお世辞で褒めたり，我慢してたくさん食べたりしても，よい結果にはつながらない。無理をしていることが住民にわかってしまうだけでなく，調査者の心身にストレスを与えることにもなるからだ。

⑾　住民と良好な関係を築く上で，通訳者などの仲介者が有効な役割を果たすこともある。しかし，場合によっては逆効果となることも忘れてはならない。

⑿　通訳者と住民の相違についても知る必要がある。なぜなら両者は，同国人であっても社会的状況や学歴が異なる可能性が高く，そのことが住民と通釈者の関係，ひ

　いては調査のあり方に影響を与えることにもなるからである。注(5)を参照のこと。
⒀　この作業は，調査者が自分の調査を振り返る機会ともなる。

文献

Bruner, Edward M, 2005, *Culture on Tour: Ethnographies of Travel*, University of Chicago Press.（安村克己・遠藤英樹・堀野正人・寺岡伸悟・高岡文章・鈴木涼太郎訳，2007，『観光と文化——旅の民族誌』学文社。）

Goffman, Erving, 1959, *The Presentation of Self in Everyday Life*, Doubleday & Company.（石黒毅訳，1974，『行為と演技——日常生活における自己呈示』誠信書房。）

国際協力機構，2018，「観光開発はすべての SDGs に貢献する！」『mundi』58：16-17。

MacCannell, Dean, 1973, "Staged Authenticity: Arrangements of Social Space in Tourist Settings," *American Journal of Sociology*, 79(3): 589-603.（遠藤英樹訳，2001，「演出されたオーセンティシティ——観光状況における社会空間の編成」『奈良県立商科大学研究季報』11(3)：93-107。）

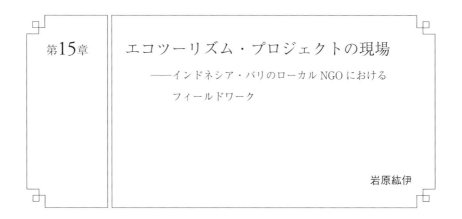

第15章

エコツーリズム・プロジェクトの現場
——インドネシア・バリのローカル NGO における
フィールドワーク

岩原紘伊

1　エコツーリズムと NGO プロジェクト

　学生のみなさんはおそらく「観光開発」と聞くと，真っ先に国家（行政）や市場（産業）をその担い手として挙げるのではないだろうか。本章で注目するNGO（Non-governmental Organization，非政府組織）というアクターはすぐに思い浮かべないかもしれない。だが，今日，観光開発を行うのは，国家や市場に限らない。本章で注目する NGO も積極的に観光開発に関与するようになっている。それには，「持続可能な観光（sustainable tourism）」という概念の世界的な普及が大きく影響している。

　長期的な持続可能性の確保を提起している観光分野の中心的な国際機関である国連世界観光機関（UNWTO）によれば，持続可能な開発の原則は，観光開発に関する環境，社会，経済的な側面に当てはまる[1]。環境を観光資源とするエコツーリズムは，とりわけ持続可能な観光とかかわりが深い観光形態である。エコツーリズムは，1990年以降最も急速に発展している観光形態のひとつであり，発展途上国，先進国にかかわらず導入されている。日本でもエコツーリズムは人気の観光形態のひとつであり，関心を持つ人も多いだろう。

　本章では，筆者が博士論文執筆のために調査対象としたインドネシア・バリの環境 NGO のエコツーリズム・プロジェクトから NGO によるプロジェクトをフィールドワークする方法について検討したい。インドネシア・バリは，東

南アジア屈指のリゾート観光地であり，旅行したことがある人もいるだろう。バリと聞くと，島のすべてが観光地化されていると思われがちであるが，観光地化が進んでいる地域は限定されており，大部分は農村である。また，バリは，1000以上の民族集団によって構成されている多民族国家インドネシアにおいて，ヒンドゥ教を信仰するバリ人という民族集団が大多数を占めている。しかし，観光開発によって増える雇用機会を求めて，都市部を中心に他島からイスラーム教徒やキリスト教徒である他民族の移住者が増えている。さらに近年，過度の観光開発に起因するプラスティックゴミ問題や水不足といった環境問題の深刻化が国際的に耳目を集めている。

　ここではバリを事例に取り上げるが，NGO や NPO（非営利組織）によるエコツーリズム開発は，今日，日本を含めて世界各地で行われている。それゆえに，ここでの記述はバリ以外の地域の事例分析にも通じる部分は多いと考えている。筆者は，NGO と NGO によってエコツーリズム開発が行われた村落の両方でフィールドワークを行ったが，本章では NGO でのフィールドワークを中心的に述べたい。まず 2 節では，筆者がなぜ NGO のプロジェクトを研究テーマにしたのかを述べ，続く 3 節では，NGO で調査を始めた際に直面した困難と可能性について見る。4 節では，休憩時間，ミーティング，セミナーという場面に注目して，NGO のプロジェクトを調査する技法を検討する。そして，最後に，学生のみなさんが卒業論文やゼミ論文で NGO のプロジェクトを対象に調査を行う場合，どのようなアプローチが可能かを考えてみたい。

2　研究テーマの変更と NGO プロジェクトとの出会い

　筆者はフィールドワークを目的にバリへ旅立つ前，筆者は NGO によるエコツーリズム・プロジェクトを調査しようとは実はまったく考えていなかった。現場での出来事に合わせて柔軟にテーマを見直すことも，文化人類学のフィールドワークにはつきものかもしれない。そこで筆者が NGO に入り込んでフィールドワークすることになった経緯からまずはじめたい。

　筆者がバリを調査地に選んだそもそもの理由は，現地調査をもとに修士課程の研究を発展させ博士論文を執筆しようと考えていたことにある。修士論文で

は，東南アジアの世界遺産観光を比較研究し，インドネシアはその事例のひと
つであった。博士課程への進学のタイミングで，バリの棚田景観がユネスコの[3]
世界文化遺産に登録されようとしていた。筆者は，世界遺産という新しい観光
資源が生まれることによって，バリにおける観光と文化の関係はどのように変
化するのかという問いをたて，バリへ出発した。[4]

　日本では，世界遺産登録が決定すると，地方自治体はもとより，一般的には
トップニュースになる。しかし，いざバリに到着してみると，世界遺産登録へ
向けた「盛り上がり」を現地で実感することはなかった。現地で知り合った
人々に話を聞いても，あまり関心が高くない様子であった。それだけではなく，
地元新聞を読んでみても世界遺産関連記事を目にする機会は，6ヶ月間のイン
ドネシア語の語学研修中数える程度であった。世界遺産登録をめぐる意識には
国や地域によって温度差があることを実感し，筆者は世界遺産観光をテーマに
研究を進めることができるのか，そしてそもそも長期のフィールドワークの成
果として公開できるのかわからなくなってしまった。観光と文化にかかわる新
しいテーマを探すために，地元の新聞や雑誌を読んだり，自治体の観光局を訪
ねたりした。

　そのような状況のなかで偶然出会ったのが，ローカル環境NGOスナン財団
（仮名）のエコツーリズム・プロジェクトであった。ある日突然，前年の予備
調査で偶然知り合った現地の友人からエコツーリズムを新しく立ち上げた村が
あるので，訪ねてみないかと電話がかかってきた。そうして訪れたB村で知
ることになったのが，Bali DWE（Bali Desa Wisata Ekologis，直訳するとバリ村落
エコロジカルツーリズム）と名づけられたプロジェクトであった。プロジェクト
の目的は，エコツーリズムの推進を通じて，近代化のなかで急速に変化してい
る村落の文化や伝統を再評価してもらうことにあるという。なぜ，村落の文化
や伝統の再評価に，エコツーリズムがかかわるのかと疑問に思った。

　また，正直にいえば，B村はバリ島北部に抜ける道沿いに外国人観光客も利
用しそうな小規模なレストランがぽつんと一軒ある以外は，バリの観光ガイド
ブックに掲載されている観光地と比べると「観光地」らしくはなく，民家と田
圃がひろがる一般的なバリの農村という印象であった。ホテルのような宿泊施
設もない。このような場所で観光プロジェクトを立ち上げても，観光客は来る

図15- 1　レストランの寄せ書き
出所：筆者撮影

のだろうかと疑問に思ったことは今でも記憶に残っている。

　レストランで休憩しているとき，プロジェクトの立ち上げ集会の際に作成さ
れたという寄せ書きが目に入った（図15- 1）。B 村に連れていってくれた友人
は，「われわれはこの活動の仲間である」と言って，立ち上げ集会が取り上げ
られた新聞記事を見せてくれた。友人の説明によれば，バリ出身の元インドネ
シア観光大臣もその集会に参加しており，プロジェクトを支援しているという。
「観光地らしくない村落」でエコツーリズムは事業として果たして成り立つの
だろうかと懐疑的になる一方，ちょうど直前にもバリ州観光局のスタッフに観
光村をバリの新しい観光アトラクションとして紹介されていたこともあって，
バリの人々は世界遺産登録ではなく，むしろ「村落」文化の保全に関心を寄せ
ているのではないかと強く感じた。そこで世界遺産観光ではなく，このエコ
ツーリズム・プロジェクトを通して現代バリにおける観光と文化保全のあり方
を検討することも可能ではないかとの考えが浮かんできた。

　B 村訪問の翌日だったと記憶しているが，ウェブサイトに記載されているス
ナン財団の番号に電話を掛けてみた。B 村へ行ったことを伝えて，アポイント
メントを取りつけた。事務所を訪問し，応対してくれたスタッフに覚えたての
インドネシア語を使って，調査目的や NGO プロジェクトに関心を持った理由
を説明した。その上で，フィールドワークをさせてもらえないか頼んだ。する

と，快く受け入れてくれた。

　受け入れられた理由はふたつ考えられる。ひとつは，スナン財団は NGO であり，社会に開かれた組織であろうとする姿勢を持っていたことである。スナン財団は，これまでにもボランティアなど定期的に国内外の組織外部の人間を受け入れてきた経験を持つ。もうひとつは，文化人類学者の調査に対して，一定の理解がすでにあったことである。スタッフの 1 人は文化人類学の修士号を持っているほか，オーストラリア人文化人類学者がスナン財団の活動にこれまで協力してきたという経緯もある。

　プロジェクトに自らも何らかの形で参加しつつ調査をしたいと申し出たこともあって，イギリスに留学経験があった筆者は，作成中の Bali DWE のインドネシア語パンフレットを英訳するボランティアを担うことになった。自分自身もプロジェクトの参加者になることで，内側からの視点を身につけたいという動機がそこにはあった。

　以上のように，筆者は思ってもみなかった形でエコツーリズムというテーマにたどり着き，NGO の活動を調査することになった。ただ，注意してほしいのは，すべての NGO がスナン財団のような態度を持っているとは限らないことである。スナン財団は，小規模な組織であるため，筆者の調査に関しては代表の許可を仰ぐのみであり，訪問したその日のうちに受け入れが決まった。しかし，NGO によっては大学からの正式なレターや調査計画書の提出が求められることも考えられる。NGO から調査の許可をもらえるか否かは，国内／海外，大規模／小規模，受け入れ経験の有無などの諸条件によって異なることを付け加えておきたい。

3　NGO で調査を始める

　スナン財団は，1993年にインドネシア人の環境運動家や自然愛好家たちによって設立された環境 NGO である。1990年代当時のバリでは大規模観光開発が相次ぎ，環境への悪影響が懸念されるようになっていた。その時代の流れのなかでスナン財団は設立されている。1998年にスハルト政権が崩壊して民主化の時代に入った1999年から，スナン財団はバリの 4 つの村落を対象として住民参

図15-2　スナン財団の事務所

出所：筆者撮影

加型のエコツーリズム開発プロジェクトを行ってきた。設立当初は13名のスタッフがいたが，独立したり，選挙に出馬したりするスタッフが相次ぎ，筆者の調査当時は，代表を含めて3名の常勤スタッフがいるのみであった。代表の[5]Mさん（当時50代）と会計担当のDさん（当時40代）はバリ人，プログラムオフィサーのBさん（当時30代）はバリ生まれのジャワ人である。

　事務所は，観光地として広く知られるクタ地区に隣接し，近年観光地化がめざましいクロボカン地区にある。スナン財団代表の親族が所有する1.5ヘクタールほどの敷地に，事務所（図15-2），有機農法の水田，バイオガス生成実験用の牛小屋，バリ料理を提供するレストラン，再生紙工場があった。筆者はテーマをいきなり変更したこともあってインドネシアのNGOについての知識が乏しく，最初はあまりこうした施設が持つ意味について気に留めていなかった。しかし，フィールドワークが進み他のNGO団体も訪れるようになり，インドネシアのNGOが置かれた状況についての理解が深まると，こういった施設は各NGOが持つ理念や活動履歴を反映していることがわかってきた。人だけではなく，そこに配置されているモノに目配りすることも，フィールドワークにおいては忘れてはならない。

　インドネシアの多くの企業や団体の営業時間は，月曜日から金曜日までは8時30分頃から17時，土曜日は午前中で営業が終了する。スナン財団も同様であり，筆者は財団が開所している時間帯は，財団の事務所へ通うようになった。

さて，フィールドワークが始まると，NGOの活動について何かと勘違いをしていることにまず気づかされた。ひとつは，NGOの活動にはリズムがあるということである。フィールドワークを始める前は，NGOは毎日動きのある活動（ワークショップ，広報，ミーティングなど）をしているというイメージがあった。しかし，それは完全に筆者の思い込みに過ぎなかった。また，後でわかったことだがスナン財団はエコツーリズム以外にもプロジェクトを行っており，エコツーリズムに関する活動が毎日あるわけでもなかった。英訳ボランティアの仕事量も特に多いわけではなく，すぐに終わってしまい，自分の身の置きどころに困った。もちろん，ワークショップや広報活動などがないわけではないが不定期だった。対外的な活動がないときは，スタッフはオフィスで活動計画・資料の作成や活動助成金の申請などのデスクワークに黙々と取り組んでいる。最初はこの仕事のリズムがわかっておらず，単調な日々をフィールドノートにどのように表現して書けばよいのか悩み今後の調査に不安を覚えた。

　もうひとつは，活動履歴に関するデータを収集するための方法である。筆者は当初インタビューにもとづき，エコツーリズム開発の歴史を再構成しようと考えていた。しかし，インタビューさせてほしいと頼み込み，ある程度時間をかけてインタビューを行うことになったのは，バリでの長期調査を終えようとしていた時期だった。その理由のひとつに，彼らの活動履歴の基本情報は，書籍や実績報告書に書かれていたことがあげられる。多くの場合，NGOのプロジェクトは外部資金によって実施されている。そのためプロジェクトが終了すれば，会計等も含めて実績報告書が作成・提出される。例えば，スナン財団での調査の初日，スタッフの1人にこれまでのエコツーリズムに関する活動について話を聞かせてほしいとお願いした。すると，「私たちの活動履歴は本に書いてあるよ」と言われ，1999年に開始したエコツーリズム・プロジェクトの総括としてスナン財団が作成した本を渡された。促されて100ページほどの本をインドネシア語の辞書片手に読んでみると，スナン財団のエコツーリズム開発に対する問題意識，プロジェクトの経過，そして現在商品化されているエコツアーの立ち上げまでが，プロジェクト対象村落の参加住民の声とともに詳細に述べられていた。フィールドワークの最初のうちは，英訳の仕事がない時間は，事務所においてある実績報告書といった資料を読んで，内容を整理する作業が

続いた。

　プロジェクトについて調査しようという際に何かしらの刊行物を紹介されることは，NGO に限らず組織や団体を対象とする多くの調査者が経験することだろう。人によっては，これで一気に多くの情報を得ることができたとひと安心してしまうかもしれない。あるいは，筆者のように本を読んだ上でインタビューしても，本に書いてある表面的な情報しか教えてもらえないのではないかと逆に心配になる人もいるだろう。いずれにしても，刊行物にプロジェクトについての情報すべてが記されているわけではなく，そこから得られる情報は一握りである。刊行物は，もちろん一次資料として重要である。一方で，村落でフィールドワークを開始し，村人から直接当時の話を聞いてみると，エコツーリズム・プロジェクトに関してこのとき事務所で渡された本に記されていない事実が少なからずあることがわかった。すなわち，NGO とプロジェクトの現場（村落）との双方を往復してから発見されていく問題もあるのだ。

　インタビューは，刊行物に書かれていないことを確認できる重要な手段のひとつである。ただし，インタビューされる側への配慮も必要となる。インタビューを行うということは，スタッフの仕事の時間を割いてもらうことになる。自分が情報を得たいからといって，むやみやたらに質問を投げかけるのは，彼らの仕事の邪魔になる。「本を読んで」というのは，言われたときこそ戸惑ったが，後から振り返ると，これまで多くのインタビューを受けてきた彼らからすれば，基本的な知識は資料から身に付けてほしいという考えもあったのではないだろうか。なんでもかんでもインタビューで情報収集をしようと思わずに，調査者もインタビューにのぞむにあたって，ある程度の知識を身に付け，内容を精査しておく必要がある。そして，質問があるときは，言葉のキャッチボールになるように，なるべく相手が話しかけてくれたタイミングでするようにしていた。

　事務所で過ごす時間が増えていくと，新しい発見や問いが生まれた。まず毎日のように誰かしらがふらっと事務所に入ってきて，スタッフに何か相談していることに気が付いた。初めて出会う人は，外国人である筆者をいぶかしげに見るので「日本からエコツーリズムの調査に来ている大学院生」とスタッフが紹介してくれたし，そういう事情ならば，と話に加えてもらうこともあった。

突然会話に加わるので，話の脈略がわからず，居心地の悪さを感じるときももちろんあった。ただ，それが繰り返されるなかで，こうした人々の多くは，スナン財団に相談にやってきた他のNGOアクティビストや支援コミュニティの代表者たちであることがわかってきた。そうするうちスナン財団と外部との接点のあり方を意識するようになり，スナン財団のネットワークはエコツーリズム・プロジェクトにどのような影響を与えるのかという新しい研究テーマが生まれた。

　刊行物からはプロジェクトの基本情報は得られるが，どういった人や組織とつながっているかといったNGOのネットワークについての情報は得にくい。こういった部分は，インタビューではなくNGOに入り込みその場で長期間過ごさないと見えてこない。実際に，インタビューよりも，インフォーマルな会話や彼らの活動への参与観察を通して彼らのネットワークに関する質的なデータはより多く得られた。それでは次に，参与観察の技法についてみてみることにしよう。

4　NGOのプロジェクトを調査する技法

アクティビストたちと時間を共有する――事務所でのフィールドワーク

　バリに限らず，インドネシアの人々は食事をするとき，「一緒に食事をとりましょう」とまわりの人たちを誘う。スナン財団でも同様であり，筆者も調査を始めた頃から，毎日昼食時にスタッフから誘いを受けた。このような誘いは社交辞令でもあるので，「後で食べる」「もう食べた」と言って断ることもある。しかし，フィールドワークを始めたばかりの頃は，NGOアクティビストたちと人間関係を築くことが第一と考えていたため，自分のことを知ってもらえる機会と捉え，空腹でなくても誘いに乗るようにしていた。

　あたりまえのことであるが，フィールドワークのはじめは，NGO内部の人間関係やスタッフの人となりはよくわからないものだ。直ぐにわかるのは，組織内でのポジションや名前ぐらいだろう。はじめは，避けられているわけではないのに，語学学校では習わないスラング的な言い回しを理解できず，言葉の壁から疎外感を感じることもしばしばあった。しかし，食事の誘いに乗ること

で関係性も次第に変わっていった。マレーシアで調査を行ってきた人類学者ジャネット・カーステンは，食事を一緒にとるといった日常の時間をともにすることでも他者との親族的なつながり（relatedness）が形成されていくことを論じている（Carsten 2000）。たしかに，食事時のゆっくりとした時間は，彼らとのつながりが強化され，悩みや本音が聞くことができる重要な機会となっていった。

　昼の休憩時間は，別々に仕事をしていたスタッフたちが集まり，特に皆リラックスして雑談する時間である。こうした雑談は，彼らが語りたいことであり，そこから「今」の関心を知ることができる。仕事の相談，共通の知り合いのゴシップ，代表への不満，今後の予定などが語られる主な内容である。最初の頃は言語の問題で会話に加わることは難しかったが，同席し話を聞いているだけでも，プロジェクトの最新情報が把握できる利点があった。ただし，メモを取りながら食事をするのは場の雰囲気を壊すようで気が引けたので，食後に会話を思い出しながらフィールドノートに書き込むようにしていた。重要な発言があったときは，断りを入れて要点のみメモを取らせてもらっていた。

　また，時折語られる彼らの共通の知り合いについてのゴシップは，NGO アクティビストの人間関係や情報網を把握するにあたって有用であった。筆者のインドネシア語は「覚えたて」と認識されていたので，理解できない話は質問をすればかみ砕いて内容を補足してくれた。また，彼らは筆者が話題になっている人物を知らないことをわかっているので，その人物について詳しく教えてもらえた。この時間を通して，インドネシアの NGO アクティビストたちがどのようなネットワークのなかで生きているのか理解を深めることができたし，ここで積極的にコミュニケーションを取ったことで，NGO 側にもこちらの調査したい内容をより理解してもらえたのではないかと思う。そうするうちに，Bali DWE に関してこちらから尋ねなくても今後の活動の計画や事務所の外で行われるミーティングやセミナーの予定を伝えてくれ，同行する日は何時までに事務所に来るようにと教えてくれるようになった。それまでは，事務所に行っても全員出かけていて誰もいないことが少なからずあった。

　事務所でさまざまな人々に出会い，知り合いが増えていくことは，自分のインフォーマントが増え，調査に広がりが出てくるようで嬉しくもあったが，そ

れは同時に複雑な人間関係に巻き込まれていくことでもあった。最も悩ましかったのは，当時下宿していた家のホストファザーとスナン財団の関係がぎくしゃくしていたことだ。筆者は，スナン財団での調査をはじめて1ヶ月ほど過ぎた頃から，Bali DWE プロジェクトに参加してエコツーリズムを立ち上げたばかりのA村のAさんの家で下宿をはじめた。Aさんは，Bali DWE に参加している村落側のまとめ役をしており，プロジェクトをめぐる動きを包括的に把握している人物である。それに，まとめ役であるので，Aさんはスナン財団と他の参加村落との関係についてもよく知っているのではないかと考え，Aさんからはスナン財団とは別の角度でプロジェクトについての話が聞けるのではないかというねらいもあった。

　ある日，スナン財団のスタッフの1人に，Aさんの自宅での様子はどうかと質問を受けた。そのときは，「変わりなく元気です」と筆者は返答したが，続いて「私たちについて何か話していなかった？」と尋ねられたとき，筆者は非常に困った。というのも，スナン財団から帰宅するとAさんからも同様の質問を受けていたからだ。しかも，Aさんから聞かされた内容は，ほとんどがスナン財団への不信や不満であり，スタッフに直接に伝えると気分を害す内容だったのだ。とっさに筆者は，「何も聞いていない」と答えた。一方，スナン財団からもBali DWE の活動に消極的になりつつあったAさんへの不満を聞くことがあった。このような事態に，実際は何か耳にしていても，筆者はどちらに対しても何も聞いていないという態度を貫くことにした。筆者の言動が彼らの関係性に悪影響をもたらすことはどうしても避けたかった。

　インフォーマントと信頼関係を築くというのは，NGO におけるフィールドワークに限らず，人類学者の調査において重要な過程だろう。筆者は双方から不平不満を聞いていたが，双方に「告げ口」することは頼まれてはいない。NGO への不平不満や悪い噂は，Aさんだけではなく他の関係者からも耳にしていた。だが，安易に情報を漏らすのは，人々の関係だけではなく，筆者自身が築こうとしていたインフォーマントとの信頼関係を損ねる可能性も持っていた。筆者のどっちつかずの態度が，果たして正しい対応だったのかはわからない。ただ，調査対象者の社会関係に，調査者がどのような影響を与えるのかつねに意識しながら行動する必要があることは間違いない。

ミーティングを参与観察する

　前節で述べた NGO のネットワークについて観察するなかで見えてきたのが，スナン財団のプロジェクトが，他の NGO アクティビストや知識人といった協力者とのかかわりのなかで，成立していることだった。それは，エコツーリズム・プロジェクトも同様であった。それがよく理解できるのは，協力者とのインタラクションの場であるミーティングであった。

　筆者が参与した Bali DWE は，すでに述べた1999年開始のエコツーリズム・プロジェクトの後継プロジェクトであった。スナン財団で調査をはじめた当時，国連世界観光機関の世界観光倫理憲章をもとに，独自のエコツーリズムの倫理規範を作成するというプロジェクトの方向性はすでに決まっていた。事務所を中心とする参与観察からわかったのは，プロジェクトごとに顧問のような協力者が存在し，この協力者がブレーンとして活動戦略の立案に深く関与していることだった。倫理規範作成にあたっては，バリ出身の官僚，大学教員，ジャーナリストといった人々とのミーティングが繰り返されていた。ミーティングは，全員が集まって行われることもあれば，個々にスタッフとのあいだで行われることもあった。

　スナン財団がエコツーリズムの倫理規範をつくることになった理由に，エコツーリズムという言葉がバリにおいてマスツーリズムに代わるキーワードとしての意味を持たなくなりつつあるという事情がある。バリでは，スハルト政権崩壊後の規制緩和の流れのなかで，環境保全型のエコツーリズムではなく，自然をアトラクションとして利用するだけのツアーが，エコツアーとして商品化され販売されるようになった（吉田 2013）。スナン財団は，大規模開発事業を基本とするマスツーリズム開発に対抗して，「村にすでにあるものを利用するツーリズム」としてエコツーリズムを掲げ，村落への導入を目指した。彼らのエコツーリズムは，何かを物理的に作ったり壊したりしないという意味も含み，一般的なエコツーリズムの理解とはズレがある。実際にエコツーリズム開発が行われた村落を訪れると，宿泊には村人の住まいの空き部屋が，食事には村の集会所が利用されていることがわかる。村落にあるものを利用すること，それがスナン財団にとっての持続可能な観光の姿であり，エコツーリズムという用語はそれを具体的に表現するための言葉ともいえる。倫理規範を作成すること

で，スナン財団はこうした自分たちの推進するエコツーリズムと他のエコツーリズムとの違いを，村落や消費者（観光客）に対して明確化しようとしていた。

　ある日，事務所で英訳作業をしていると，バリの伝統的な村落組織を公的にまとめる機関の事務局長であり，バリの文化や伝統に詳しい人物として信頼されているジャーナリストのYさんとのミーティングに一緒に行かないかと誘われた。倫理規範の作成について相談するという。スナン財団のスタッフと4人でYさんの事務所に到着すると，議題を準備してきたプログラムオフィサーのBさんが，問題点を整理して助言を求めた。Bさんは，すでに述べたように3人のスタッフのなかで唯一のジャワ人であり，キリスト教徒でもある。Bさんは，そのことで彼女がバリの文化を反映させるという倫理規範を作成してよいのか悩んでいると告げた。スタッフから特に信頼されているYさんとのミーティングに参加することで，スナン財団がプロジェクトの遂行にあたってさまざまな不安や葛藤をかかえていることがわかった。こうした問題に対するYさんの提案で，倫理規範は村落の人々にも意義が伝わりやすいよう，バリ人の日常言語であるバリ語を基に作成するという方針が決まった。

　ただ，筆者にとってはその後の議論が難解だった。というのも，バリの宗教や神話などについて十分理解できる知識を筆者は当時持っておらず，話の筋についていけなかった。そのため，取ることができたメモも限られていた。さらに，後で話を聞くと，Yさんへの相談はすでに何回か行われていて，実は筆者が参加したミーティングは最終段階のものだった。

　倫理規範作成に関する一連の流れに途中から参加したことになる筆者は，ミーティングの雰囲気から重要なことを話していると推測されるのに，内容を正確に理解できないため非常にもどかしい思いをした。一方で，このときに学んだことがある。それは，メモや録音するのは何も人類学者だけではないということだ。講演会や研修に参加したとき，私たちはメモを取ることが往々にある。筆者が調査において参加したミーティングでは，誰かが発言している状態が時には数時間続くこともあった。しかも筆者にとっては外国語なので集中力が続かない。これでは正確なメモを取り続けるのは不可能に近い。スナン財団のスタッフはYさんとのミーティングの際，議論をすべてボイスレコーダーに録音していた。それを目にしていた筆者は，内容があまり理解できなかった

ことを後日スタッフに打ち明け，音声データを提供してもらった。以後，筆者
はミーティングに同席する際，出席者の許可を取ってからボイスレコーダーで
録音するようにした。こうすることによって，ミーティングでは要点だけメモ
としてまとめ，場の雰囲気や話者の表情などの観察に注力することができるよ
うになった。

　倫理規範作成のためのミーティングは，いわばエコツーリズムの「ism」が
つくられる／つくりなおされる過程であった。エコツアーに参加してみると，
何がエコツアーのために資源化されているか，演出されているかという視覚的
な情報は比較的得やすいだろう。しかし，なぜある文化やモノが，そのエコツ
アーのために観光資源化されているのかというロジックについては，ロジック
の源泉となる NGO や NPO の内部で行われている／いた議論にアクセスしな
ければ適切に理解できない。NGO ／ NPO が開発したエコツーリズムには，
組織の考え方や方針が多分に反映されている。エコツアーの観光資源はそれを
表すものでもある。私たちは，よく知られた定義，メディアのイメージ，商品
化され人気を博しているツアーなどから，一定のエコツーリズムのイメージを
あらかじめ作り上げていないだろうか。しかし，プロジェクトという視点から
エコツーリズムを捉えると，エコツーリズムは絶えず議論され，状況に合わせ
て修正されたり，調整されたりしている。こういったエコツーリズムの動態を
把握するために，ミーティングへの参与観察はひとつの有効な手段だろう。

セミナーに同行する

　スナン財団でのフィールドワークをはじめて 4 ヶ月もたつと，自分でも事務
所にいることが「あたりまえ」化していくことを感じていた。ある日，エコ
ツーリズム開発を行った S 村でセミナーを行うから一緒に行かないかと誘わ
れた。このときは，スナン財団の車でスタッフ 3 名，それから登壇者である現
地大学の農学部で教えている K さんとともに S 村へ向かった。S 村に行くと
いうので，筆者はこのセミナーはてっきり倫理規範作成に関するものだと思っ
ていた。しかし，車中でよくよく話を聞くと，どうやら実際はエコツーリズム
とは異なるプロジェクトのためにセミナーを行うということがわかった。筆者
はエコツーリズムを調査したいといってフィールドワークをしていたので，ほ

かにどのような活動を行っているのか具体的に知らなかったことに気がついた。スタッフたちも筆者は興味がないと思って積極的に話さなかったのかもしれない。

　エコツーリズムに関する調査と意気込んでいたので，そうではないと知ってそのときは少しがっかりした。しかし，このときに活動に同行したことで，スナン財団がどのようにセミナーをセッティングしているのかを知ることができた。また，セミナーで語られる内容の分析も，スナン財団の活動戦略についての理解を深めるために役に立った。

　Ｓ村はバリ島東部にあり，スナン財団の事務所から２時間ほどかかる。到着すると，会場となる集落のオープンエアーの集会所には，その日のセミナーのアジェンダと主催団体のスナン財団，ジャカルタのドナー財団Ｔ，そしてＳ村が属するカラガスム県のマークが記された横断幕が張ってあった。集会所のなかでは，Ｓ村のエコツーリズム組織の代表が待っており，エコツーリズム組織に参加している村の女性たちが，セミナーの参加者にふるまうお菓子とコーヒーの準備をしていた。セミナーの開始時間になると，バリの人々にとっては正装にあたる慣習服を着た60名ほどの集落の人々が集まり，会場に用意してあった座席はほとんどうまった。そして，Ｋさん，カラガスム県の役人，Ｓ村のエコツーリズム組織の代表が登壇者として席につき，スナン財団のＤさんの開会の挨拶で，セミナーは始まった。スナン財団のセミナーには，必ずといっていいほど行政関係者が出席していた点は興味深い。筆者は写真係を頼まれたため，登壇者が座っている前の机にボイスレコーダーを置かせてもらい，最初は後方から様子を観察していた。

　セミナーは，ドナー財団Ｔがスナン財団にプロジェクトとして依頼した，インドネシア政府が実施する地域開発計画における住民の役割がテーマであった。登壇者たちが用意したスライドが正面のスクリーンに映し出されて，セミナーは進んでいった。メモを逐一とれないので，スクリーンに映し出されたスライドの写真を自分のカメラでできるだけ撮るようにしていた。Ｓ村からの登壇者は，エコツーリズムによるコミュニティの再組織化が地域開発計画の円滑な実施に役立つということを，エコツーリズムを始めたことにより進んだ環境整備のメリットとともに強調していた。これは，エコツーリズム・プロジェク

トがスナン財団の他のプロジェクトの受け皿ともなっていることを示唆していた。

　こうした規模の大きいセミナーに参加して困るのは，セミナーの感想や意見を参加者になかなか尋ねにくい点だ。スナン財団がセッティングしたセミナーの内容や埋め込まれた意図がどれほど参加者に伝わっているのかわからない。セミナーが終わってしまえば，会場に残る人はほとんどおらず，すぐに会場を後にしてしまう。たとえ1人か2人つかまえられたとしても饒舌になる人はあまりいなかった。また，アンケートを配ろうにも，日帰りというスケジュールを考えると，回収が難しくなってしまう。そうすると，スナン財団の意図がどれほど参加者に理解されているか推し測るすべは，質疑の内容ぐらいしかなくなる。

　とはいえ，質疑では，セミナーの内容とまったく関係ない質問がなされるときもある。このときは，どうにかしてS村の特産品である果物の値段を安定させてくれないかと行政関係者に質問が飛んでいた。S村の農家にとっては，政府の地域開発計画よりも果物の市場価格の暴落の方が切実な問題だったのだ。そのような質問が一度出ると，セミナーと関係が薄いと思われる質問が続く。その場に居合わせた当時は気づかなかったが，村落でのフィールドワークを始めてから理解したのは，まったくセミナーと関係ないような質問は，彼ら自身が村落における日々の生活において経験している生活実態や将来への不安を反映していたことだった。セミナーには直接関係ないかもしれないが，村人にとっては何かしらの意味があるから発言している。人々が自発的に語ることに耳を傾けることで，村落の住民たちが，スナン財団とは異なる視点からエコツーリズムを導入している可能性を見出すことができる。こうした住民の声を集めていくことで，それはより可視的になってくるのだ。

5　プロジェクトと観光のあいだで

　以上，筆者の調査経験をもとにNGOのエコツーリズム・プロジェクトをフィールドワークする難しさと，その対処法を述べてきた。場合によってエコツーリズムは，プロジェクトと観光という二面性を持っている。調査者はその

両面を移動しつつ，エコツーリズムという現象を捉えることができる立場にいる。筆者はインドネシアのNGOに身を置きフィールドワークを行ったので，学生のみなさんには，自身が行うフィールドワークの内容や質と大きく違うのではないかと受け止められたかもしれない。そこで最後に，国内で学生がNGO／NPOのプロジェクトを対象にどのようなアプローチでフィールドワークできるかを考えてみたい。

　日本において，エコツーリズムが全国的に普及していくのは，2000年代に入ってからである。環境省が，2003年にエコツーリズム推進会議を設置し，国立公園のような典型的な場所に限らず，既存の観光地や里地里山まで全国各地でエコツーリズムの導入が目指されるようになった（海津 2011：17-18）。今日，日本では小笠原のホエール・ウォッチングから，小豆島の街歩きツアーまでエコツアーというラベルが張られ商品化されている。[7]

　以上の日本におけるエコツーリズムの展開をふまえて，学生がNGO／NPOのエコツーリズム・プロジェクトを対象にフィールドワークするにあたって，3つのアプローチをハードルが低い順から挙げてみたい。ひとつ目は，エコツアーとして実施されているツアーに参加してみること。これは，ツアーに申し込み，お客さんとして参加すればよいので，お金はかかるものの誰にとっても手短な方法といえる。ツアーでは，何がアトラクションとして観光客に提示されているか，それに対してどのようなストーリーがガイドから語られているかなどを細かくフィールドノートに記録していくとデータとしてまとまってくる。ただし，ガイドを質問攻めにしてしまうと，他のツアー客の気分を損ねてしまいツアーに迷惑をかける可能性がある。ツアー（客）への調査方法について詳しくは第12章を参考にしてほしい。

　ふたつ目は，エコツアーを実施しているNGO／NPOが主催するセミナーや講習会に参加してみること。セミナーや講習会は，上述のように主催する団体のエコツーリズムに対する考え方や理解にふれる機会である。エコツアー団体やエコツアーの推進に取り組んでいる自治体のなかには，定期的にガイド育成のためのセミナーを実施しているところも少なくない。なかには，実務経験の有無を問わず，関心が高ければ学生の身分でも参加できるものがある。そして，必ずしも参加費が高いわけではない。数日間連続して実施されるものに参

加すると，他の参加者と交流する機会が増えるので，個人的な話を聞くことが
できる関係を築ける可能性がある。

　これらふたつのアプローチでは，ガイドや主催者に限らず，状況に応じて調
査目的でツアーや講習会に参加していることを，他の参加者に思い切って打ち
明けてみてもよいだろう。そうすることで，初対面であってもなかには調査に
理解を示してくれる人がいたり，連絡先を交換しておくとツアー後であっても
協力してくれる人がでてきたりする。本章ではふれていないが，筆者も村落の
エコツアーを参与観察した際に出会い，調査から9年たった今でもSNSを通
じて交流している人々がいる。また，いくつかのツアーや研修会に参加し，そ
れらの特徴を比較してみるのも，日本におけるエコツーリズムの実態について
の理解を深めるために有効だ。

　3つ目は，ツアーをマネジメントする組織であるNGO／NPOにボランテ
ィアやインターンとして参加すること。すなわち，エコツーリズム・プロジェ
クトの内側に入ることとも言える。NGO／NPOのウェブサイトを検索して
みると，大学生向けにボランティアやインターンシップの募集が行われている
ことが少なくない。有給のスタッフとして組織で働くよりハードルは低い。学
生の立場でNGO／NPOの内側に入る方法としては，ボランティアかイン
ターンのどちらかが現実的な選択肢となるだろう。ただ，3節で述べたように
人類学のフィールドワークの遂行はインフォーマントとの信頼関係によって多
分に成立している。その理由から，フィールドワークの目的を，相手が受け入
れを納得してくれる形であらかじめ提示しておく必要がある。本当はフィール
ドワークが目的なのに，それを偽りボランティア／インターンとして組織に入
り込むのは倫理的にも問題がある。そして，調査結果が何らかの形で公表され
る可能性があることもあわせて伝え，データの取り扱いについても擦り合わせ
ておく必要がある。それを含めての受け入れのお願いなのである。

　従来，エコツーリズムの舞台は，日本でいえば屋久島や小笠原諸島といった
アクセスが難しい自然資源が豊富な地域だった。しかし，今や都市部でも環境
教育のためにエコツアーが組まれる時代になった。もし自分の身近でエコツ
アーが行われているならば，まずはその意味を考えてからフィールドワークを
始めてほしい。そうすることで，私たちの社会が今日エコツーリズムに何を求

めているかを示唆するさまざまなヒントが得られ，調査の射程が定まるはずだ。

考えを深めるために ―――

1）NGO ／ NPO におけるフィールドワークと旅行会社におけるフィールド
　　ワークには，どのような相違があるだろうか。第 7 章と比較して，検討してみ
　　よう。
2）持続可能な観光の実現に向けて，NGO ／ NPO のプロジェクトはどのよう
　　に貢献しうるか。その可能性と限界を考えてみよう。

注

⑴　国連世界観光機関駐日事務所「持続可能な観光の定義」（https://unwto-ap.org/
　　why/tourism-definition/ 2020年11月 4 日閲覧）。

⑵　筆者の調査結果の詳細については，拙著（岩原 2020）を参照されたい。本章に
　　おける団体名は仮名を用いており，個人名については特定を避けるためランダムに
　　アルファベットで記している。

⑶　正確にはそれを歴史的に形成させてきたスバックという灌漑組織のシステムが，
　　世界遺産として登録されている。

⑷　インドネシアでは，村落コミュニティや公的機関を巻き込んだ詳細なフィールド
　　ワークを行う場合，政府（インドネシア研究技術省）から調査許可を取得しなけれ
　　ばならない。筆者は，観光と文化の関係をテーマに調査計画書を作成し，調査許可
　　を取得した。

⑸　ただし，本章では NGO に注目しているため詳しくは述べないが，村落で実施し
　　ているエコツアーをまとめる組織が別にあり，この組織にはツアーの予約や村落と
　　のコーディネートを担うマネージャーが 1 名，財務担当兼ドライバーが 1 名いた。

⑹　観光地やバリ経済の中心地デンパサールへ通勤できる距離にある A 村は脱農業
　　化が進んでおり，儀礼がない日の日中，多くの村人は賃金労働をしている。インタ
　　ビューのために仕事の邪魔をすることに気が引けたし，村人の会合があるとしたら
　　夕方から夜にかけてであった。この理由から，筆者は月曜日から金曜日までの日中
　　は A 村からバイクで30分の距離にあるスナン財団へ通い，参与観察を続けた。

⑺　日本エコツーリズム協会ウェブページ「グッドエコツアー」より（https://eco
　　tourism.gr.jp/get/，2020年11月14日閲覧）。

文献

Carsten, Janet, 2000, "Introduction: cultures of relatedness," Janet Carsten ed., *Cultures of Relatedness: New Approaches to the Study of Kinship*, Cambridge University Press, 1-36.

岩原紘伊，2020，『村落エコツーリズムをつくる人びと――バリの観光開発と生活をめぐる民族誌』風響社。

海津ゆりえ，2011，「エコツーリズムの歴史」真坂昭夫・石森秀三・海津ゆりえ編『エコツーリズムを学ぶ人のために』世界思想社，14-20。

吉田竹也，2013，『反楽園観光論――バリと沖縄の島嶼をめぐるメモワール』人間社。

第16章　スペインの巡礼路を歩く旅
——現象学的フィールドワーク

土井清美

　フィールドワークというと，場所や人を決めてそこに滞在したり，研究対象の活動領域に合わせて複数の地点を調べたりするスタイルが主流だ。しかしそれ以外にも今後の観光人類学において展開が見込まれるやり方がある。それが，研究対象となる人々の活動に同行し場所を移動しながらそのプロセス全体をフィールドワークする方法だ。例えばラフティングや多拠点居住，バリアフリー旅行やマイクロツーリズム(1)などをテーマとするときに本領を発揮していくだろう。

　なかでも本章では，スペインのイベリア半島北部の長距離道を歩いてゆく「巡礼者」を例に，道を歩いてなぞっていく過程そのものに焦点をあてたフィールドワークを紹介する。

　このフィールドワークでは，典型的な行動や多数派のやり方からではなく，経験できる範囲から分析や考察をする(2)フィールドワークのやり方が中心になる。

　以下，私なりに練り上げていったフィールドワークのあらましのほか，フィールドに行く前にたてた問いが覆される様子，たわいもない会話から発見できること，フィールドデータと概念とを対話させるやり方，フィールドで十分な調査ができない気がするときの考え方などについてQ＆A方式で書き進めていく。

1　フィールドとフィールドワークの概要

――フィールドの概要を教えてください。

　私のフィールドは，フランスとスペインの国境付近から大西洋近くまで続く「道」で，観光ガイドではカトリックの聖地サンティアゴ・デ・コンポステラへの巡礼路として知られ，道と町がともにユネスコの世界文化遺産に指定されているスペイン有数の観光地でもある（第5章の地図参照）。歴史的には，紀元前はケルト人やローマ人などが旅をし，中世の頃はキリスト教巡礼として栄えたのち，近世以降，宗教が退潮していくにつれ訪れる人の数は低迷していった。しかし20世紀の終わり頃から，信仰心とはあまり関係のない，しかし観光だとも言い切れないような徒歩巡礼がブームになっている。

　徒歩巡礼者は，道の全行程――距離にしてだいたい仙台から大阪まで――または一部を歩いてサンティアゴを目指す。欧州各地からの訪問者が多いが，アジア，南米，アフリカ，オセアニア各地からも，多様な言語を話し，多様な生活環境と年齢層，体格の人々が訪れる。彼らはその道沿いで出会った者同士，くだらない話やまじめな話をしながら，いろいろな風景や天候，苦痛を一緒に経験しつつ歩く。道沿いには，「巡礼者」向けのドミトリー形式の安い巡礼宿やレストランがあり，標識は数キロごとにたくさん立ち，必要となればバスもタクシーも使えるし，荷物だけを運ぶサービス，診療所，薬局もある。巡礼者が快適に歩き続けられるようインフラが整っている。

――当初はどんな問題意識を持ってフィールドに足を踏み入れましたか。

　私が初めてこのフィールドに足を踏み入れたのは，大学院で博士論文を書くための調査を始めるときだった。希望としては1年を通して調査地に滞在したかったが，私の場合はいろいろ事情があって，3ヶ月滞在しては一時帰国するのを4回繰り返すことになった。当初はどれくらいの期間をかけて調査するかについてあまり深く考えていなかった。出発前は，これまでのいくつかのサンティアゴ徒歩巡礼についての先行研究を再確認して，21世紀以降にあえて歩いてサンティアゴを目指す人の数がなぜ増えているのかを明らかにしたいと考えていた。しかし他方で，そもそも本当に何か書けることがあるのだろうか，失

敗に終わるのではないかとさえ思っていた。というのも，かなり前にサンティアゴ徒歩巡礼についての本格的な民族誌（Frey 1998）を書いた人類学者が，巡礼者の個別性を尊重して理論的な考察を拒否し研究と決別していたため，自分なりに後を引き継がねばという気持ちと，普通のフィールドワークをするだけではだめだ，という切迫感とがあった。調査に行く前には，巡礼ガイドブックを何冊か読み込み，いくつもの巡礼理論について学んだ以外にも，何かの役に立つかもと建築や絵画，人文地理学などの本も読み，長距離を歩けるように暇を見つけては山に登ったりもした。実際に役立ったものもあるし，あまり意味のなかったものもある。

　ところで，目的地まで何百キロも歩く旅というと昔の旅行様式と考えがちだけれど，それしか選択肢がなかった時代の歩く旅と，高速移動が可能になった時代の——しかもいつでもどこでも中断できる——歩く旅は別ものだ。とはいえ信仰があろうとなかろうと何週間も何百キロにわたって歩き続けるのはきついはず。そうなれば当然ながら次のような疑問が生じてくる。なぜあえて歩く人が増えているのか。どんな人が歩くのか。これまでのサンティアゴ徒歩巡礼についての研究では，近代化への抵抗，キリスト教とは違う新しい宗教運動（ニューエイジ運動）の興隆，行政や観光産業による誘致戦略など，いろいろな角度から説明がされてきた。つまりどうやら，何か大きな社会変化の影響で「サンティアゴへの道」を歩く人の数が増加しているらしい。

　しかし，いざ現地に足を踏み入れると，近代というものに抵抗する姿も，ニューエイジ運動に勤しむ姿も，誘致活動の罠に引っかかっている姿もほとんど観察できなかった。目に入ってきたのは，今晩の宿を確保するために猛烈なスピードで歩く人，潰れた足のマメの手当てをしてからまた歩き出す人，こっそりとバスに乗って距離を稼ぐ人，道中で出会って恋に落ち，サンティアゴへは行かずに新しく共同生活を始めようとする人などの姿だった。

　フィールドに足を踏み入れる前は，聖地への旅行が意味するところについてたくさん勉強したけれど，フィールドに身を置くにつれ，それよりも，歩くことや旅すること，そして道との関わり方や思考のあり方が中心的な研究テーマとなっていった。

2　自らの行動を周囲の状況に合わせていくこと

——巡礼者は，もっと便利な手段があるのに，なぜわざわざ何週間もかけて歩いてサンティアゴを目指すのですか。

　そのことについては，問い自体がフィールドでひっくり返された経験として紹介したい。調査を始めた頃，私は徒歩巡礼者に「なぜ歩いているんですか」とよくたずねた。すると彼らは一様に，冗談で混ぜ返すか，空々しい定型化したセリフで答えるかした。後にわかったことだけれど，彼らは動機やきっかけについては語れても，なぜ現在もなお歩き続けているのかうまく説明できないどころか，「なぜ」「何のために」といった問いが，歩き続けるうちに曖昧になるというか，重要でなくなってくるのだった。さらには，巡礼の目的地であるサンティアゴ大聖堂やその先の大西洋岸の岬まで無事歩き通した人々は，達成感を露わにするどころか，一様に目的地到達による徒歩旅行の「中断」を惜しむ言動をした。そうか，道を歩く過程で目的はどうでもよくなる，それがサンティアゴ徒歩巡礼なのだな。

　しかし事はそう単純でもない。歩く目的も目的地もそれ自体は重要ではないのに，彼らは任意の場所から必ず大聖堂のある西へ向かって歩く。大聖堂やその先の岬に到達した後もさらに旅を続けたければ，きびすを返して大陸の東へ日程の許す限り進んで行けるだろうに，そうする人は多くのリピーターを含め誰一人いない。彼らは好き勝手な方向ではなく，必ず西に向かって大西洋岸やサンティアゴ大聖堂を目指して歩き，そこに着けば飛行機やバスで自宅へひといきに帰っていった。「目的」の重要度は低くてもなお，永遠の流離（さすら）いではなく，ひとつの極としての終着点が必要なのだ。

　これを読んでいるみなさんもそうだと思うけれど，徒歩巡礼者は日頃，まわりの世界を記号におきかえて処理する効率的で合理的な生活をしている。建物のカタチ，道具の手触り，部屋のにおいなどをいちいち意識せず，到着までの時間，左右の位置関係，階数などを考える。そんな生活から——そんな生活だからこそ可能になる——余暇を使い，目的地までの過程に時間をかけることで，自分や他者のカラダやその動き，建物や天候や生き物，遠さとか涼しさ暑さと

いったあらゆる物質的な世界を堪能することになる。たとえ彼ら自身がそう意図していなくてもね。歩き進めるにつれて変化する身のまわりの世界とカラダとの関わりを終点に達するまで続けていく。私がこの理解に達した後，フィールドワークでお世話になった巡礼者たちにこのことについて話したら，みな同意してくれたので，これは少なくとも独りよがりの理解ではないと思う。ついでながら，フィールドで（フィールドから帰ってからでも）何か根源的に重要と思われる発見をしたら，フィールドの人々と共有するのは大切なことだと思う。

――徒歩巡礼というので，同じ苦痛を味わううちに連帯感ができたり宗教的な気持ちになったり，もっと歩き方とか身体にフォーカスした話になるかと思いましたが。

たしかに歩いていくうちに見知らぬ人同士でも助け合ったり，澄みきった気持ちになったりという語りをフィールドで見聞きしたし，そういう研究報告も実際にある。でもその反対もあって，避けあったり喧嘩したりもあったし，カトリックの教義では好ましいとされないこと，例えば有料の荷運びサービスを利用する姿や，年配の男性が若い頃のように「朝だち」するようになったことを喜ぶ語りを聞いたりもしたから，一概には言えない。

でもより重要なのは，そういった変化を引き起こす原動力をどこにみるかだ。個人の心の中や所属集団，あるいは現代社会にあると考えたり，歩く群衆のカラダにこそあると考える観点もある。変化を引き起こす原動力を経験できる範囲から考えるアプローチは，現象学的研究といわれている。現象学的研究では，カラダそのもの（の動きやカラダを介した関係）に注目するアプローチもあれば，機械とか湿気とか建物とか暗闇といった，取りまかれる世界との関わり方にフォーカスするというアプローチ[4]もある。カラダやその動きにズームインするのが前者でカラダの動きとそのまわりにあるいろいろなものとの関わりをズームアウトして見るのが後者だ。私がやっていたフィールドワークは，後者の現象学的アプローチの系統といえる（フィールドワーク中には気づかなかったけれど）。現象学というと何やら小難しく聞こえるけれど，抽象的に論理を組み立てるのではなく，自分の体験に置き換えて具体的に考えると意外とわかりやすい部分も多い。

――でも観光は文化社会経済など多面的な現象だし，多岐にわたるアクターが

連携して成立する活動でもあるわけなので，そういう見方だと視野が狭くなってしまうと思うのですが。

　誤解しないでほしいのは，経験の及ぶ範囲といっても半径数メートルということではない。遠くの景色，かすかに聞こえる音，写真や動画で知る世界，SNS でシェアされる嘘か真かわからない出来事，さらに夢だって経験される世界だ。大事なのは，地理的な範囲，客観的に把握できる複雑な組織活動を高みから捉えることだけが視野を広げる方法ではないということだ。

　私たちが学校で身につけてきた近代的思考というのは，自分自身のカラダの感覚よりも，顕微鏡やメジャー，時計，計算機など装置を通して明らかになった客観的なものごとの正当性に価値をおく。だからどんなに勉強が苦手な人であっても，カラダの感覚（遅いとか見えないとか）という自然よりも，計測され記録された自然（科学）の妥当性や価値を重視するし，それが現代人の共通認識となっている。現在まで主流となっている観光研究でもそれに似たような構図が前提となっていて，人間が作り上げてきた文化社会的領域と，それを手伝ったり阻害したりする材料としての生き物や土地建物（環境）とを切り分けて考え，社会的でも生理的でもあるカラダの感覚についてはそこまで重要なこととして扱ってこなかった。自分のカラダをあたかも観測装置のようにして社会の領域または物理的環境を厳密に区別して見るか，感覚や情動のようなカラダ自体の自然性をも含めて経験できること全般を見るか，近代的思考と現象学的研究それぞれが大切にする視点の違いはそこにある。

───ところでフィールドワーク中は，特定の人にずっとついて歩いたんですか，それとも次々と変えていったんですか。

　よそ者として現地入りしたフィールドワークでは，まずその土地の長のような人から話を聞くのが一般的だ。でも観光業に携わる人々を調査する場合，むしろそういう人たちよりも体力や風貌において観光に適した比較的若い人が現場で活躍していたりする。だから，いわゆる「生き字引」のような人から話を聞くことが必ずしも一番収穫のあることではないかもしれない。

　私の経験を話すと，特定の人と何週間もずっと一緒に過ごしたりもしたけれど，やむにやまれず一日だけとか数時間だけ一緒に歩いたり，さらには１人きりで何キロも歩いたりした。そうしようと計画していたわけではまったくない。

いくら脚力に自信があるとはいえ，数ヶ月分の生活道具のほかにノートパソコンやカメラなどの調査道具を背負ってもなおコンスタントに毎日何十キロも歩き続けるほどではない。旅程の決まっているグループに随行したときには数日で体力が尽きておいていかれた。また，調査対象がいないのに歩くのは意味がなかろうと，人を見かけたときだけ歩くこともやってみた。すると，次々現れる初対面の人々とでは形式的なこと以上は話が進まなかった上，人との出会いに応じて休んだり歩いたりを繰り返すと，私自身の調子が乱れてスタミナが続かなかった。ひとつの宿に逗留して，やって来る巡礼者に対面インタビューを試みるも，迷惑がられているのがよく伝わってきた。悩んだすえに学んだのは，似たペースで歩く巡礼者たちと歩き続け，一緒に料理を作って食卓を囲み，隣のベッドで寝，靴ずれや寝不足を自慢し合うことを繰り返すという方法でしか，巡礼路上の彼らの日常や出来事を捉えることはできないということだった。人と一緒に場所を移動しながらそのプロセス全体を捉えるという方法は，言い換えれば，自分のカラダの動かし方を，移り変わる周囲の状況に合わせて変えていくフィールドワークともいえる。

3　観光と巡礼
—軽い話の重さ—

——いわゆる観光ではなく巡礼なので，濃い話や深い話はいろいろ聞けましたか。

　それについてはふたつの側面から答える必要があるかもしれない。まずひとつ目として，軽薄な観光と真面目な巡礼という対比は少し短絡的かもしれない。この「サンティアゴへの道」は，スペインを紹介するどの観光ガイドブックにも掲載されている有名観光スポットだ。ではここを訪れるのは「観光」だろうか。クルーザーをチャーターして東京湾からの眺めを楽しんだ後の海洋散骨，大好きなアニメの舞台へ実際に足を運んでみること，あるいは歴史的なところでは古市遊郭を誕生させたお伊勢参りのうち，軽薄なものはどれだろうか。観光と巡礼のあいだに，切実さや商業性，目的地の歴史的背景などによって線引きをすることはできない（Eade and Mesaritou 2018）。

　もうひとつ大事なことがある。情報量の多い身の上話は価値があり，たわいない話は参考にならないというわけでもない。例えば，日本から来て人類学のフィールドワークをしている，と私が言うと，欧州キリスト教史を講釈してくれたり，巡礼に出発するまでの苦悶に満ちた人生を録音するよう促してくれたりする人たちもいる。こんな大変な目にあったけれど乗り越えてきたという「英雄譚」はどこでも耳にした。でもこれらは結局，民族誌や論文を書くときにはほとんど役に立っていない。

　反対の「軽い話」も，フィールドワークでは重要だ。例えば「今朝，巡礼者じゃない人が宿から出るところでね」という何気ない会話の出だしだけでも，フィールドワーク上の発見が詰まっている。世界中から人が訪れるこの巡礼路で，みな同じ格好（いろいろな顔つきと体形の人たちが似たようなＴシャツ，ズボン姿でザックを背負っている）をしているのに，どのように巡礼者とそれ以外を区別しているのかを知る手がかりが得られるからだ。そこで私は，巡礼宿から出てきた人なのに，どうやってその人が「巡礼者」じゃないってわかったの，とたずねた。すると，「だって朝，反対方向に出てったんだもん」と話す。巡礼者であれば，夕方なら宿の玄関から散歩などでさまざまな方向へ出かけていくが，朝ならみなサンティアゴを目指して西へ出発するはず。宿から東へ向かって出かけるなら「巡礼者」ではないのだ。ある特定の時間帯と進行方向が重なったところで「巡礼者」か否かの判別がなされるということが，話し手の「軽い」語りからわかってくる。複雑で情報量の多い話だけでなく，口をついて出た言葉もまたフィールド全体の理解と合わさることで大きな収穫になることがある。

──巡礼宿に巡礼者ではない人が泊まっていいんですか。

　それに答えるにはこのフィールドで使われている，「巡礼」という語について少し説明する必要がある。さっき，サンティアゴ・デ・コンポステラまであえて歩いて旅する人が最近増えている，と言ったよね。しかも宗教的動機からでは必ずしもない。辞書的，そして一般的には，巡礼とは宗教的な中心地（聖地）を目指す宗教的行為，とされている。でもこのフィールドでは，信仰心が篤い人ほど，鉄道や飛行機，バスや車でサンティアゴ大聖堂へ行く。対して，何百キロも歩く人の多くはカトリックにほとんど関心がない。余暇を使って巡礼路へやって来てお金を落とし，撮影し，記録し，偶発的な出来事を愉しんで

いるという点で，やっていることはトレッキングやふつうの旅行とほとんど変わらないので，客観的には彼らを旅行者とか観光客とよんでもさしつかえないだろう。でも歩く彼らは自分たちを「巡礼者 peregrinos」だと自認しているし，道沿いの巡礼宿の主人，レストランやバルで働く人，住民も，サンティアゴへ向かって歩く人たちを「巡礼者」と呼んでいる。このフィールドでの「巡礼者」という呼称は，宗教心はどうであれ，サンティアゴへ直行しない人，歩いて西へ旅する人という意味が込められている。フィールドでの語義は一般的な語義とも学問的な語義とも違うことを覚えておこう。ところで巡礼宿には巡礼者以外も泊まれるか，という質問への答えだけれども，1ユーロで買える巡礼者用パスポートというものを所持してさえいれば，どんな目的を胸に秘めていたとしても（外見からはわからないから），たいていの巡礼宿で一泊5ユーロから10ユーロで泊まることができる。

──ということは，「だって朝，反対方向に出てった」巡礼者じゃない人というのは，どんな人なのですか。

　頭からベールをかぶっている女性などは例外として，普通，見かけでは信仰や心づもりはわからない。この現実はきちんと自覚しなくてはいけない。この道沿いの巡礼宿はホテル等を除けば，先に触れたように，ドミトリー式でとても安く，サンティアゴを目指す人以外にも，道沿いの畑で収穫や建設工事の手伝いなどをしながら日銭を稼いでいる人たちも利用している。ちなみに，さっきのエピソード（事例）で注意を払いたいのは，話にでてくる人が本当に巡礼者かどうかということではなく，巡礼者とそうではない人の区別はどのようになされているのか，というところにある。その答えは会話のやり取りの中にはないことも多い。フィールドであれこれ歩きまわったり，脇にいる人々のやっていることを真似したり，家に帰って片づけなどをしたりしているときに，ふとフィールドに対する全体的な理解とカチっとパズルが合うことがある。それがこの「今朝，『巡礼者』じゃない人が宿から出るところでね」という何気ない「軽い会話」の意義だ。くれぐれも，今のセリフは民族誌のいいキーワードになるぞ，みたいに言質をとるようなインタビューに終始するのはやめておこう。

──観光と巡礼は実体として区別されるものではないということがわかりまし

た。でも，巡礼パスポートがあるということは発行元がある，ということですよね。管轄は教会ですか。巡礼者と教会の関係を教えてください。

　発行元から管轄を考える，目のつけどころがいいね。巡礼パスポートは，30年以上前にサンティアゴ巡礼路愛好会がスペイン国内外で結成されて，その愛好会が教会にかけあって作られた。立ち寄った宿や教会に置いてあるスタンプを，そのパスポートに押していく。フランスから歩いてきた人や少しずつ区切りながら歩く人などはスタンプ欄がいっぱいになって二冊持っていたりする。サンティアゴ大聖堂脇の巡礼事務所では100km 以上歩いて来た人に証明書を発行しているけれど，この巡礼全体を統括している組織は存在しない。背景にはスペインの地方自治や観光政策が大きく関係しているのだけれど，巡礼者と教会の政治的な関係について，経験できるところから見ていくとなかなか興味深い発見がある。

　教会は，徒歩巡礼者が最後の100km さえ歩けば，カトリックが重んじる伝統や肉体的犠牲を満たしたとして巡礼証明書を授与する。それなのに多くの巡礼者は，基準となる100km よりもずっと長い距離を自らすすんで歩いて，苦痛を伴う長い時間を堪能し到達の満足感を先延ばしにする。証明書はたしかに記念になるけれど，それを手にすることが目的ではない。哲学者のジル・ドゥルーズは，快の手前にとどまって苦痛をゆっくりと味わうさまを，「マゾヒスム」と呼んだ（Deuluze 1967=1973）。これはよく知られている特殊な性的嗜好を指すサド・マゾ（嗜虐者と被虐者のセット）とはだいぶ違う概念なので，興味のある人はぜひドゥルーズの本を読んでみてほしい。難しいことはさておき，この「マゾヒスム」においては，苦痛を課す側は頼まれるとしぶしぶと痛みの機会を与える。相手のペースを考えずにどんどんエスカレートしていくサディズムの反対だ。ドゥルーズはマゾヒスムを期間限定の契約的関係，サディズムを期限のない制度的関係と特徴づけた。(8) 興味深いことにサンティアゴへの道での巡礼者と教会の関係には，マゾヒスム的と言っていい特徴がある。巡礼者は教会が課す巡礼証明書に必要な最低歩行距離よりも長い距離を過剰なほどに時間をかけて歩き，なかなか到達しない。その過程で土地ごとにワインを愉しんだり，入念に身体のケアをしたりする。ゴールすれば列車や飛行機でひとっ飛びに帰宅する。そうやって教会が設定したルールに対して，やり過ぎるほどま

で服従しながらカトリック的精神（伝統や肉体的犠牲）を骨抜きにしてしまう。他の人と一緒にカラダを使いながら，その移動のプロセス全体をフィールドワークするからこそ見えてくる政治的な一例だ。

4　フィールドワーク上の不全感をどう扱うか

——ところで，世界中から来ている巡礼者に対して言語の問題はどうクリアしたんですか。

　結論から言うと，世界190の国と地域から人が訪れるフィールドでありながら，自分の語学力ではスペイン語，日本語，英語しか使えなかった。フィールドへ出発する前に，中級程度のスペイン語は学んでいたけれど，よほど語学の才のある人でなければ，何言語も駆使するのはあきらめるしかない。特定の言語を話す人だけを選んだ調査もあるだろうけれど，このサンティアゴへの道というフィールドの特徴は，半数以上がスペイン国外の各地から来ていることにある。そのことを考えたとき，はじめから特定の言語で調査対象を絞ることは間違っているような気がした。話せないことはそれとして受け止めつつも，話せない人とも関わろうとする姿勢は大切だと思う。ある日，一日中一緒に歩いた相手がイタリア語の話者で，こちらはスペイン語を話し，一緒に歩きながら笑い，泣き，食事をとったりしていたのに，寝る前に会話を振り返ると，相手が正確には何と言い，いったいどうやって会話が成立していたのかわからず，結局フィールドノートには「違う言語でずっとおしゃべりした」としか書けなかった。でもその経験もまったく無駄ではなくて，違う言語の話者であっても一緒に旅を続けるケースがたくさんあることがわかった上，使う言葉や気が合う以上に，歩調が合うことの重要さを学ぶいい機会だった。話せる言語の数といい，歩くペースといい，人間の能力は有限であり，あらゆる制約を受け止めてその範囲でフィールドワークをやるしかないということも学んだ。野良犬に咬まれれば中断して病院で治療を受けなくてはいけない。「べき」とか「しよう」といった調査者の主体的な意志のようなものはどんどんフィールドで直面する現実の後ろにさがっていく。まさにこれが周囲の具体的状況に合わせていくフィールドワークそのものといっていい。

——計画通りにいかないフィールドワークをする上での不全感に対しても，あらかじめ腹をくくっておくほうがいいんですね。

　腹をくくるとはちょっと違うと思う。研究対象に対して自分の視点を打ち立てるのではなくて，取り巻かれる世界のなかにある視点を引き受けること(9)，これがこの章で紹介する現象学的なフィールドワークで大切なポイントだ。フィールドワークでは，たとえ調査者が自分で意識していなくても，何らかの哲学的前提のようなものに影響を受けている。フィールドでの出来事について，複数の人が同じようなことを言っていたなら初めて「本当にあった出来事」として認めることができるとする立場もあれば，調査対象となるの人々の思考の傾向を社会背景から解き明かそうとするという立場もある。他にも，ある集団的傾向をその内部と外部の両方から調べようとする立場などがある。いずれもこれまで文化人類学で重要視されてきた調査方法であり，哲学的前提だ。これまで，できるかぎり諸々の制約を克服して何らかの理解に達することが多くの学問分野で重要視されてきた。しかし克服するのではなく，道を歩いていく過程で次々と出現する制約のただ中に調査者の目，議論の軸をおくのもひとつの哲学的前提だ。「できない」とか「思わずそうしてしまう」という経験は，自分の意志の弱さだけでなく，そう経験させる周囲の世界の具体的な作用との「摩擦」の中で生まれうる。特に慣れない場所に身を置くことになる観光というトピックを扱う場合，その作用に目を向けるのも大きな収穫をもたらすだろう。

——フィールドワークで思うように事が進まなくても自分を責めないことと，哲学的前提のつながりがよくわかりません。もう少し詳しい説明をお願いします。

　たしかにわかりにくいかもしれない。できるだけかみ砕いて説明しよう。さっき触れたように，現在主流のフィールドワークでは，人間という主役が立ち上げた「いろいろな意味を持った社会的な世界」と，「意味や役割を与えられるのを待っている物質的な領域」を区別して調査を進める姿勢がベースにある。あたりまえすぎてこれを意識すらしていない人も多い。観光人類学も出発点にさかのぼれば，自然から生み出された多様な文化を鑑賞する観光現象を，文化社会的領域から説明してきた。強い言い方をするなら，そこでの建物や森，海

といった場所は，人間がブランド化し管理し利用する，道具や舞台背景のような扱いだ。このアプローチではある特定の立場や動作主（主語）が何をしているか（述語）という問いを立てる。

　ところが，現象学的にみるフィールドワークでは，社会であろうが自然であろうが，フィールドがあなたのカラダに投げつける制約や衝撃をそれとして受け止めるものとなる。たどりつけない，動けない，思わず引き込まれる，呆然とする，気になる，こうした困難とか衝動は，注意深くみると，意図や情動，あるいは物質的なものやカラダの外と中の境界がせめぎ合っていたり，混じりあっていたりする状態だ。ここで大事なのは，フィールドワークを強い意志でやり通すことではなく，さまざまな条件や制約を受け止めながら，フィールドで生起する出来事の輪郭を探り当てることだ。

5　フィールドワークはたんに知りたいことを知る方法ではない

──フィールドワークで意外だったこととしてどんなことがありますか。そこからどんな発見をしましたか。

　フィールドへ出発する前に，巡礼記や民族誌を読んで，てっきり「気まま旅」だと想像していたけれど，現場はまったく違った。目的地のある西の方角へ引っ張られているというか突き動かされているというか，「散歩」よりもはるかに速いペースで誰もが歩き進んでいた。徒歩巡礼者自身も，歩くことを「行進」とか「競歩」と会話や日記のなかで表現していたりするので，自覚していることだと思う。比較的起伏の少ない地形であること，ほぼすべての巡礼者がひとつの方向に進んでいること，特に夏場は人が多いので，「満室」になる前に今夜の空きベッドを確保したいこと，陽射しが強くなる前，朝のうちにできるだけ進んでおきたいこと，目的地の方向はわかるものの遠すぎて見えないこと，進むべき道を示した矢印や道標が数分おきに目に入ることなど，身体，太陽，目的地，地形，配置物といった物質的なものごと全体の動きや現れが徒歩巡礼者を足早にさせつつ，でも同時にそれら全体が，目的地に直行はさせない独特の張力のようなものを働かせていることがわかった。

──「思い通りにいかない」こと自体がフィールドワーク上の発見の種になる

のはわかりました。でも，旅行する人って，期待した通りの出来事を経験した
がると思いますけれど。

　これまでの観光全般の研究によれば，リスクを取りたがる冒険好きの旅行者
もリスクを避けたがる旅行者もいて，観光産業は両方の要望に応じる形で発展
してきた。それについては，フィールド固有の特徴をその都度考えなくてはい
けない。サンティアゴへの道では，良かれ悪しかれ自分の想像を超える出来事
に遭遇することを楽しみにする姿勢がみられる。だからこそ，バスや鉄道では
なく，あえて周囲の環境にカラダを晒すような手段で旅をするのだろう。彼ら
の多くはもし靴ずれがあちこちにできて途中の村で歩けなくなってしまっても，
多くの場合はバスに乗らずに，何日かその村に逗留してよくなるまで待つか，
ペースを落として歩き続ける。他方で，別に禁止事項でもないのに，申し訳な
さそうにこっそりとバスに乗る徒歩巡礼者も少なからずいる。堂々とではなく，
「こっそり乗る，バスでは車窓に目をやらずに沈黙する」という慣わしからも，
思い通りにいかない徒歩旅行を続けさせるゲーム大会のような力がこのフィー
ルド全体に充満しているといえるかもしれない。

──フィールド全体の特徴というのは，フィールドワークの過程でだんだん見
えてくるものなんでしょうか。

　きっとそういうケースも多いだろう。でも私はいつも歩きながら移動してい
ることが多かったから，根本的に重要なことも含めた全体的な理解は，どちら
かというとフィールドから帰ってしばらく経った後かもしれない。長期的なフ
ィールドワークをやれば誰もがそうなるものだけれど，帰宅後しばらくのあい
だ私は，フィールドで出会った人たちの語りやフィールドでの出来事が頭の中
から溢れそうになっていて，早く何か書かなくちゃいけないという気持ちと，
とても「彼ら」についてまとまった文章にできないという気持ちで苦しんだ。
焦る私を見て，しばらくフィールドのことは寝かせておくといいよ，と言って
くれた人がいたけれど，それは本当だった。もちろん今でも，ひとつひとつの
出来事はスポット的に鮮烈に思い出されるけれども，まるで点描画のように，
フィールドワークから時間的にも空間的にも離れてゆくにつれて，考えをめぐ
らさなくても，全体像のようなものが勝手に立ち上がってきた。

6　フィールドの内外ではなく遠近

――調査対象に近づいた後，フィールドから離れて時間がたつと見えてくるということですね。

　まさにその通り。フィールドワーク上の悩みでよく耳にするのが「あまり深く相手の世界に入ってしまうと，客観的に見られなくなってしまう」というもの。よくわかる。でもこれはどのような前提の悩みかというと，社会文化的に色づいた調査対象の内部世界と，その外部にシラフな世界があるということを前提とした悩みだ（イーミックとエティック）。もちろんこの考え方は今日の文化社会研究でも一般的に取り入れられていて，間違っているというつもりはない。けれど，多様な文化社会の中を覗いたら，いったんそこから抜け出してニュートラルな（科学的な）地点から報告すべきことをピックアップするという考え方は近年一部の人類学者のあいだで批判されてもいる。内部と外部ではなく，「一風変わったフィールド（場所）に身をおいたカラダを通してみえてくる世界」を近くから見たり，遠くから眺めたりという作業こそがフィールドワークではないだろうか。たしかに客観的であることは物差しのひとつとして重要だが，すべてを説明するものではない。自分の個人的な体験を自分なりに料理してストーリーを作るのも違うし，自らの身体を観測装置のようにして調査対象を突き放して考えたり，神のような視点から「外部世界」に向けて解説するのもフィールドワークの最大目標ではない。「思っていたのと違う」経験からわかることについて触れたよね。ちっとも客観的じゃないけれど，カラダをフィールドに浸した経験があればこその，他の巡礼者に話せば共感してくれる，思い違いようのない発見というものもある。

――でも客観的な根拠のようなものがないと学問とはいいにくいというか。

　先にも触れたように，監視カメラや気象情報などに日常的に接するなかで，計測器を通した観察はカラダを通して経験した理解よりも正確であるという合理的な考え方が，私たちの思考様式に浸透している。人類学も経験的な科学だから，そこから完全に自由になることはないと思う。

　でも話題を観光にもどすなら，旅行に出かけるというのは，未来に設定した

目標のための予約や計画といった合理的な準備が不可欠でありながら，同時に，慣れない場所で何か新しい実感を味わうためにわざわざ体力と時間とお金を使うという合理的とは言えない行為でもある。しかもその奇妙な行為が今日，広範囲の職業に大きなインパクトを与えている。そんな現象を理解するには客観主義的な方法だけではうまくいかない。観光に伴う多様な「動き」を動きながら体感し，移動プロセス全体をフィールドワークすることをお勧めしたい。この方法はより発展的には，そもそもなぜ旅をするのかについて，心理や本能，歴史，社会現象とは別の，見知らぬ場所とカラダの関係から明らかにする企てへとつながっていく。日々立ち現れる新しい観光現象を分析するだけでなく，観光現象という素材を使って，私たちの地上でのひとつの生き方／過ごし方／存在の仕方を探るのも観光人類学のおもしろさではないだろうか。

> ### 考えを深めるために
>
> 1）これまでに出かけた旅行，イベント会場や友人の家や校舎，なんでもいいので，見慣れぬ場所に初めて足を踏み入れたときのささいな光景，目に飛び込んできたもの，聞こえてきた音，ニオイ，話し声などをできるだけたくさん書きだしてみよう。より鮮明に覚えているものについては，できるだけ正確に描写してみよう。くだらなければくだらないほどいい。そのとき撮影した写真や動画を見返すのもおすすめだ。メモを取りにくかったら，頭の中でスライドショーを繰り返し流すだけでもいい。そのときのカラダの感覚（広かった，涼しかった）などもメモしてみよう。
> 2）一般的に1）での記憶は「個人的な回想」とか「主観」と名づけられがちだ。本当にそうだろうか。難しいかもしれないが，トレーニングと思ってその考えを封印し，それらは自分の「個人的経験＝思い込み」ではないという前提に立ってみよう。そしてその前提を正当化するための説明をしてみよう。

注
(1)　マイクロツーリズムとはコロナ禍で低迷する観光業界を活性化させるため提唱された，近場を旅行するスタイルである。
(2)　近年，「存在論的転回」のもと人類学では，調査対象となる人々の固有の信念ではなく，彼らの実践における世界のあり方そのもの（存在論）を捉える試みが一部で隆盛している（久保 2016）。本章は，観察したことを信念の現れではなく現実そ

のものとして受け止める点においてその方向性に与する。ただし本章は世界との身体的関わり方によって新たに立ち現れるものを生成的に捉える方法，意味の論理や差異の生産といった関係項からすり抜けてゆく生を捉える方法である点において「存在論」から離れるため，便宜的に「現象学的フィールドワーク」という語を用いている。ただし本章で示す観察の仕方は，カメラワークに喩えるならズームバックしてトラックで撮るやり方なので，厳密には現象学とは異なる。特に観光という，ここにはまだないものへ向かってゆく活動的なトピックの場合，（絶えず更新されるとはいえ）より静的な「存在」よりも動的な「生成変化」や作用を捉える視座，そして身体の物質性や情動，周囲との関わり方への視座が重要になると考える。そうした考えのもと本章では，イメージ的なフィールドワーク（箭内 2018）や「住まう観点」（Ingold 2000）から想を得たフィールドワークの仕方を紹介している。また，本文では，物質としての身体と生きられる身体を区別せず，抽象的な印象を与えがちな身体（しんたい）ではなく，感官や血肉をもつ身体を効果的に想起してもらうため，便宜的に「カラダ」（cf. 池井 2008）という語を主に用いる。

(3)　本節と次節は，土井（2017）で述べた内容を下地としている。

(4)　フェルグンストはこれを空間と環境の現象学と呼ぶ（Vergunst 2018）。

(5)　この存在論的二元論については，久保（2016），Ingold（2000）などに詳しい。

(6)　この部分はいくぶん問題提起を示唆している。観光産業に従事する労働者に対して自らの感情や外見の制御や管理を賃金の対価として提供する「感情労働」や「美的労働」などの題が指摘されている。

(7)　pilgrimage（巡礼／遍歴）の語源は，ラテン語で「野原を経めぐる」という意味の *per ager* とされる。これは巡礼という語には元来宗教的中心地への旅行という含意はなかったことを意味する。

(8)　ドゥルーズは苦痛を，快楽という決定的状態に至る手前の状態として捉える。また契約的関係と制度的関係について，前者は，双方の意志の一致，一定の期限において有効な関係とし，後者を期間の制限のない権威と地位の構成要素と特徴づけている。詳細については土井（2015：172）を参照のこと。

(9)　これをティム・インゴルドは「住まう観点」（Ingold 2000：42）と呼び，人類学が新しくよって立つべき視座として主張している。そのほか，唯心論的存在論，間主観性，エティック・イーミックが抱える問題性についても論及している。

(10)　西欧の近代以前の学問の中心的課題は人間よりも人知を超えた神を問うことにあった。しかし神の権威が失墜したのち，代わって人間が万物の主役として躍り出ることになり，リベラル・アーツでは人間の開放を目的とした人間中心主義が前提とされるようになった。こうした人間中心主義的前提は現在批判され，新たに興隆している学問的前提には，地球との関係における人間，事物との境界が曖昧な身体と

いった考え方がある（湖中2020）。

⑾　観光におけるリスクや，不確実性とその志向性については Williams and Baláž（2014）を参照。

⑿　もともと言語学で用いられていた造語。前者は研究対象の文化の成員として，その集団内部における価値やコードをふまえる視点，後者はそれに通文化的な視点を加え両面から捉えることで各文化間の認識の差異を（しばしば客観的かつ科学的な説得力をもって）把握できるという前提に立つ。いわゆる「存在論的転回」（cf. 久保 2016）の流れにおいては，この前提は当然のごとく否定される。

⒀　こうした普遍的自然に対する多様に構築される文化という前提への批判，そして新しい存在論的な問いへの志向については，現代思想編集部編（2017）の特集を参照のこと。

⒁　立ち現れる現実を，自らの身体を媒介として理解するプロセスとしてのフィールドワークの理論的，学説史的説明に関しては箭内（2018）を参照のこと。

文献

Deleuze, Gilles,1967, *Présentation de Sacher-Masoch: le froid et le cruel*, Editions de Minuit.（蓮實重彥訳，1973，『マゾッホとサド』晶文社。）

土井清美，2015，『途上と目的地――スペイン・サンティアゴ徒歩巡礼路　旅の民族誌』春風社。

土井清美，2017「長距離道における調査方法の紆余曲折」『Field+：フィールドプラス　世界を感応する雑誌』17：18-19.

Eade, John and Mesaritou, Evgenia, 2018, "Pilgrimage", *Oxford Bibliographies in Anthropology*.（https://www.oxfordbibliographies.com/view/document/obo-9780199766567/obo-9780199766567-0195.xml）.

Frey, Nancy 1998, *Pilgrim Stories: On and Off the Road to Santiago, Journeys Along an Ancient Way in Modern Spain*, University of California Press.

現代思想編集部，2017,「総特集　人類学の時代」『現代思想』45(4)。

池井望，2008,「生物学と人類学からみたスポーツ」池井望・菊幸一編『からだの社会学――身体論から肉体論へ』世界思想社，29-64。

Ingold, Tim, 2000, *The Perception of the Environment*, Routledge.

湖中真哉，2020,「人新世時代のものと人間の存在論」大村敬一・湖中真哉編『「人新世」時代の文化人類学』NHK 出版，101-115。

久保明教，2016,「方法論的独他論の現在――否定形の関係論に向けて」『現代思想』44(5)：190-201。

Van Gennep, Arnold, 1909, *Les rites de passage*, Emile Nourry.（綾部恒雄・綾部裕子

訳, 1977, 『通過儀礼』弘文堂。)

Velgunst, Jo, 2018, "Phenomenology of Space and the Environment," *The International Encyclopedia of Anthropology*, Wiley Online Library"（https://onlinelibrary. wiley.com/doi/epdf/10.1002/9781118924396.wbiea2012）.

Williams, Allan and Baláž, Vladimír, 2014, "Tourism Risk and Uncertainty: Theoretical Reflections," *Journal of Travel Research*, 54(3)：271-287.

箭内匡, 2018, 『イメージの人類学』せりか書房。

索　引

(＊は人名)

294

《**執筆者紹介**》（執筆順，＊は編著者）

＊**市野澤潤平**（いちのさわ・じゅんぺい）　はじめに・第1章・第2章・第3章

　　1971年　東京都生まれ
　　2010年　東京大学大学院総合文化研究科博士課程単位取得退学
　　現　在　宮城学院女子大学現代ビジネス学部教授
　　主　著　「ダイブ・コンピューターと減圧症リスク——観光ダイビングにおける身体感覚／能力
　　　　　　の増強とリスク認知」『国立民族学博物館研究報告』43(4)，2019年。
　　　　　　「ゲストのセキュリティ化——「リスク社会」を生きるプーケット在住日本人ダイビン
　　　　　　グ・ガイドの観光人類学」『観光学評論』6(1)，2018年。

＊**碇　陽子**（いかり・ようこ）　第1章・第2章・第3章

　　1977年　福岡県生まれ
　　2012年　東京大学大学院総合文化研究科博士課程単位取得退学，博士（学術）
　　現　在　明治大学政治経済学部専任講師
　　主　著　『「ファット」の民族誌——現代アメリカにおける肥満問題と生の多様性』明石書店，
　　　　　　2018年。

　土井清美（どい・きよみ）　第4章・第16章

　　1976年　東京都生まれ
　　2013年　東京大学大学院総合文化研究科博士課程修了，博士（学術）
　　現　在　二松学舎大学文学部准教授
　　主　著　『途上と目的地　スペイン・サンティアゴ徒歩巡礼路　旅の民族誌』春風社，2015年。
　　　　　　Ready-to-Hand and Out-of-Reach: Sensory Experiences of the Landscape Along the
　　　　　　Camino de Santiago, *Japanese Review of Cultural Anthropology*, 21(1), 2020.

　吉井千周（よしい・せんしゅう）　第5章

　　1972年　鹿児島県生まれ
　　2012年　鹿児島大学大学院人文社会科学研究科博士後期課程修了，博士（学術）
　　現　在　都城工業高等専門学校一般科目文科准教授
　　主　著　「固有法の適応と変容——在米モンコミュニティの誘拐婚を事例として」『アジア法研究
　　　　　　2015』9(1)，2016年。
　　　　　　Divided Community by Information Media: A Case of Japanese Community in Thai-
　　　　　　land, *Journal of Business Administration and Languages*, 4(2), 2016.

　伊藤泰信（いとう・やすのぶ）　第6章

　　1970年　福井県生まれ
　　2001年　九州大学大学院比較社会文化研究科博士課程単位取得，博士（比較社会文化）
　　現　在　北陸先端科学技術大学院大学（JAIST）先端科学技術研究科教授
　　主　著　『先住民の知識人類学——ニュージーランド＝マオリの知と社会に関するエスノグラフ
　　　　　　ィ』世界思想社，2007年。
　　　　　　「エスノグラフィを実践することの可能性——文化人類学の視角と方法論を実務に活か
　　　　　　す」『組織科学』51(1)，2017年。

鈴木涼太郎（すずき・りょうたろう） 第7章
　1975年　新潟県生まれ
　2008年　立教大学大学院観光学研究科博士課程後期課程修了，博士（観光学）
　現　在　獨協大学外国語学部教授
　主　著　『観光という〈商品〉の生産──日本〜ベトナム　旅行会社のエスノグラフィ』勉誠出版，
　　　　　2010年。
　　　　　『観光のレッスン──ツーリズム・リテラシー入門』（共著）新曜社，2021年。

越智郁乃（おち・いくの） 第8章
　1978年　愛媛県生まれ
　2010年　広島大学大学院社会科学研究科修了，博士（学術）
　現　在　東北大学大学院文学研究科准教授
　主　著　『動く墓──沖縄都市移住者と祖先祭祀』森話社，2018年。
　　　　　『フィールドから読み解く観光文化学──「体験」を「研究」にする16章』（共著）ミネ
　　　　　ルヴァ書房，2019年。

鍋倉咲希（なべくら・さき） 第8章
　1993年　神奈川県生まれ
　2017年　立教大学大学院観光学研究科修了，修士（観光学）
　現　在　立教大学大学院観光学研究科博士後期課程
　主　著　「観光によるアート概念の再編成──マレーシア・ジョージタウンのストリートアート
　　　　　を事例に」『観光学評論』6（1），2018年。
　　　　　『社会学で読み解く文化遺産──新しい研究の視点とフィールド』（共著）新曜社，2020
　　　　　年。

安藤直子（あんどう・なおこ） 第9章
　1975年　岩手県生まれ
　2003年　お茶の水女子大学大学院人間文化研究科博士後期課程修了，博士（社会科学）
　現　在　東北福祉大学総合マネジメント学部教授
　主　著　「観光人類学におけるホスト側の『オーセンティシティ』の多様性について」『民族學研
　　　　　究』66（3），2001年。
　　　　　『観光文化学』（共著）新曜社，2007年。

堂下　恵（どうした・めぐみ） 第10章
　1973年　大阪府生まれ
　2005年　東京大学大学院総合文化研究科博士課程単位取得退学，博士（学術）
　現　在　多摩大学グローバルスタディーズ学部教授
　主　著　『里山観光の資源人類学──京都府美山町の地域振興』新曜社，2012年。
　　　　　「世界遺産・富士山のレジリエントな文化的景観──三保松原という視座」『文化人類
　　　　　学』85（2），2020年。

内尾太一（うちお・たいち） 第11章

1984年　岡山県生まれ
2017年　東京大学大学院総合文化研究科博士課程修了，博士（国際貢献）
現　在　麗澤大学国際学部准教授
主　著　『復興と尊厳――震災後を生きる南三陸町の軌跡』東京大学出版会，2018年。
　　　　"A Comparative Study of Moai Tourism between Minami Sanriku Town and Easter Island," 『麗澤大学紀要』102，2019年。

田中孝枝（たなか・たかえ） 第12章

1984年　埼玉県生まれ
2015年　東京大学大学院総合文化研究科博士課程修了，博士（学術）
現　在　多摩大学グローバルスタディーズ学部准教授
主　著　『日中観光ビジネスの人類学――多文化職場のエスノグラフィ』東京大学出版会，2020年。
　　　　『フィールドから読み解く観光文化学――「体験」を「研究」にする16章』（共著）ミネルヴァ書房，2019年。

＊東　賢太朗（あずま・けんたろう） 第13章

1976年　愛知県生まれ
2004年　名古屋大学大学院文学研究科博士課程後期課程単位取得修了，博士（文学）
現　在　名古屋大学大学院人文学研究科准教授
主　著　『リアリティと他者性の人類学――現代フィリピン地方都市における呪術のフィールドから』三元社，2011年。
　　　　『リスクの人類学――不確実な世界を生きる』（共編著）世界思想社，2014年。

小河久志（おがわ・ひさし） 第14章

1975年　石川県生まれ
2010年　総合研究大学院大学文化科学研究科博士後期課程単位取得満期退学，博士（文学）
現　在　亜細亜大学国際関係学部准教授
主　著　『自然災害と社会・文化――タイのインド洋津波被災地をフィールドワーク』風響社，2013年。
　　　　『「正しい」イスラームをめぐるダイナミズム――タイ南部ムスリム村落の宗教民族誌』大阪大学出版会，2016年。

岩原紘伊（いわはら・ひろい） 第15章

1981年　熊本県生まれ
2018年　東京大学大学院総合文化研究科博士課程修了，博士（学術）
現　在　聖心女子大学現代教養学部専任講師
主　著　『村落エコツーリズムをつくる人びと――バリの観光開発と生活をめぐる民族誌』風響社，2020年。
　　　　「インドネシア・バリの文化的景観――世界遺産とコミュニティのレジリエンス」『文化人類学』85(2)，2020年。

観光人類学のフィールドワーク
　　―ツーリズム現場の質的調査入門―

2021年5月10日　初版第1刷発行　　　　　　　　　〈検印省略〉
2023年12月10日　初版第2刷発行

定価はカバーに
表示しています

編　著　者　　市 野 澤　　潤　　平
　　　　　　　碇　　　　　陽　　子
　　　　　　　東　　　　　賢　太　朗

発　行　者　　杉　　田　　啓　　三

印　刷　者　　中　　村　　勝　　弘

発　行　所　株式会社　ミネルヴァ書房
　　　　　　607-8494　京都市山科区日ノ岡堤谷町1
　　　　　　　　　　　電話代表 (075) 581-5191
　　　　　　　　　　　振替口座　01020-0-8076

© 市野澤・碇・東ほか，2021　　　　　中村印刷・新生製本

ISBN978-4-623-09188-1

Printed in Japan

ホスト・アンド・ゲスト　ヴァレン・L・スミス編　A5判四〇六頁
　　　　　　　　　　　　市野澤潤平ほか監訳　本体七〇〇〇円

フィールドから読み解く観光文化学　西川克之ほか編著　A5判三四八頁
　　　　　　　　　　　　　　　　　　　　　　　　本体二八〇〇円

よくわかる観光社会学　安村克己ほか編著　B5判二二四頁
　　　　　　　　　　　　　　　　　　本体二六〇〇円

詳論　文化人類学　桑山敬己ほか編著　A5判四〇〇頁
　　　　　　　　　　　　　　　　本体三〇〇〇円

ケースで読み解くデジタル変革時代のツーリズム　島川　崇ほか　著　四六判三一二頁
　　　　　　　　　　　　　　　　　　　　　　　　　　　　本体二五〇〇円

———— ミネルヴァ書房 ————
https://www.minervashobo.co.jp/